全体到了，独缺我！

谢晋

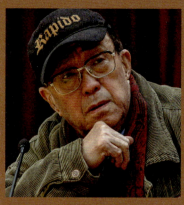

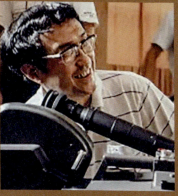

我深信一部影片必然倾注了导演最大的激情，是艺术家人品、
修养的结晶，也是一次生命的燃烧。

我拍电影成功的诀窍没有什么，只是把人放在了第一位。

我不在乎获奖。我在乎的是片子是否能留存下去。
因为，最后的审片者是历史、时间、人民。

上海谢晋电影艺术基金会 ｜ 编

永不谢幕
百年谢晋百人谈

上海人民出版社

图书在版编目(CIP)数据

永不谢幕 ：百年谢晋百人谈 / 上海谢晋电影艺术基
金会编. -- 上海 ：上海人民出版社，2024. -- ISBN
978-7-208-19011-5

Ⅰ. K825.78

中国国家版本馆 CIP 数据核字第 2024LY3597 号

责任编辑 赵蔚华
封面设计 邵　旻
版式设计 雷　昊

永不谢幕
——百年谢晋百人谈
上海谢晋电影艺术基金会 编

出	版	上海人民出版社
		(201101　上海市闵行区号景路 159 弄 C 座)
发	行	上海人民出版社发行中心
印	刷	上海雅昌艺术印刷有限公司
开	本	787×1092　1/16
印	张	19.25
插	页	3
字	数	330,000
版	次	2024 年 8 月第 1 版
印	次	2024 年 8 月第 1 次印刷

ISBN 978 - 7 - 208 - 19011 - 5/J·729

定	价	168.00 元

谢晋电影艺术公众号

目 录

序

谢晋

中国电影的旗帜性人物，第三代导演领军人

60 年间拍摄了 36 部电影、5 部电视剧

中国目前获奖最多的导演，享有崇高荣誉和广泛的影响力

2018 年改革开放 40 年之际

被授予"改革先锋"奖章

评语是"助推思想解放、拨乱反正的电影艺术家"

2023 年 11 月 21 日，是谢晋诞辰 100 周年纪念日

本书根据系列纪录片《百年谢晋》口述文字整理

近百位受访者的口述实录

大量鲜为人知的生动细节

真情回忆、现场飙泪的叙述

叠化出一个鲜活、立体、激情、真实的

——大写的人

时代有谢晋

谢晋无时代

从电影到电视剧

《舞台姐妹》:

巴特尔

导演

2006年执导电视剧《舞台姐妹》

代表作:《香山叶正红》《国家的孩子》《我是警察》等

2006年电视剧拍摄现场照(左起:苏岩、梅婷、巴特尔)

我五六岁的时候就接触了谢晋导演的影片，包括《女篮5号》《红色娘子军》，以及后来的《芙蓉镇》《牧马人》等，他的电影几乎没有我没看过的。除了公映的时候我会到电影院看，有些复映的电影更是看了不止一遍，特别是《红色娘子军》，我看了七八遍，甚至比《舞台姐妹》还多。当然，每个时期看也有每个时期不同的感受。小时候看就是看个热闹，长大了以后每次看都有不同的理解。特别在从事导演这一行以后，就会从导演的角度关注很多专业性的细节。可以说，在我看过的电影中，谢导的电影对我的启发是比较大的。

电影《舞台姐妹》海报

我印象比较深的是《芙蓉镇》的那个镇子，那种青石板路、滴水的瓦，还有推车压出的印辙，都为这个片子营造了很强的历史氛围，凝重且大气。谢导对生活场景的展现也很真实。影片中无论是摊贩和摊位上琳琅满目的货物，只要仔细观察就会发现，每个细节都很真实地还原了历史。这一点给了我很大启发，所以我在拍戏的时候，也非常注重营造这种环境的小细节。

《舞台妹妹》与《芙蓉镇》都是描绘实实在在的人，只不过换了环境和历史时期，换了一种生存状态。《舞台姐妹》呈现出了越剧艺人所处的新旧社会的对比，包括江浙一带的那种环境，小桥、小木船，再到大上海的那种氛围，都营造得非常好。影片中对空镜的运用，结合越剧曲调的音乐伴奏，全方位地营造了现实主义的氛围。应该说，谢晋是一个基本功很扎实的现实主义电影大师，是中国现实主义电影的领军人物，这是当之无愧的。

电影《舞台姐妹》无论在美术设计还是道具等各方面，都非常真实地还原了历史。在拍电视剧版的《舞台姐妹》的时候，我们参考了电影版的开头。当时我们正好在乌镇，那时古镇的二期开发项目刚完成，还没有开放，我们有幸在里面进行拍摄。我们运用了水上的舞台，安排了几百艘船不断地划过来，戏班子就在舞台上表演。我

电视剧《舞台姐妹》人物照（左起：苏岩、梅婷、何赛飞、史依弘）

估计谢晋导演那个时候都没有这样的条件。

谢晋导演对艺术作品严谨认真的创作态度十分感人。通过他的作品，你能感觉到他对每部作品那种精益求精的痴迷。他当年拍电影，通常会让演员写人物小传、下生活。我始终感到遗憾的是，当年那种创作环境和艺术氛围现在是可遇不可求了。作为编导，我们只能尽量多下生活，多挖掘历史的真谛，再传达给演员。

我很欣赏这部电影的艺术结构，包括历史上的跨度，蒙太奇的运用，还有用越剧曲调一笔带过的手法，等等。其实电视剧和电影的蒙太奇在很多地方都是共通的。在蒙太奇的剪辑、平行蒙太奇的运用等方面，谢晋导演给了我很大启发。电影里头那段经典的越剧曲调，在重新配唱之后完整地保留了下来，每次听到我都特别激动。

应该说谢晋导演拍《舞台姐妹》并非为了宣传、表现越剧，只不过他选择了越剧作为载体，展现那个时代的生存环境和生活态度。电视剧也是这样的，它的任务并不是去弘扬这个剧种，主要还是通过这个剧种去完成我们要讲的那些戏曲艺人的生活场景。

那个年代的戏班子和我们现在的娱乐界有很多相似的地方，有贪图虚名的，有误入歧途的，有颓废沉沦的，当然也有正能量的，所以这部影片依然很有现实意义，再拍一遍也不为过。经典是可以不断地翻拍的，它能给今天我们的从艺人员带来启迪。其中有句台词，"认认真真拍戏，清清白白做人"，这后来成了我从艺的座右铭。

当然，要把电影改编成电视剧是有难度的。因为电视剧是电影的20倍甚至30倍的长度，需要创作很多新的东西进行扩充，同时又不能离开主题。我们创作这部电视剧也无意超越经典，只是用今天的观念和审美重新诠释那个时期的内容，用一种现代的观念来看待历史。我本人不是一个很聪明的导演，但我始终遵循谢导的这种品质，拍每部戏我都做足功课，尽可能地少留遗憾。而他的现实主义的创作思想本身就是对时代、对艺术的一种责任，他也将这种责任传给后人。我们在创作过程中也学习谢导，不搞无病呻吟、虚无缥缈的东西，扎扎实实地拍一些深刻的内容，传递给观众。

我想对谢导说：

谢晋导演，虽然我没能认识您，但是您的作品永远激励着我认认真真拍戏，清清白白做人。

我永远仰慕您，向您致敬！

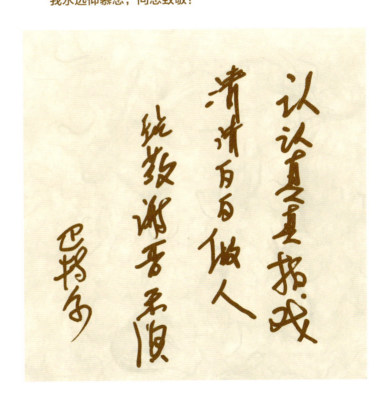

柳暗花明又一村

鲍国安

演员

1997年主演谢晋导演影片《鸦片战争》

代表作：《三国演义》《鸦片战争》《少林寺传奇》等

我跟谢晋导演相识是在拍摄《鸦片战争》之前的十几年，谢导是南京国立剧专毕业的，后来这所学校成了中央戏剧学院，所以他对我们来说不仅仅是前辈，还是校友。

后来我在电视剧《三国演义》中饰演曹操，1995年《三国演义》播完后，当时来找我演戏的都是反面角色，我都谢绝了，因为我不想在反面角色道路上继续走下去。同年11月我接到谢导的邀请，希望我出演《鸦片战争》中林则徐一角。当时手机还没有普及，家里电话也不方便，谢晋导演电话打到了我们学院，学院通知我，谢导要拍《鸦片战争》。因为林则徐这一角色曾被赵丹老师成功塑造，当时很多人都劝我不要去，认为我刚刚有点影响力，如果出演林则徐，是在往火坑里跳，没有必要。所以我当时也很矛盾。一般接到谢导的邀请电话，会千方百计地去和谢导联系，但谢导不是直接给我打的电话，所以我也就一直没有和谢导联系，过了两个月也没再有什么消息，我想这事可能也就过去了。

没想到过两个月以后，谢导的制片主任林炳坤就给我寄来关于鸦片战争的一些历史资料。到了元旦以后，就给我送来了一张往返福州的机票，让我去福州体验生活。我说这两个月过去了，谢导还没把我放弃掉，我就决定出演了。现在想来谢晋导演的确是我的恩师，因为如果没有谢晋导演邀请我出演林则徐，我当时处在一个创作瓶颈期，后边的路真的是很难走。那时没有人会想让我来演正面的英雄人物，因为我刚刚演过曹操这么一个奸雄。当时红学家李希凡先生说："鲍国安以后不能再演别的角色了。"就基本给我"判刑"了。

我至今其实也没有问过，谢导为什么会邀请我出演林则徐，有记者当着我的面说："鲍国安，你不适合演林则徐。"我想谢晋导演也会听到这些议论，在这种情况下，他始终坚持用人不疑。在我艺术生命处于卡点的时候，是谢导让我柳暗花明又一村，这是真正的恩师。当《鸦片战争》一播放，央视电视中心就来找我演《人间正道》中一位一身正气的市委书记。如果没有《鸦片战争》的林则徐，我后来就不会有机会出演一系列正面角色。

8月份我们在广州开机，当时拍火烧鸦片的场景，地表温度50多度，非常非常热，太阳直射在地面上。谢导热得穿着大裤衩，上身赤膊，拿着导演话筒。那时候虽然有监视器，但是那一代导演还是习惯站在摄影机旁边，和演员一样，在露天的环境下站着。有一次因为太热了，演员实在热得受不了，穿的戏服里面的汗流得像小河流水一样。导演一喊停，当时扮演清军士兵和外国民众的群众演员，一下子把衣服都脱了，躺在海边沙滩上就不起来了。等到下一个镜头时，副导演、剧务喊："开始了，开始了，大家穿上衣服。"这些群众演员一动不动，谁也喊不起来。这时候只见谢晋导演站起来，走过去说："同志们，我给大家三鞠躬了。"接着谢导真的三鞠躬，当时现场鸦雀无声，然后海滩上一个人接一个人地慢慢站起来，重新穿上衣服投入拍摄。

谢晋导演当时已经73岁了，拍夜戏，经常从夜里拍到天亮之前。我好几次发现在转换场景的时候，谢导睡着了。但是只要现场制片喊："好了，开始。"谢导马上又坐起来了，非常认真。只要你一说开始，他就始终关注着，有时候站起来给大家讲戏。谢晋导演在拍摄现场认真的细节太多了。

我和谢导在一起，最让我感动的是不管在国内、国外，无论是地方领导或是加拿大华人，无论是年纪大的，还是年纪小的，见到谢晋导演都会说：谢导，我们是看着您的电影长大的。我想在中国电影界，恐怕只有谢导享受到了这种人民群众对他的崇敬。他的电影从新中国成立初期一直贯穿到2008年。每一个时代都有他的作品，所以真的是几代人都是看着他的电影长大的。这样的电影导演艺术家，我想恐怕还没有第二人。

值此谢导百年诞辰之际，我们应该确立谢导在中国电影导演中的领军地位，让我们后人有一个效法的榜样。谢导曾经说过"金杯、银杯，不如老百姓的口碑"，这句话对于他来说最合适。"我们是看着您的电影长大的。"这句话足以看出谢导在全国人民心中的地位。

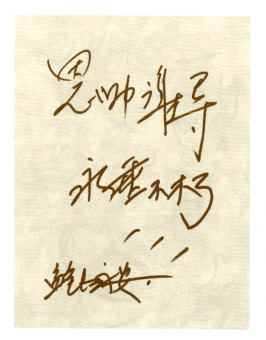

我想对谢导说：

谢晋导演，深深地怀念您，您是我的恩师，您永远活在我的心里，同时我也相信您永远活在全国人民的心里，谢谢您，愿您在九泉之下，永垂不朽。

谢导说
这丫头有个性

陈冲
演员、导演
主演谢晋导演影片《青春》《小花》
代表作：《青春》《小花》《末代皇帝》等

《青春》剧照（李云良提供）

在我的记忆当中，我们第一次见面是谢晋导演来我们演员剧团培训班，为他的一部电影选女主角。我是1975年差不多14岁的时候来到培训班的，他来的时候，我认为自己肯定是不合适那个角色的，所以谢导让同学们表演一些节目的时候，我就没演，坐在底下给她们提示台词。现在回想起来，我才觉得他那个时候应该就注意到我了，可能他当时脑子里已经有《青春》这部电影了。

没过多久，我就接到通知去和谢导见面，我就骑着单车从大木桥路来到了厂里。谢导跟别人是这样形容我的：这个丫头不算漂亮，但是她有个性，傻愣愣的，有点像个哑巴。我回想当年自己15岁的时候，完全就是一张白纸，确实有点傻愣愣的，我就这样进了《青春》剧组。

我觉得谢晋导演有一种很好的直觉。因为我在培训班并没有上太多的专业课和台词课，所以，谢导就算是我的一个启蒙老师。我当时的确什么都不懂，没有演戏的经验，东海舰队的编剧李云良就为我们写小品，每天让我们排练，建立人物关系。我们在东海舰队的连队里面跟女战士们一起生活了起码一个月。

我觉得小品排练和体验生活就是建立一种舒适感和自信。正因为我们每天跟着女兵训练，参与一切活动，所以在表演上会越来越顺畅，对于女兵生活越来越熟悉。谢导所做的前期工作，给予了我自信，使我对周边环境感到舒适，穿上军装会很舒服，潜移默化的变化就产生了。因为环境是一个实体的东西，如果我们只是通过阅读或者在网上通过照片视频来了解一些情况，那可能感觉又是不一样的，尤其是对于一个毫无经验的演员来说。

就是这一个月的小品排练和体验生活，让我慢慢地松弛下来，用很多的时间去精雕细琢，这个是在当今时代没有的一种奢侈。虽然摄制组的生活都很快乐，但每次见到谢导我都会有点害怕，总觉得自己不够格儿。但我不记得谢导对我发过脾气，他其实往我面前一站，我就已经被震住了。他对演员从来没发过脾气，他的确是和蔼的。

当年我实在太年幼太天真了，根本就没有这种"原来谢导是这样导戏的，我应该学习一下"的概念。我印象最深的就是在东海舰队进行前期准备的这一段时间，我也因此收获到了日后也觉得很好的工作方法。当时拍《英格力士》的时候，我用的演员也是没有什么经验的，但是我能够看到他们自然流露的那种宝贵的神情，这种宝贵的神情是随着岁月会消失的一种东西。所以，在找这样一些年轻演员时，我会想起谢晋导演当时看见我可能也是这个感觉。因此，在这样的情况下，我也让演员提前一个月到拍摄现场。因为我觉得他们需要培养，看电影、读书，每天给他们灌输当年的生活态度，然后通过排练，慢慢地他们也感觉互相了解了，对那个年代也有了一定的熟悉感，对于那个年代的举止言行，他们都有了一定的概念，他们的情感才会自然流露，这是最宝贵的东西。

后来，我回想起来，才懂得谢导是为了抓住这样一个特质，角色身上有点无知的傻愣愣的模样，其实就是他要的那个感觉。他对演员的这种调教、把握，和他选演员时犀利的眼光，使他能够发现演员身上的一种光芒。可能其他导演如果看到15岁的陈冲，真的很难觉得她好，但就是谢晋导演在我身上发现了某种东西，才成就了我。我总觉得自己很幸运，因为我的人生第一部戏就是由谢导来执导，他总是让我觉得我是

需要踮着脚尖才能完成某件事，他是能让我踮着脚尖一路走下来的这样一个人。

谢晋导演拍的影片都很好看，《天云山传奇》《牧马人》和《芙蓉镇》令人难忘，重新观看的时候，我就觉得谢导是个讲故事的大师，他能够把一个故事讲得那么好。他是个极其热爱电影的人，每天很专注，并没有什么太多的闲话，全身心投入在工作上。后来，我又看《舞台姐妹》的时候，那个年代各方面设备都不是那么好，影片一开始的长镜头，我相信在那个年代是有突破的，《舞台姐妹》就是因为那个长镜头，带着你进入那个世界，使你相信了那个世界。他就是一个无比会讲故事的人，其实这个是最重要的了。

谢晋导演以他最个性、最诚实和最富有激情的状态，记录了历史，这就是一代人想表达的东西吧，正是这样的一段光芒的日子，给予了创作者更饱满充盈的表达，它属于那个特殊的年代。

我想对谢导说：

谢导您好！您改变了我的命运，所以我今天能够坐在这里。如果今天能够再跟您交流的话，我想我可以问出更好的问题，可能就不像当年那么幼稚，那么傻傻的了。很想您！

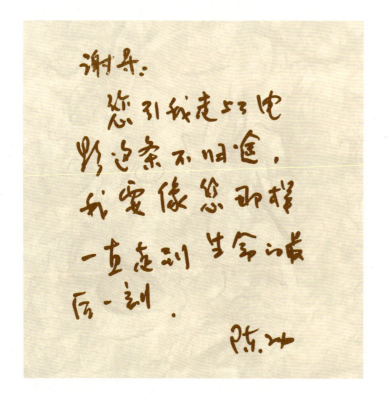

谢导：
您引我走上电影这条不归途。
我要像您那样一直走到生命的最后一刻。
陈冲

谢晋
是一个有大智慧的人

陈东
上海市委宣传部原副部长
上海大学海派文化研究中心主任、兼职教授

2006年文联春节团拜时与谢导合影（左为陈东）

90年代在统战部的联谊俱乐部谢导请刘晓庆吃饭，与刘晓庆合影（前排左为刘晓庆，右为陈东）

2007年去谢导家拜访，左起：吴贻弓、谢晋、陈东

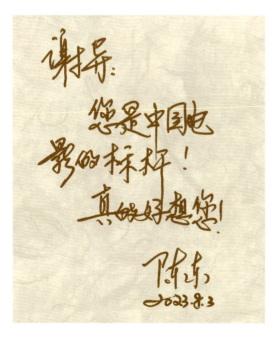

谢导：
您是中国电影的标杆！
真的好想您！

陈东
2023.8.3

我认识谢导应该是在20世纪80年代。因为我1985年开始到上海市委统战部工作，当时我们成立了上海海外联谊会，主要是为了港澳台侨、海外同胞可以为改革开放做点事情。其中下设文化体育委员会，当时文化体育委员会的主任是谢晋导演，我是主任秘书，所以我一直跟了他五年左右。他大概有十年一直陆陆续续参加海外联谊会活动，所以我和谢导始终很熟悉，但是我当时真没想过以后会在电影方面和谢导有那么密切的联系。

一开始我只是谢导行政上的秘书，比如说《芙蓉镇》他要做首映礼，需要请哪些领导参加，或者结尾怎么安排，找场地以及开新闻发布会，他就会临时打电话给我。《鸦片战争》《清凉寺钟声》和很多其他的电影在选角或者需要我做一些配合工作的时候，他也会来找我，就这样我和谢导慢慢就熟悉了。当时有件事情我印象比较深刻，就是在拍《最后的贵族》的时候，白先勇跟谢导说需要潘虹和濮存昕他们跳舞厅舞。但是这些演员刚开始都不会跳舞，后来谢导就打电话给我说，你去帮我找一个有民国范的比如在百乐门、仙乐斯这些地方跳过舞的人来做教练，我需要一个星期给潘虹、濮存昕他们这批人做强化训练。我想到我们海外联谊会底下有一个黄埔军校同学会，就找了当时黄埔军校二期的国标的秘书长黄振武将军。他当时就带着这一批演员去了当时靠近西郊的新苑度假村，在里面封闭训练一个星期。封闭训练结束以后，白先勇和谢导来检验成果，白先勇觉得非常的意外，一开始这些人都不会跳舞，但是现在伦巴、恰恰都跳得有腔有调的，谢导就很开心地说我有"秘密武器"。

谢导每次需要我的时候，一直都是"陈东，陈东"地叫我，我就出现了；反过来，当他发现我有困难的时候，他也会立刻予以我关怀。当时我生育困难，对我来说是个特别大的打击，谢导特地到我的办公室来看我。他跟我说，陈东，你不要难过，你是一个女人，你要想完成你所有人生的角色，一定会碰到很多的困难。他还用自己的家庭情况来安慰我，告诉我既然想把妻子、母亲以及职业女性等每个角色都扮演好，就要顶住很大的压力，需要学会克服挫折，走出困境。这番话对我的启发非常大，我当时感动得落泪了，还把这件事专门记在了我的日记本里。

在与谢导的相处中，我觉得谢导是有很大智慧的，他能够很好地解决一些问题。比如他拍《黄宝妹》这部电影，当时是周总理要求文艺界分管领导下达指令给上影厂拍摄的。在开拍之前，黄宝妹认为自己就是女工，没有镜头感，根本拍不了电影。谢导就安慰黄宝妹说："你就做你自己，该干什么就干什么。"于是黄宝妹就本色出演，最后也呈现了很好的影片效果。所以说，谢导能够非常敏锐地根据不同的人挖掘出不同的潜质，并且让她在影片中出彩。

他的智慧还体现在电影的选题上。2006年谢导就跟我说，他要拍《石头说话》，《石头说话》讲述的是抗日战争时期一个名叫石头的小孩子，被日本人的残暴吓得不会说话了，长大后他参加了抗日斗争，在影片最后重新会说话的这么一个故事。从《鸦片战争》开始，一直到《拉贝日记》，再到《石头说话》，实际上这些选题中都渗透出谢导的一腔忧国忧民、爱国爱乡之情。我和谢导从来不会单独探讨关于家国等一些宏大的话题，但是在他的每一个选题中，我都能感受到他深切的家国情怀。比如说，在他人生最后的旅途时，他为汶川地震（赈灾）拍了一部三分钟的短片——《中国，站立成树》。大家当时的短片多为记录大灾大难、人们抢救物资之类的场景来表达自己的哀思，而谢导选择拍摄小苗破土并一点一点长成参天大树。这一镜头语言寄托他对汶川灾后重建的信心，寓意着汶川一定可以重建，以及大灾大难难不倒中国人，这是很有智慧的，也是很有远见的。

我想对谢导说：

谢导，你为电影而生，也为电影而奉献一生。真的真的好想你。

「谢晋星」在天空闪耀

陈秋强
绍兴市上虞区乡贤研究会会长

谢晋（右）与陈秋强（左）

1985年10月19日，上虞文联召开第一次代表大会，我作为青年代表参会。在会议上，我第一次见到了谢晋导演。当时他在主席台上脱稿发言，口才非常好。在发言中，他提到了虞舜、王充、谢安等上虞的历史文化名人，我印象非常深刻。他的发言在我心中种下了一颗种子。现在回想起来，我后来发起成立上虞乡贤研究会，就源于这颗因缘际会的种子。

　　2001年1月6日，上虞乡贤研究会成立。我们邀请谢晋导演参加成立大会。当时他非常忙，为了能参加大会，专程从北京赶来。直到深夜十二点半，他才到达上虞卧龙大酒店。第二天他不顾旅途劳累，笑容满面地出现在成立大会的主席台上，热情洋溢地做了讲话。我记得他说："上虞人杰地灵，乡贤辈出，文化底蕴极其深厚。乡贤文化是祖先留给上虞人民的一笔宝贵的精神财富，如果少了必要的发掘与研究，就谈不上继承和发扬。"

　　谢晋导演出身于书香望族，是上虞东山谢安的第五十三世孙。他的祖父谢佐清为人正直侠义，与"鉴湖女侠"秋瑾、"反清义士"徐锡麟是至交好友。谢佐清十分看重他这位长房长孙，为他取名为"晋"，号湢捷。在谢导十岁生日那天，他的祖父将一套500册的"小学生万有文库"，作为生日礼品送给他。一个人的成功并非偶然，可能有很多原因，但家族渊源与家风家教，肯定是其中一个很重要的因素。

　　2003年10月，通过谢晋导演牵线，东山文化国际研讨会在上虞隆重举办。谢晋导演亲自陪同海内外谢氏嘉宾，上东山拜祭谢安。

　　为了发展上虞的旅游业，谢晋导演还牵线让他的好友韩美林大师，为我们上虞设计创作了一组大型的舜耕石雕。壮丽的舜耕群雕，为上虞发展旅游业破题，使得重建大舜庙、中华孝德园等重大文化项目能够逐步落地。

　　2006年7月27日，我们专程到上海谢晋导演家中收集著名乡贤的物品。因为我是带着任务造访，就问谢晋导演可不可以赠送我们一样东西，谢导就决定把他的"中国电影金鸡奖终身成就奖"奖杯赠送给家乡。我非常感激，因为这个奖杯含金量非常高，谢导非常钟爱，谢衍对其也依依不舍，但为了家乡，他们还是选择将其送给了我们。

　　2008年10月18日上午，得知谢导去世的消息后，我感觉太突然了。他走得这么匆忙，他牵挂的阿四怎么办？他的夫人徐大雯怎么办？他还有很多拍摄计划没有完成怎么办？10月26日，在上海龙华殡仪馆，治丧委员会为谢晋导演举行了隆重的追悼仪式。我和几个朋友专程赶到现场代表故乡父老乡亲对谢导的离世表示敬挽。

为隆重纪念谢晋导演100周年诞辰，我们联合谢塘镇政府开展"谢晋星"的申报工作。最后经国际小行星命名委员会批准，中国科学院紫金山天文台将国际编号为335968的小行星，正式命名为"谢晋星"。2023年9月，我们又自筹资金15万元，在上虞乡贤馆外墙上安装了由上虞籍乡贤上海民间文艺家协会主席李守白创作的大型铁艺光电装置"百年谢晋"。

乡贤谢导和他的电影，创造了一个时代，创造了一种经典，创造了一种神话。他以他卓越的艺术成就，在新中国电影史上筑起了一座永恒的丰碑。他高度的文化自觉为后人留下了一笔无法用金钱计算的宝贵财富。谢导身上有许多闪光点，爱国、爱乡、热爱电影事业等，其中他滚烫的赤子之心与浓厚的家国情怀，最值得我们弘扬与传承。

我想对谢导说：

乡贤谢导，您正像天上的那颗"谢晋星"，将永远在虞舜大地的上空闪闪发光。

谢导、您正像
那颗"谢晋星"，
将永远在虞舜
大地的上空闪
闪发光。

陈秋强
二〇二三年十月九日

导演需要的智慧和态度

陈思诚
导演、演员、编剧
谢晋恒通明星学校首届学生
代表作：《解密》《唐人街探案》系列、《误杀》系列、
《北京爱情故事》《消失的她》《三大队》等

谢晋恒通学校第一期学生与谢导合影
谢导上方为陈思诚（赵荣提供）

《解密》拍摄现场工作照（陈思诚工作室提供）

　　我从小就喜欢看电影，但那个时候对电影的了解跟许多观众朋友们一样，觉得它神秘、伟大，又很了不起。想试图走进，又不得其法，不知道该用什么样的途径走进电影里，后来因为考入谢晋恒通明星学校，让我跟电影产生了紧密的联系。

　　学校一开始的教育就比较针对电影本体，跟戏剧学院和电影学院的教育都不太一样。当时，谢晋导演比较强调的是实用性，演员到底需要多少技法，是能满足大银幕需求的。我们的训练和课程种类都比较多，学过射击、驾驶等，五花八门，非常丰富。那时候我觉得每一天都是特别新鲜的、刺激的。

　　上学的时候我是最淘气的。因为谢晋导演是爷爷辈的，那时候我才16岁，他已经70了。他有严厉的时候，但是对我们生活上的关照，温暖的时刻特别多。在学校的生活过得非常丰富，去了好多地方，广州、武汉……其实现在少有民营学校，会舍得赔钱来办学，我们那个时候的学费没有多高，学校整体运营是在搭钱。所以我觉得谢晋导演确实是一个理想主义者，他办学校不是为了牟利，真的是爱这些孩子，愿意把所有的都给予我们。

我认为真正意义上的创作是需要演员去体验生活的，尤其是大银幕作品。演员要跟角色所属的职业或环境，有一段时间的接触，才能具备一种气质或者是味道，就是这种无法溢于言表的、无形的东西是最难展现的。如果你把一个演员扔到部队里半年，他出来肯定很像"兵"，不用演就有兵味儿，终归会比没有去部队体验过的要演得更好。现在由于各方面的原因，我们体验生活的机会越来越少，但我还是希望在自己创作的作品中，演员们可以体验生活。

演员对自己第一次上镜的反应，都会觉得很惊悚，"怎么满脸跑眉毛呢"？因为在屏幕里表演被放大了，那时候特别想演，又没有那么多经验，还不知道表演要走心，最后就是比较程式化地去演。

《消失的她》拍摄现场工作照（陈思诚工作室提供）

我第一次去电影现场也是谢晋导演的片场，是我们艺校毕业的女生主演的电影《女儿谷》，因为里面没有太多男性角色，所以我没有参与演出，只是去现场学习了。我很钦佩谢晋导演，第一，因为那时候拍摄电影是使用胶片；第二，跟现在的拍摄最大不同是那时没有监视器，只能用导演取景器去测光、布光、观察演员的表演。胶片一旦拍出来，就没有回头路了，不像现在录不好，就重来一遍。我觉得从某种程度，至少从技术上来讲，现在当导演比那个时候容易得多。所以，谢晋导演在现场像一个戏剧导演一样，因为他"看"不到（监视器），一开机就需要自己脑补最后呈现的画面，我是越到后来越发觉得他的了不起、厉害。

谢晋导演的电影在类型上的多样性，国内无人能出其右。比如体育电影《女篮5号》《女足9号》，史诗型的《鸦片战争》，剖析人性的《天云山传奇》《牧马人》《芙蓉镇》，战争片《高山下的花环》。《高山下的花环》是中国战争片里我个人最喜欢的作品之一，它把对越自卫反击战作为背景，但讲的是带有中国特色的比较个体化的故事，非常大胆。谢晋导演是一个有勇气、有态度，对时代认知有自己独特见解的导演。创作也是他的宿命，他为中国电影留下了一个个特别好的注脚。当我们要了解一个时代、一个国家的文化，电影是一个特别好的载体。

　　每个人对一部文艺作品的理解，也是随着年龄的增长，不断地改变且更加深入的，名著特别经得起时间的推敲。我小时候看谢晋导演的电影更多是看热闹，但随着越来越深入地理解，特别是自己从事导演工作之后，由表及里地明白了他的艺术处理方法，包括对人物角色和演员表演的控制，对情绪的把握等。更重要的是他用自己的创作智慧，让作品跟时代有机地结合在一起，而这种结合又能不突兀、不生硬。谢晋导演的创作生涯横跨了中国巨大变化的几十年，他能特别好地跟时代相处，确实需要非常强大的创作智慧。

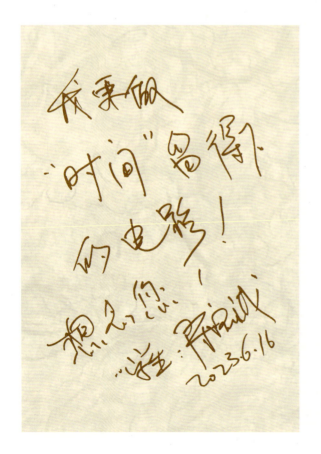

我想对谢导说：

　　谢导您好！我是思诚。我时刻谨记您对我影响很大的一句话，"我们要做好的电影，真正好的电影，就是能被时间留下来的电影"。我一直朝这个目标去努力。想念您！

谢晋终将超越时代

陈犀禾
上海大学影视学院教授、博导、电影学科带头人
美国俄亥俄州立大学影视艺术学博士

谢导的电影一直伴随着我的成长。在我读小学和中学时就看过谢导的电影《女篮5号》《红色娘子军》《舞台姐妹》等。我在中国电影艺术研究中心下属的理论美学研究室当副主任时，又看了谢导的一系列作品，《天云山传奇》《牧马人》《高山下的花环》《芙蓉镇》等，留下了很深的印象。谢晋代表了中国电影人的一种良心和正义，也代表了当时整个社会改革开放的潮流。1996年我留学回来后，就任于上海大学影视艺术技术学院，有幸成为谢导的同事。

2004年，中国电影100周年之际，《当代电影》杂志社筹备了一个中国电影史杰出人物的封面人物系列，当时确定下来的第一个人物就是谢导。杂志社的社长、主编张建勇向我约稿，我写了《最后一个大师》。之所以提出这样一个命题，一方面是因为谢导继承了上海电影人文主义的优秀传统。

在1949年以前，中国电影涌现了许多重要作品，比如《十字街头》《马路天使》，还有《八千里路云和月》《一江春水向东流》等，这些电影都将镜头聚焦于都市的平民、知识分子和青年学生的生活状态，展现他们在都市中的挣扎和奋斗的精神面貌。

另一方面，谢晋也更强调对国家形象的表达，塑造英雄人物形象，表达一个新的国家面貌，形成一个新的创作潮流并一直延续到当下，也就是所谓的中国红色经典电影的源头。在新旧中国社会变化的过程中，谢晋导演将上海电影传统中对都市平民的人文关注，与新中国成立以后个人命运所发生的变化，很好地结合在一起。

这也关系到了中国电影的"通俗剧"传统，谢导将个人命运的传奇性，与国家和社会的大背景结合起来，取得了很好的社会效果。例如，《红色娘子军》讲述的是吴琼花作为一个农奴，从南霸天统治下的庄园翻身解放，到红色根据地成长为一名革命战士，在国家和社会变化之间展现了个人的传奇命运。在20世纪80年代，他推出了《天云山传奇》《牧马人》《芙蓉镇》这一系列影片，仍然将镜头对准普通人，表现人物在种种磨难中的奋斗以及最后的命运。他对这些普通人和对国家命运的表现完全是从生活出发的，同时也紧紧地扣住了当时国家社会发展变化中的曲折，把握住了时代变化的脉络。

这篇文章写了之后，谢晋有一次开会时曾说过想跟我聊聊。于他而言，2003到2004年前后已经是进入晚年了，其实他对于自己在中国电影史上的地位和评价十分关注。我当时其实有些书呆子气，一方面，我刚刚从美国留学回来，另一方面作为一个批评家，我觉得应当与创作者保持一定距离，才能保证研究的客观性。所以对于谢导郑重提出来的邀约，我当时没有积极地回应，现在想来很后悔。

在20世纪80年代，谢晋电影完全可以被称为现象级电影。谢晋那个时候对他自己的创作是充满信心的，他当时说了"金杯银杯，不如老百姓的口碑"。但是没想到在80年代中后期出现了关于"谢晋模式"的讨论，对谢晋是一个巨大的冲击。在此之后，学界和创作界对谢晋的整个创作出现了不同声音，同时由于新一代导演的出现，一些新的创作潮流的出现以及电影体制的改革，在新的情况下应该如何来认识谢晋电影？当时上海大学就很明确地亮出了自己的旗帜，主张谢晋电影的成就是不容否定的，应该再一次得到承认和弘扬。

值得高兴的是，在2018年改革开放40周年的时候表彰了100个先锋人物，其中电影界有两位人物，一位是李雪健，另一位就是谢晋导演。在电影教学当中，我们其实一直很注重传扬谢晋导演精神，上海大学设立了一个"谢晋杯"，对学生创作中的优秀作品予以奖励。另外，趁着谢晋导演100周年诞辰，我们也建立了一个谢晋中国电影研究中心。我开设的华语电影研讨课中，也始终将谢晋作为最重要的一个专题展开研究。

正如钟惦棐老师所言，"时代有谢晋，谢晋无时代"。谢晋导演创作于五六十

年代的那些影片，至今还会被人们拿出来探讨，足见其艺术生命力。谢导的成功和他当下的价值在于，始终能在一个国家发展的背景之下，对普通老百姓的命运进行叙事，显示出一名电影人的良心和正义。

谢晋超越了他的时代，超越了他自己生命的限度，将长久地存留下去，成为中国电影史上的一笔最宝贵的财富。

我想对谢导说：

谢导放心，你离开之后，你的遗产仍会一直延续下去。
随着时间流逝，历经漫长的历史，你的光芒永不褪色！

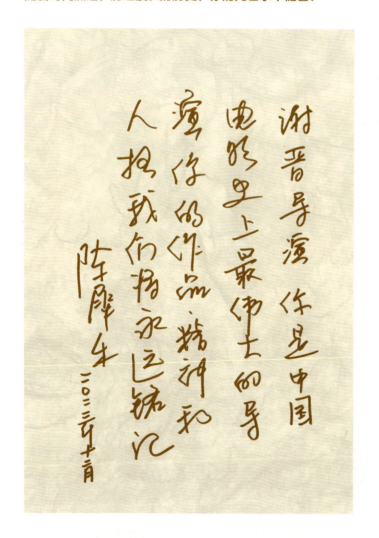

他的故事有一种动人心魄的传奇感

程波
上海大学上海电影学院副院长、教授、博士生导师
上海温哥华电影学院执行院长
谢晋电影艺术基金会副理事长

上海大学上海电影学院前身是上海大学影视艺术技术学院，成立于1994年到1995年间，这个学院的第一任院长就是谢晋导演。

谢导不仅是首任院长，在1994年至2006年这个时间段里，他与学院之间的交流非常密切。他经常出席一些活动的开、闭幕仪式，以及重要的国际会议等活动，并且上海电影学院与上影集团、上海电影节等一些具体的合作，主要也是由谢导在其中牵线搭桥。可以说，谢晋导演是我们学院的奠基人，更是一座值得后人仰望的精神丰碑。

从一个电影史的研究者的角度来看，谢晋导演在中国电影史上是"第三代导演"的一个集大成者，即便是将他放置于整个中国电影史当中，也是非常灿烂的一颗明星。

首先，谢晋导演与他所处的时代融合在了一起，他的创作充分反映了时代的面貌。比如"十七年"时期他的早期创作中，就已经体现出作为年轻人的一种朝气。《女篮5号》《舞台姐妹》等作品，不论是类型、涉及的题材，还是艺术性、表现手段等层面，都非常具有探索意味。

又如他的《大李小李和老李》，这部创作于20世纪60年代的作品，从全民健

谢晋与钱伟长在谢晋从影50周年活动上（程波提供）

身、锻炼身体这样一个很小的切口，以一种喜剧的、健康的现实主义的方式，将整个时代的面貌呈现出来，而这样的作品其实在中国的电影史上是比较少见的。他借用了好莱坞喜剧的技巧，比如有一些雨中撑伞、跳舞的镜头源自好莱坞电影《雨中曲》，当然他也进行了充分的中国化。在当时的中国语境当中，如何将喜剧类型与主流价值观结合在一起，既要表现人民内部的矛盾和冲突，还要在此基础之上让人物有意思，让故事走心而不是浮泛的，能让观众看进去，打磨这样一个剧本，实际上是非常不容易的。

其次，谢导的作品并不是那么"惊世骇俗"的，不像某些所谓的走在最前沿的先锋电影或影像实验等。他的电影面貌是亲民且温和的，是一种现实主义的表达，首先立足于讲好故事，塑造好人物，而且他讲故事的方式是中国人能够理解并产生共鸣的。

在中国传统的传奇叙事如何与现实主义结合的方面，谢导做了很多探索。比如《天云山传奇》具有强烈的传奇感，谢导首先找到了一个特别抓人的核心矛盾，围绕这个核心矛盾展开人物所处时代的背景，营造出一定的人物奇观性。他给我们的启示在于，不一定要多么求新求变求怪，而是要在讲好故事、塑造好人物当中做踏实。这个踏实感实际上就是艺术成就的重要组成部分。

同时，谢导又能充分地尊重，甚至是主动地去寻找那些基础特别好的文学原著，并在此基础上进行改编。比如《芙蓉镇》就是根据小说改编，经历了一个影像化的过程，它最后呈现的模样与小说的模样有非常大的差异。这在一定程度上证明，谢导不仅懂得如何用影像讲故事，而且能进一步地探索中国人能够理解并产生共鸣的那种核心冲突。因此，他的故事往往看上去特别易于接受，同时又有一种动人心魄的传奇感。

对年轻人来说，谢晋还有一个非常重要的启示，就是做人和做艺之间的关系。他是非常真性情的人，但同时也不会拘囿于自我的性情，而是将自我的性情与家国情怀相结合。他对时代和人民乃至整个中华民族的气质、审美、所思所想，甚至苦难，都有一种强烈的责任感。在整个中国电影的语境中，他的人格魅力与艺术魅力充分结合在一起，正所谓德艺双馨。

我从日常交流当中能够直观地感受到，现在很多年轻人不论是通过电影史的学习，还是对谢晋电影的读解，都能够认识到谢晋在中国电影史当中的崇高地位。他们去观看谢晋电影的时候，并不觉得那是电影史高阁中的大师作品，而是感觉与自己的生活以及所处的中国语境是有关系的。

在谢导逝世十周年的时候，上海大学、上影集团和谢晋电影基金会一起举办了面向学生的谢晋电影展，展映了十几部谢晋影片。后来在上海国际电影节的大师回顾展中，谢晋电影4k修复版被重新配音上映，上海话版的《大李小李和老李》等都一票难求。这些新的影迷，以及在"豆瓣"等一些社交媒体上跟评、阅读的，都是年轻人。

像谢晋导演这辈人其实并不在意他们个人的财富积累，只是全身心地投入电影艺术之中，所以某种意义上来讲，也没有给家人留下多大的物质财富，但这份精神财富是非常宝贵的。

我想对谢导说：

谢晋导演，请您放心，我们会将您的谆谆教诲，培养年轻人才的那份拳拳赤子之心，传承发扬下去。

我们会努力为上海乃至中国电影人才的培养，尽自己的一份力！

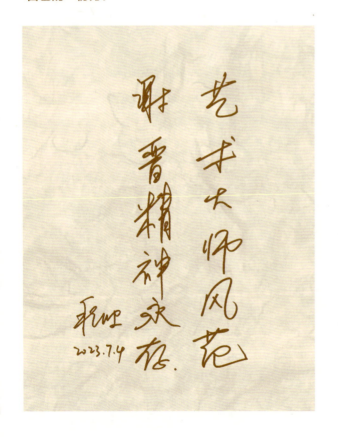

谢导说拍戏要「断念」

丛珊
演员
主演谢晋导演影片《牧马人》《秋瑾》
代表作：《牧马人》《秋瑾》《良家妇女》等

《牧马人》剧照

拍《牧马人》的时候我在中央戏剧学院表演系上一年级，关于他当时为什么会选择我，我也不敢去问，谢导大概就是觉得我身上有某种不同的东西。

当时我们学校规定一、二年级的学生不能去外面拍戏，因为是谢晋导演的影片，所以我就算破例特批的能够有这么一个机会和谢导合作。

进组后，谢晋导演有一天给了我两本书，一本是《演员的自我修养》，另一本是《斯坦尼斯拉夫斯基表演体系》，他和我说让我抽空看看这两本书，因为我们组里所有的演员中，我是唯一一个没有任何表演经验的演员，连演我儿子的小方超都拍了两部电影了，我顿时觉得压力挺大的。

我们当时去宁夏深入生活了两个星期，主要是去原著作者张贤亮生活过的农场，看看他当时生活的环境，同时谢导给我们布置了任务，要完成12个小品，一步一步地去接近这个人物。我和朱时茂老师一边深入生活，一边就要想这个小品要怎么演，怎么你来我去。

从小品到所有重场戏的准备，我们一直不厌其烦地排练，真的可以算是千锤百炼。在排小品的时候，谢导就告诉我们要用什么样的眼神，什么样的动作。他会点评我们的表演，比如指出我们这个表演方式比较接近，这个眼神比较准确，我们就会明确表演方向，不断调整。准确的动作和准确的人物关系是他反复强调的。我记得当时拍"放马归来"，谢导说我这场戏把夫妻关系演成了兄妹关系，这不准确，然后就反反复复地排。理解这两者感觉上的差异是挺不容易的，为此我也观察了好多，比如去我们副导演家看看人家夫妻俩的生活状态。如果没有导演的要求，可能我就不会留意这种细微的差别，不会那么细心地去揣摩，但其实表演的准确性有时就在毫厘之间。

谢晋导演把我带进了电影表演行业的大门，如果没有他，我可能在很多年以后才可能有机会去演电影。我在出演《牧马人》之前没有完整地塑造过一个人物，所以这是一段不一样的学习过程。谢导对我要求也非常严格。有一次我在读外国小说被谢导看到了，他说："你怎么还在看小说啊，你和人物距离那么远，还不好好看剧本。你就是看小说也应该看中国农村的小说，怎么还看外国小说！"后来我就不敢看了，他告诉我说演员在拍戏的时候应该断念，断掉一切和拍戏无关的念头。谢导是这么说的，他本身也是这么做的，他希望我们也一直沉浸在创作状态中。再比如他要求我将李秀芝这个人物所有的潜台词和内心独白全部都写出来，然后他逐字逐句地看，这让我明白对人物的理解，不是把台词说出来就结束了，而是要把台词里面更深层的意思想办法挖掘出来。然后我就明白台词背得流利并不能说明台词功底好，有的时候可能需要演员说的台词是一个意思，表演出另一个意思。谢导为我树立了演技的标准，建立了演戏习惯，我将它们印在了脑子里，深深地影响了我之后的演艺生涯。

我们在外景地拍摄时，白天拍戏，晚上还要继续排练，准备第二天的拍摄内容。那天排脱土坯那场戏时，谢导觉得不行，说："你看你就是一个北京长大的大学生，李秀芝是一个农村逃荒出来的小孩，又当了妈妈，你的劳动气质跟这个人物差得太远了。"于是就决定这场戏明天不能拍，我当时觉得完蛋了。后来谢导就安排我第二天去练习脱土坯。我去了之后，从如何拿铁锹、如何和泥开始练习，练了好几天，当时都练到骨头痛，慢慢地我就熟练了起来。在我从影多年以后，我逐渐体会到，表演中最重要的是真挚，虚假的表演没有真挚的情感，即使演员再好看，也没有办法去真的打动观众。我们说真善美，第一就是真。《牧马人》这部电影中的每一个镜头、每一句台词都是真挚而朴素的，令人感动。

《牧马人》的剧组在谢晋导演的带领下，每个人都对创作非常认真。谢晋导演的心里也装着工作人员。我记得很清楚，有一次我们在外景地拍戏，来了很多记者说要采访、写文章。谢导就说你写写现场的工作人员。他让我知道眼睛不能老看着自己，现场那些普通的工作人员，他们也付出了许多，可是他们从来没有机会走到台前让观众去认识他们。剧组的工作人员都很辛苦，但是从来也没有听到他们抱怨什么，他们都在认真地工作，只为了让我们在镜头前面表现得光鲜亮丽。谢导将这一切都看在眼里，记在心里。

谢晋导演是为了观众拍电影。我印象特别深的是他经常会说影片这个片段用什么镜头，观众看了之后，心里会如何想。他在拍电影的时候，在设计一场戏的分镜头的时候，他心里一直想着观众。因此他的电影具有深厚的人民性，站在观众角度，坚守观众意识。我看到的他永远都保持着极高的创作热情。电影就是他的生命。

我想对谢导说：

谢晋导演，今年是您的100周年诞辰，希望您在天之灵能够感受到我们所有跟您合作过的人对您的怀念。

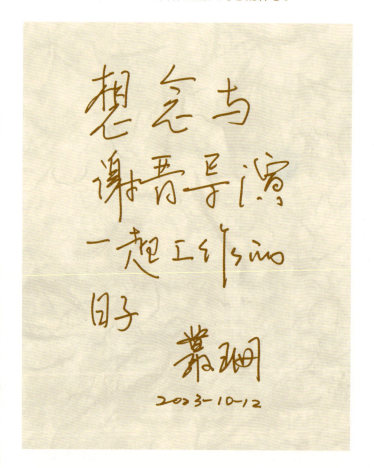

想念与
谢晋导演
一起工作的
日子
萧珂
2003-10-12

方超

演员

出演谢晋导演影片《啊！摇篮》《牧马人》《清凉寺钟声》

主要作品：《啊！摇篮》《牧马人》《泉水叮咚》等

《清凉寺钟声》大小演员合影，后排右二是方超（尤勇智提供）

《清凉寺钟声》剧照

　　我是两岁多参加了电影《啊！摇篮》的拍摄。那个时候因为我年龄太小了，并没有留下多少记忆。电影《啊！摇篮》全部拍完，只有两个画面让我印象比较深刻。第一个是我在马背上那个箩筐里，炸弹过来了我要哭，祝希娟老师就拿棉被来捂住我嘴巴，担心我的声音会把敌人吸引过来。当时祝希娟老师是真捂我。所以拍完那场戏以后，他们说我在很长一段时间只要见到祝希娟老师就跑。因为我被她捂怕了。第二个就是我小时候第一次吃巧克力。拍摄电影《啊！摇篮》的时候有很多小朋友，当时如果哪个小朋友表演得好，谢晋老师就会让副导演奖励给小朋友一块巧克力吃。

　　我5岁的时候参加了电影《牧马人》的拍摄。拍这部电影给我留下的记忆稍微多了点。首先我记得拍那个戏非常苦。并且在我记忆当中，谢晋老师非常的严厉，但是这个严厉并不只是针对我，我感觉全剧组所有的大人都很害怕他。其实现在想想这并不是害怕，应该是一种敬畏。他对我一直很好，平时他总是笑呵呵的，特别可爱。

　　谢晋老师带我走入了电影这个大门，他教我怎样去演戏。记得拍戏时他曾经跟我说过："如果今天你回家，父亲骂你了，或者妈妈打你了，你该怎么办？"谢导总是让演员把自己代入那个环境里，去感觉，然后再去演。他似乎从来没有说过我哪里演得不好，或者哪里演得不对。每次我演完后，谢导会把他觉得好的戏份保留下来，他不需要的戏份删掉。对此我的理解是，不管是编剧，还是导演，他们都不是孩子，他们不明白孩子到底会作出什么样的反应，所以谢导对儿童演员的表演没有各方面的限制。

我14岁时参加了电影《清凉寺钟声》的拍摄。拍摄这部电影的时候，我已经进入青春期，对这个社会，对电影这个行业有了一定的认知。拍这部电影时，我是第一次完整地把一个电影剧本从头看到尾。之前我已经拍了10多部电影，从来没有完整看过电影剧本。从《清凉寺钟声》开始，我觉得自己知道该怎样去演戏了。但是最可笑的一点是，现在我反观自己演过的所有戏，觉得正是从那个时候开始，我不会演戏了。《清凉寺钟声》里有一场戏，就是姐姐出嫁那一场戏，我大概拍了五六遍才过。记得谢晋老师当时给我讲戏时说："大人最怕跟小孩一块演戏，因为大人演不过小孩，小孩演不过动物。"这句话谢晋老师说了好多次。

拍摄《清凉寺钟声》的时候，谢晋老师已经将近70岁了，当时他每天晚上都要工作到凌晨3点左右。每天我们拍完夜戏后，谢导回去还要看剧本、改剧本，准备第二天的拍摄，早上五六点钟又要起床，他一天的睡眠不超过三个小时。有一场戏让我印象特别深。当时外面是零下10多度，我们在风天雪地里要上山，我背了一捆柴，丁一老师扶着我，我们互相搀扶着要爬一个山坡。就是那一个镜头，场景全部布置好了后要等雪，然后再布光。然后雪等来了，光也布好了，突然找不到导演了。全组人都在找，最后我们在一个木箱上找到了谢晋老师，他裹着个军大衣，在一个30厘米宽、一米五长的装灯腿的木箱上睡着了。当时全组没有一个人叫他，不是不敢叫，而是不忍心叫醒他。

谢导说他每一次的艺术创作都是对自己生命的一次燃烧。我很有幸多次见证了谢晋老师艺术创作的过程。我觉得他每次艺术创作、每次燃烧释放出来的光芒，都照亮了我前行的道路，给了我前进的力量。

我想对谢导说：

谢晋伯伯，我想告诉你，你的小方超现在很好。我也希望你好，无论在哪。

令人感动
谢导的工作状态

方磊
电影制片、发行人
曾参与谢晋导演影片《清凉寺钟声》摄制

第一次接触谢晋导演，是我刚进大学不久。当时，我们要搞大学生艺术节，想请谢导来给我们开个讲座或者开个课什么的。一天晚上，我跟我们班长就去了谢导家里拜访他，这是第一次见他，印象很深。那天谢导非常热情，他给我们看他在弄的剧本，然后很抱歉地跟我们说因为有好几个项目在策划，非常忙，这个活动不一定能参加。后来，我到了巨星影业公司以后，才跟谢导接触更多了。

谢导的工作状态是非常令人感动的。印象最深的就是，公司里有一条板凳，摄制组开会什么的都能用到，它后面是铁杆的，很结实。谢导累了，就在硬板凳上躺着眯一会儿。他对自己就是不讲究，累了就躺一会儿，好了又起来看剧本，他工作量是挺大的。

谢导的胶片比在上影厂是最高的，但他还是精益求精，他要把演员的状态发挥到最佳。他不是靠现场的，他是提前一个月就来排练了。包括《清凉寺钟声》，丁一、尤勇智这些演员都是会来集中排练的。这样等于拍个两三遍，尤其是重场戏，是他把演员的潜力挖出来的，把人和角色充分地结合在一起。谢老爷子这一点让我非常佩服。

我印象中谢导是没有什么休息天的，他每时每刻都沉浸在工作状态里面，这种状态已经不是一个正常的上班的概念了。公司等于是一个家的概念了，这种把员工变成家庭成员的概念，会让公司变得非常有力量。

我从谢导那里学到的最重要的，是他做人的境界。他在创作过程中，点点滴滴都透露出他的人格。对普通的工作人员谢导都非常尊重，这是非常不容易的。

拍摄《清凉寺钟声》时，我跟谢导一直在一起。《清凉寺钟声》拍摄的环境比较艰苦。第一次去看景，人家老百姓家里一共就五六个鸡蛋，拿了三个给我们。谢导跟我们说，人家有两个鸡蛋给你一个，那就是把你当兄弟了。当然最后鸡蛋没有收下，但是我一辈子都记得。

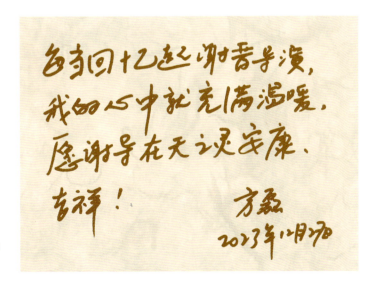

每当回忆起谢晋导演，
我的心中就充满温暖。
愿谢导在天之灵安康、
吉祥！

方磊
2023年11月26日

我想对谢导说：

一想到谢晋导演，
我心里就充满了温暖。

谢晋电影不惧岁月流逝

冯果

上海大学上海电影学院教授、博士生导师

我在读小学时，接触了谢晋导演的电影。我看的最早的一部电影是《天云山传奇》，但当时年纪太小，并不太懂，只觉得故事讲得很好，其中冯晴岚在雪地里拖着罗群，画面和音乐配合在一起构成了动人的场景，令我印象深刻，感触颇深。后来我做研究的时候，还会回想起小时候在电影院看到的这个场景。那时候我就感受到，谢晋导演的影片非常擅长讲故事和抒情，在情感上总能打动人。

过去，人们更多地关注谢晋电影的故事主题和他的"三部曲"，但是近年来我一直关注和戏曲相关的内容。在课堂上重新讲《芙蓉镇》的时候，我突然发现谢晋电影与戏曲有许多相通之处。比如

冯果参加图书分享会

说，我们知道戏曲是一种非常程式化的表演，但是它的程式化来源于戏曲整体的创作方式，正因为戏曲的这种表意性和程式性，它的表演也更加注重外在性，或者说，戏曲需要把内心的东西非常直接地表现出来给观众看。谢晋对人物角色的分类就与生旦净末丑相似。他的电影里面的人物就是按照这样进行排序的。观众进到电影院，可以很快地理解这个人物大概是哪种类型的角色。比如，胡玉音和李国香两个人物进行对比，胡玉音是一个好人的代表，而李国香则是一个相对的反派角色。戏曲里面的脸谱其实也是这样的道理。

谢晋对人物出场的安排也与戏曲相通。他的影片中任何一个人物出场时，都像戏曲人物"上台口"时一样亮相。比如《女篮5号》，一个人物下车之后原本可以直接走开，但他却要停下来，抬头对着观众去看天气，这其实就是一个亮相。导演通过这样的方式，首先将这个角色介绍给观众。接着女主角的出场也同样，出场之后，先用镜头从上到下，再给一个抬头的特写——这就是人物的亮相。在影片《芙蓉镇》中，几个人物的亮相也在胡玉音卖米豆腐的过程中全部一一展现，导演通过对比、节奏变化和人物之间的相互衬托，发挥出人物亮相的功能。

再者，戏曲表演要把一个情绪明确化，所以戏曲表演从起腔到唱韵，到韵腹、韵尾，在唱的时候慢慢地过渡，从第一排到最后一排的观众都可以听到。在《芙蓉镇》里，谷燕山被冤枉跟胡玉音有私的那一场戏很具有爆发性。他先是躺在床上，到坐起来，然后愤怒地睁大眼睛站起来，到转过身去，再转背，再坐下。通过这样大的动作调度，将人物复杂的情绪变化意义呈现：从不屑到震惊，从悲愤到痛苦，最后慢慢地平静接受，导演用类似戏曲一句一个唱段的方式，完成了这样一个过程，让观众感受得到这种情绪。还有，刘晓庆在《芙蓉镇》里有七处用手捂嘴的动作，其实是用这样一个手势去表达她的丰富情绪，包括难过、被冤枉，或者内心的恐慌、无奈，等等，这种动作某种角度上说也是具有程式性的，能够让观众迅速抓住人物在潜台词当中的情绪。谢晋导演在访谈中曾说，演员的表演就是要演潜台词。潜台词如何演？在人物开口说台词之前，可以通过一些细微的面部动作，或者大段的形体等外在动作，把台词说出口之前的情绪表现出来。这也是谢晋电影与戏曲比较相似的地方。

戏曲中最重要的就是情，比如昆曲就是关于男女之间的情感纠葛，这种情也是戏曲能抓住观众的重要抓手。在谢晋的电影中，情也是最主要表达的一个因素，最终家国都要落在情上。例如，《芙蓉镇》其实讲的是一个女人跟几个男人的故事，《天云山传奇》也同样讲述的是一个情感故事，它把所有的东西最终化作了人最基本的情感。谢晋的厉害之处在于，他不仅利用了"情"这个抓手，同时在此之上还赋予了电影更丰富的元素，比如宣传性、政治性和历史性。我觉得这个结合方式的核心、底色

2023博士生答辩合影

是戏曲，而它的外在则是其他环境所赋予的。

　　谢晋特别爱用中景镜头，因为中景镜头是一个表现人与人关系的镜头，最容易表达人物的感情。还有一种就是现在很多导演都不太敢用的大特写镜头，因为大特写是一个强调镜头，它将所有的内容强烈地表达出来。我们当下探讨的一些表演观念，比如模糊表演和完全生活化的表演，其实都非常反对用这种强调的特写镜头，因为主张生活具有多义性，不用表现得那么明确，由观众去阐释自己的理解。但是，谢晋的电影是寓教于乐的，他要将自己的思想和情感通过镜头完全、彻底地传达出来。这也是他与戏曲的相同之处，同时也是能抓住观众的一种方式。

　　在未来的很多年，谢晋电影依然会有深刻性与现代性，因为他讲的是人性底色，用一个传统的讲故事的方式承载历史、政治与文化，去表达中华大地上人的一些共通性，这是他非常了不起的地方。随着岁月的流逝，我觉得谢晋的地位也会越来越得到大家的认可。

我想对谢导说：
　　感谢谢导，让我在很多年以后，依然觉得中国电影有值得被反复讲述的作品。

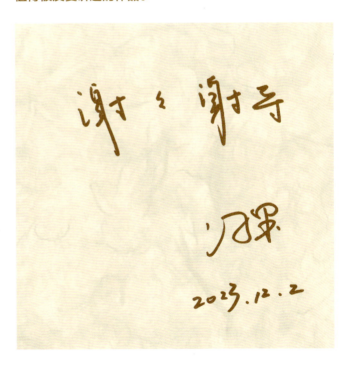

谢谢导

2023.12.2

为谢导名誉而战

富敏荣
律师
谢晋名誉侵权案代理律师

我没有见过谢晋，但我是他的影迷，对他非常崇拜，他拍的很多电影我都看过，《芙蓉镇》《红色娘子军》《女篮5号》等。

我曾经做过影视圈名誉侵权的案件。所以当《新民晚报》的记者俞亮鑫打电话来咨询宋祖德诽谤谢晋的事情时，我建议通过诉讼来解决问题。当时的市委宣传部副部长陈东帮我联系了谢晋的遗孀徐大雯，签订了聘请律师合同和委托书，开启了维护谢晋名誉的法律行动。

案件前后有几大争议。第一个争议，是直接诉讼和不加理睬之争。谢晋是中国电影界的旗帜，我们要维护他的尊严，就是直接诉讼。第二个争议，是诉讼模式之争。我们请教了中国刑法学研究会副会长、上海市刑法学研究会会长刘宪权教授，他建议用刑事诽谤自诉的模式，这样做有几个好处，第一是可以通过警方的侦查手段来找到宋祖德；第二是可以强制他到庭，便于庭审，了解事实真相；第三是万一定罪的话，对整治互联网有威慑力；第四是作为原告，自诉人工作量比较小。由于当时对死者的刑事诽谤自诉，业界和学界争议很大，而且当时有关刑法的修正案以及最高人民法院的司法解释都还没有出台，最终我们采取了民事名誉权侵权自诉。

在名誉权侵权自诉中，也有两种模式之争，第一种模式是被告举证模式，第二种模式是原告自证清白模式。因为我们不仅仅是追求一个结果，整个过程也是为谢晋维护名誉，所以，我们采取的是自证清白模式。在开庭的时候，我们提供了五组证据，总共有25份，其中公证书就有10份。

我们也请教了上海民法学研究会副会长傅鼎生教授。他提醒我们，要防止宋祖德不认账，收集一下传统媒体采访他的一些报道，加强取证。当时全国各地有8家传统媒体采访过宋祖德，我们都去取证了。我们也接受媒体采访，列举证据来证实他所讲的不是事实。

针对宋祖德诬陷的嫖娼，我们到上虞去取证，把证据公布给媒体，证实宋祖德讲的都不是事实。谢晋是2008年10月17日晚上五六点钟到达的上虞，去参加他的中学百年校庆。从他进入酒店开始，一直到第二天早晨7点多，服务员去叫门时发现他已去世，然后120来了，把他抬出去。我们把整个过程的监控录像作为证据。还有上虞公安局对女服务员的询问笔录，以及法医鉴定的谢晋去世原因和死亡时间，我们也向法庭提供了。把这些材料向媒体公布以后，宋祖德和刘信达就无话可说了。

一审、二审判决公布以后，我们尽管赢了，但是总觉得还不到位，因为宋祖德一直没有出庭，也不道歉，也不承认，后来我们就申请强制执行。最后他们迫于法律的压力，准时到了静安区人民法院，当庭鞠躬，承认侵权，向徐大雯老师道歉。

我想对谢导说：

谢导，我从来没有见过您，但我是您忠实的影迷。通过办理这个案件，我对您的为人了解得更多，更加敬佩您是真正的德艺双馨的艺术家。作为后辈，为维护您的尊严，我所做的一切都是值得的，请您安息！

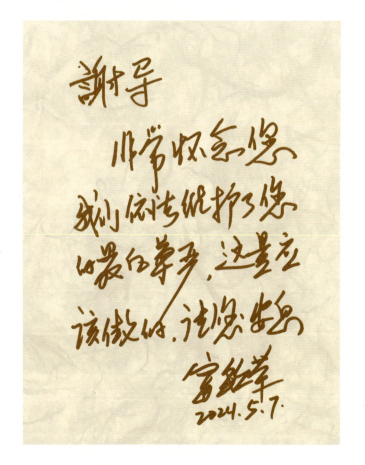

《舞台姐妹》让我迈出了第一步

高放
演员
1964年出演谢晋导演影片《舞台姐妹》
代表作：《舞台姐妹》《大河奔流》《排球之花》等

青年高放

时间过得真快，一转眼过去60年了。1963年，我是北京电影学院表演系四年级的学生，那个时候我们正在排演曹禺先生的经典话剧《北京人》。有一天，有人让我赶快到表演系教研室去一趟，说有事找我。

我跑过去推开门，坐在里面的人我一个都不认识，就赶快退出去。然后听到里面有人说："进来！就是找你的。"我连忙进去。有个人就说："我是上影厂的，上海天马厂的导演谢晋。"我当时特别惊讶，虽然对谢导早有耳闻，但是我从来没见过。谢导说："我们要拍一部表现越剧演员的故事影片，你看过越剧吗？"我说："看过。""喜欢越剧吗？"我说："喜欢。"谢导说："我们要把袁雪芬等表演艺术家的故事搬到银幕上来，我们现在正在物色演员，我已经连续看了你三个晚上舞台演出，所以今天就要来见见你。"我知道他们在选演员，能有这个机会我很高兴。

后来系里面通知我，让我到谢导住的招待所，他们又和我聊了一次。这是我第二次见到谢导，谢导很亲切。接着我就去了上海。到了上海以后，谢导让我演一个有智谋的党的地下工作者，这对我来说是个考验。于是谢导就安排我到《解放日报》和《新民晚报》跟着记者一块出去采访工作，大概采访了一个月。这一个月对我来说是个非常好的学习机会，我发现记者是一个非常有魅力和智慧的职业。在谢导的帮助下我终于完成了这个角色。我非常感谢他引导演员快速进入角色的方法和智慧。

谢导平时非常和蔼。有一次我印象很深刻，就是我们下生活坐火车去绍兴，走到路上该吃午饭了，我们剧组的上海演员都是买各种吃的，我是一个穷学生，所以吃中饭时我就买了一个面包和一根肠。谢导看到了说："小高，吃这么干的怎么行，来，我那儿有水点心。"我当时不懂什么叫水点心。过了几分钟，谢导拿来了一个蛋糕和蛋挞。我嘴上虽然说："您吃吧，我这样很好，我很年轻没事的。"但是我心里面特别温暖。谢导对我这样一个学生演员的细心关怀，让我终生难忘。

有一次拍戏，在景没有搭出来之前，谢导说："小高你过来，把那个图纸拿过来，在这张图纸上就是你接下来需要进的景，你要好好想一想，怎样走位置，设计一下，提前做个准备。"我把图纸拿过来翻来覆去地看。这是我有生以来第一次看图纸。我只好说："谢导，我不会看图纸，我看不明白。"谢导说："这怎么能行呢？一个大学毕业生连图纸都不会看。"

我有一次回母校做发言时，特意把看图纸这个问题当着很多老师和同学的面提出来。我说："谢导非常看重这个，谢导的想法和做法对培养演员很重要。但是咱们学校里面并没有关于这方面的教育，我希望各位老师在今后教学时，能把这个放进去。"后来老师表态说："我们确实存在这个问题，以后一定注意改进。"

我是一个80多岁的小演员，我拍了140多部电影和电视剧，不管演哪一个角色，都是遵循《舞台姐妹》里面的那句台词："认认真真演戏，清清白白做人。"在我的心目中，谢晋导演无论是人品还是艺品，或者是水平，都是别人无法比拟的。谢晋导演是我最尊敬、最崇拜，也是最让我揪心的一位导演。他总是拿命来拍戏，总是顶着巨大的压力，用生命、用眼泪、用痛苦去实现他的电影梦。

如果没有谢晋导演，就没有当年我的电影表演之路。中国没有谢晋导演，就没有中国电影的新时代。我在《舞台姐妹》里面迈出了我人生的第一步。我永远忘不了我的第一步。

我想对谢导说：

谢导演，小高永远认为您是最好的导演之一。谢导演，您在天堂，小高每年都会想到您，都要去祭奠您。祝愿您在天堂里没有痛苦，没有悲伤。谢导演，小高给您鞠躬了。

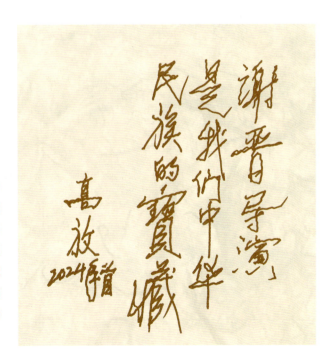

他给我最大的印象是
家国情怀

顾志坤

作家

长篇人物传记《大师谢晋》作者

1985年秋，在上虞县文联成立时，时任文联领导的顾志坤与文联名誉主席谢晋在主席台上交谈

1975年，我在上海当兵，去谢晋家里拜访他。因为我也是谢塘人，老乡见老乡，他非常高兴。我们部队也经常放电影，比如说《红色娘子军》，在我们部队的大院里放的时候，我就会跟战友说，谢晋就是我的老乡，从心里来说，有这个老乡，我非常自豪。

我同谢导一直保持着联系，我在部队从事文化宣传工作，到了地方以后，也是负责这一块。几十年下来，他的点点滴滴，他的生活，他的创作，他的苦恼，他的欢乐，我可以说是对他非常了解。后来我跟谢导说要把你的经历写下来，在他的默许下，

1995年春，顾志坤与谢晋在上虞谢塘镇"谢晋老宅"合影

我就把他的第一部传记写好了，他自己在上面做了修改。这份手稿非常珍贵，现在还在我这里。

我跟谢导谈得最多的基本上都是创作，有的时候，我去他家里，他的茶几上面所有的资料都是有关电影的，所以，我的印象中就是一谈电影，他就废寝忘食。

1986年，上虞文联成立，我是负责文联工作的，想请他来参加我们文委会。他当时正在筹拍《芙蓉镇》，非常忙。他说："我现在什么事都不干，全身心地来拍这部片子，难度很大，但是我一定要拍出来，这是我一生当中难得遇到的作品，我会用全部精力来拍这部电影。"《芙蓉镇》出来以后，果然不同凡响，成为中国电影史上的一部经典。

谢导对家乡有深深的情结。他曾经给我写过一封信，其中有一句话：你跟故乡结缘了，就写家乡的东西，当你写出一部有影响的作品的时候，由我来改编。现在我创作的几十部作品几乎都是写上虞的，上海的一个作家在给我一部作品写的序中就说，顾志坤是真正的乡土作家，我觉得这跟谢导对我的教诲是分不开的。

谢导给我最大的印象，就是他的家国情怀、开拓精神，他后期的很多电影都在创

新。他在拍《芙蓉镇》的时候，上海《文汇报》登了一个专家的文章，就是关于"谢晋电影模式"的问题，这个模式实际上对他的影响还是很大的，虽然他没有承认过他有这么一种模式。他后来的《最后的贵族》《老人与狗》《清凉寺钟声》等一系列的电影都在尝试创新。

创新，是谢导毕生追求之路。

我想对谢导说：

走得再远，也没有忘记回家的路。谢晋导演，故乡人民怀念你！

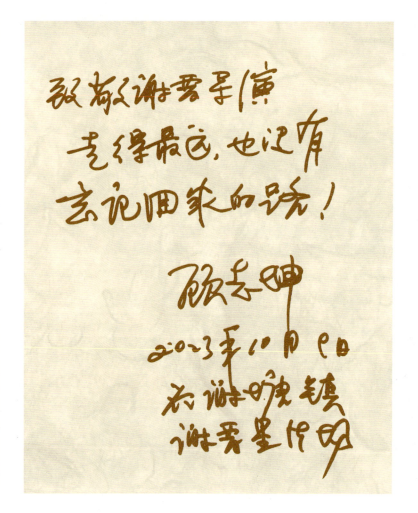

郭伟成

《人民日报》原高级编辑、记者

与谢导合影

我是1975年到《人民日报》工作的。认识谢晋导演是工作后的第七年。那时候《天云山传奇》刚拍完，送到北京，在国际俱乐部为驻京的外国记者和外交官放映这部电影，这是我第一次见到谢晋导演。1985年上半年我来到上海之后，就经常和谢导在一起，从那以后的40余年，我和谢导结下了不解之缘。有一次我们到新加坡参加世界名人会，会议开始后主持人让谢导写假如有来生愿意从事什么职业，谢导说我愿意从事记者职业，电影导演其实就像作家、记者。记者用笔来写，导演用镜头写历史、写政治、写人。这样我们之间似乎有了更亲密的往来了。他拍电影或者参加活动的时候我也会去，我们成为很好的忘年交。

谢导筹办了两次电影研讨会，一次是为《鸦片战争》，一次是在苏州举办《拉贝日记》的研讨会，我都全程参加。为了拍电影筹办研讨会，说明他对待任何事情都很严谨。《鸦片战争》的研讨会，他找了大量专家，包括从北京来的清史专家，还有余秋雨，来介绍鸦片战争是如何发生的，有何故事以及应该如何认识这段历史。虽然专家各有各的看法，但他通过两三天的研讨会弄清楚了整个事件的前因后果，然后开始写剧本。我记得前前后后改了11稿，可见谢导的认真和严谨。

谢导在筹拍《高山下的花环》的时候，我跟他说《人民日报》春节第一版要发表

谢导亲笔的传记授权书

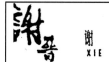

中国电影出版社：

　　本人授权人民日报记者郑伟成同志，请他执笔写作我的自传。

谢晋

二〇〇六年8月31日

各界名人的新年展望，希望您能写几句。以前的春节上海很冷，我想到他要上班，九点以前就到他家，没想到他已经走了，给我留下一封信。他说，郭伟成同志，昨晚家里来了很多人没写成稿子，所以早晨起来草草写了500字，题目还没拟，请代拟一个交上去。我仔细阅读了那两页纸，内容是1983年11月他到法国参加三大洲影展，放了他9部电影，记者会上有人问这9部电影中他最喜欢哪部，谢导说我最喜欢下一

部。我一看就把这句话作为谢导新年献词的题目，《我最喜欢的电影——下一部》，后来这就成了谢晋的一个格言。后来，谢导拍了《高山下的花环》之后又创作了《芙蓉镇》，持续地创作更好的电影，我想这也是谢导不断超越自己的最好注解。

谢导在工作上总是给予我警醒。1999年，和他合作过的好多人一起去台湾举办谢晋李行电影展，结果第二天地震了。我从楼上往下跑，到下面以后，谢导对我说，你们记者在这干什么，赶紧去给北京发稿子。于是我就到房间拿电话发稿，第二天台湾地震的消息、江泽民主席的慰问电和我的特写就登在了《人民日报》的第一版上。这一年还给了我一个中国新闻奖。我心想，没有老爷子这一句棒喝，我想不起来去发稿子。

谢导在生活中也非常照顾人，很细心。有一次我生病住院，谢导去北京开政协会，他下了飞机就跑医院来了，到医院来还不忘去买两包牛肉干，他撕开牛肉干喂到我嘴里，说知道这是我最喜欢吃的下酒菜。还有一次是我过生日，谢导正好要去北京开会，到了虹桥机场，他想起来赶紧让他的生活助理买一个大一点的生日蛋糕送给我，这样的事情有很多。

由于我和谢导熟识了，所以我还为谢导写了一本传记名为《谢晋传》，为什么由我来撰写呢？主要是当时中国影协要出一套丛书，影协专门派了副秘书长柳秀文到上海来找到谢导，请他写一本自己的传记。谢晋说他还没想好，他说他要像李翰祥一样

倒在片场上为止，就是一生都要拍电影的。他说他不写这个传记，就委托我来写。我就找了很多人，还去他老家，去采访他的女弟子，包括黄蜀芹、石晓华等，去厂里找徐桑楚他们谈。2008年的上半年他曾经问过我写得怎么样了，书什么时候能写出来。当时我想老爷子身体那么棒，时间还早，再加上我也经常要跑国外去做点对外交流的事情，不着急。想不到10月他就在去春晖中学参加校庆后突然去世了。他去世的时候还穿着我从国外给他带的一双鞋。

谢导去世以后，我真是心里很难受，也很懊悔，后悔没有抓紧在他生前把传记写出来，让他看一看。谢晋导演是2008年10月去世的，2009年的7月书写完了，然后出版社加紧出版，最后在他去世一周年的时候出版了。出版之后我们在人民网做了一个视频访谈，包括八一厂导演翟俊杰，还有施建岚等几位演员。主持人最后让我们每个人给谢导讲一句话。我当时说，谢导你让我做的事，我做完了，我们来世再做好朋友。

我想对谢导说：

谢导，你的精神，你的热情，你的人格魅力，都是我们的镜子。谢导，我们没有忘记你，我们在心里记住你。

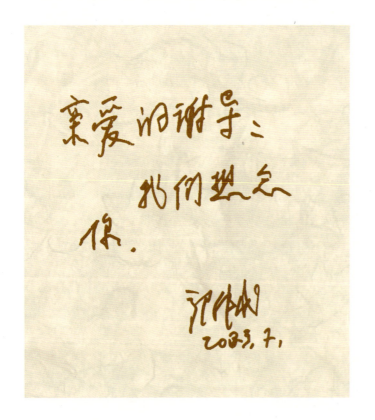

亲爱的谢导：
我们想念你。

范作和
2023.7.

他是我和太太的媒人

韩美林
艺术家、清华大学文科资深教授
谢晋导演铜像设计者

2023年10月4日，韩美林在工作室修改《谢晋百年》人物雕塑（北京）

2005年8月10日，谢晋与韩美林（北京）

2008年3月21日，韩美林、周建萍夫妇与谢晋导演在北京最后一次见面

韩美林部分创作手稿

我与谢晋最初的相识，有点淡忘了。我在政协待了7届，35年，也就是说35年前我们就认识了。我们两个关系开始亲密起来，就是在进政协之后。一是因为他是常委，我们在一个组；另外一个原因是我们开会时，只要上台，姓谢的跟姓韩的就在一起，所以说开会就把我们"捆绑"在一起，我们两个人就这样认识了，也因此结下了几十年的友谊。

他在作品上跟我一样，经常为创作争执。我的性格也是这样的，就是大家都知道的急性子。我认为拍电影他是最认真的，他的好作品为什么那么多，他为什么能培养出那么多优秀的演员，而且那么多人佩服他，是因为他一直在把拍电影当成做学问。这是我们两个友情深厚的主要原因，我也是这么一个认真的人。我们两个人，比较了解彼此。

时间久了，我和他家里人的关系都特别好，尤其是阿四，阿四谁都不认就认我。阿四一见我来，就跟我要猴子，我就给他画猴子。给他画好猴子，放到他那，现在还在那放着。一见到画阿四就说：韩美林的猴子。

谢晋认识我太太要比我早，我和太太的媒人就是他，因为我太太周建萍编剧的电影《女儿谷》就是谢晋导演的。我太太的前次婚姻不幸福，谢晋就想着给她找一个疼她的人，他当时心里就知道会疼爱老婆的这么个人肯定就是韩美林，准没错了。谢导就对我太太做了许诺，要促成这桩姻缘。后来谢导拍《女足9号》，他让我去，给我安排住在一个什么养老院。然后周建萍就派她的司机来找我，要接我去谢导的片场，我和周建萍第一次就这么联系上了。司机说，是韩老师吗？我说是。他说周建萍让我来接你。我说周建萍？不认识啊。后来才知道，原来是谢晋向周建萍介绍了我，但是却忘了给我介绍她了。

谢晋了解周建萍，就介绍我认识了她，我们就这样认识了。周建萍后来才告诉我，谢导多少年前就给我说要把你介绍给我。后来谢导让周建萍陪着我，带我到上虞去给他家乡做雕塑。周建萍性格里有种女侠的味道，我说这种女孩我不爱上才怪了。后来我心脏病，她来到北京一直陪着我，我们两个就这么好起来了。谢晋在那边起哄，反正因为他每次到北京，都先到我们家来，走的时候兜里还塞着一瓶酒带着走。你可以看出来他的性格，这就是我对谢晋的认识。

他喜欢喝酒，我有好酒但是我不喝。要是算起来的话，谢导可喝了我不少茅台。只要一开会他就会给我传个纸条来：给我拿酒。我就偷偷溜出来，因为政协离我们王府井大街的家很近的，这就回家拿两瓶酒来。

谢晋个子大，我个子小，但我总感觉我们两个还挺成对的。他每次到我们家来，

韩美林创作谢晋铜像

我都给他安排住在王府井大饭店，因为我们家就在王府井大饭店的后院。

谢晋在去世前留下的遗嘱里面说，墓地前边就让韩美林做雕像，墓碑后面让余秋雨来写文字，所以我后来就做了这么大一个头像，你们也看到了。我们现在又给他家乡做塑像，还做了个全身的像。

谢晋的妻子徐大雯临终时，我们夜里赶到上海，就直奔医院去了。我们两口子是凌晨1点多钟到的，大雯身上插了很多管子，她看到我们以后眼泪就流下来了。我给大雯擦泪，我说大雯你放心，你不是牵挂老四的问题吗？我说老四的问题我包下来了，你放心，我跟谢晋的关系这么好，你也了解我韩美林，老四的事我会放在心里，我和她说了之后，她就很放心了。那时的大雯已经不能说话了，但是泪流不止，我们两个就坐在边上陪着她，看着她去世的，是夜里去世的。

我们今年还去谢晋故居了，以前我媳妇去得更多一些，我们也一直关心阿四。我们还给谢导做了雕塑，又重新塑了个头像。

我想对谢导说：

谢导，你在中国的电影史上是一个里程碑式的人物。我们不会忘记。这几代的教育，都应该感谢你。起码在那个时代，你的电影发挥了作用。

永远不要忘记我们的谢晋导演。

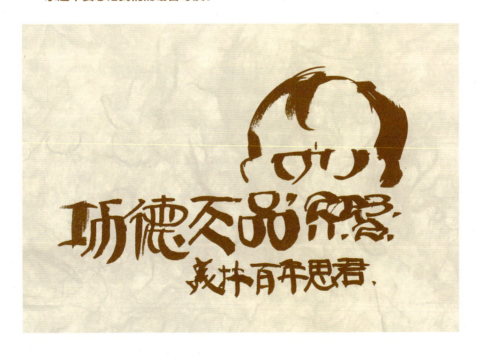

谢导的点拨
让我受益终身

何赛飞
影视、戏曲演员
曾出演谢晋导演电影《女足9号》、电视剧《三言二拍》
代表作：《追月》《大红灯笼高高挂》《大宅门》等

电视剧《舞台姐妹》饰演"商水花"致敬经典（左起：何赛飞、史依弘、巴特尔导演）

《天云山传奇》是我看的第一部谢晋导演的电影，特别感人。那个时候，我在小百花越剧团唱越剧。虽然1984年我也参加过越剧电影《五女拜寿》的拍摄，但对故事片的创作过程不是很清楚。几年之后，我认识了谢导。后来他请我拍电视剧《三言二拍》系列的《重会珍珠衫》，接触谢导的机会多了，对他的了解也多了。

电视剧《重会珍珠衫》，我跟佟瑞欣合作，里边有很多哭戏。在拍摄过程中，谢导和我说过的一句话我记得最清楚，让我这么些年一直受益匪浅。他说："演员要经常挑战自己，用不同的手法，你以前用过的手法尽量少用，要用新的办法、新的手段去体现一个人物的情绪。"我觉得这句话非常经典，就是你不要用差不多的类似的情绪，或者是别人用过的，或者是你以前创作中曾经用过的方法，一定要挑战自己，去寻找新的方法。因为方法不同，演绎的人物，她的性格和行为就会有鲜明的特点。

20世纪80年代，我在接触影视创作过程中都是懵懂地摸索着，凭借一双好学的眼睛，好奇地、积极地边看边学。这期间，谢晋导演对我的帮助非常大！他告诉我，如果拍脸部特写的话，就拍我的右边，我回去以后反复看，还拿镜子对着自己的左脸右脸来回看，后来我有点明白了，我左面的腮帮子好像要比右面要大一点。谢晋导演的眼睛是独特，他一下子就看出来了。他还会教我一些表演艺术的技巧，比如说喝酒，什么样的人物端起杯子来应该是什么样的，会喝的和不会喝的人，端杯就不一样。他说不会喝的人端起杯子来，沉甸甸地、摸摸索索、犹犹豫豫、磨磨蹭蹭的。会喝的人就很轻快，一下就提起来，毫不犹豫；而且会喝的人，是端杯轻，入口深，眉舒展。这几句话我都记住的，如果人物会喝酒，表演还磨磨蹭蹭的、慢慢腾腾的，肯定不对，要很爽快，入口深，像倒下去一样的，眉头舒展的。我后来用了，效果太好了。

谢导的电影大家都熟悉，几乎所有观众都知道。好几代人是看着他的电影长大的。他的电影艺术就是感染力很强，他是以"情"说话的，不管什么题材，一个"情"字就能够完全体现出谢晋导演的作品魅力。像《天云山传奇》《芙蓉镇》《舞台姐妹》都是情，这个魅力是永恒的，不可取代的，《重会珍珠衫》也是。他有几次说戏的时候就很细腻，每一个镜头，每一个情绪，就像我们舞台上的戏曲用腔一样，得有头有中有尾，交代得层次清楚，比如几秒里，要你完成这几个应该完成的情绪。他教你技巧，你不能太长，也不能太拖，也不能太明显，或者这三个情绪里边哪一个是你的重点，他会教你这种技巧。谢晋导演的几句话点拨就可以帮助到一个演员一辈子的创作。大师级的导演就是有功力，知道问题在哪里，用什么招能帮到你。

电影《女足9号》的拍摄我也参与了，在浙江的深山里面拍的。拍摄的场景，我记得蛮清楚的，在山里面，边上有山有石桥，还有几户人家。在现场，谢导挺快乐的，那个时候他年纪也不小了，好像也没带执行导演，每次都咚咚咚地自己跑过来跑过去，还要过桥。谢导精神头挺好的，特别愿意跟老乡聊天。谢晋导演很懂绿茶，那个农民家没茶了，茶沫沫拿出来给我们泡。他说茶沫沫是好东西，好的茶嫩的茶，它不小心弄碎了才有沫沫，那老叶根老茶根哪有沫沫，这都是他的经验。

我觉得遇到谢晋导演是遇到了一个能点拨我的人，他一句两句话就很管用，对我的创作，对我的创作习惯，我今后整个演艺事业的发展特别至关重要。我认为谢导对我有这样的作用，一点都不夸张。他跟你聊天看似在闲聊，但是你自己能悟到的全是经典的东西，胜读万卷书。所以年轻人聊天要跟智者聊天。那个时候谢导对我们来说就是一个智者。

我想对谢导说：

谢导，您虽然离开我们了，但是您的精神，您的笑容，您的艺术，永远在人世间，永远在影响我，永远在帮助我创作。

谢谢您，谢导！

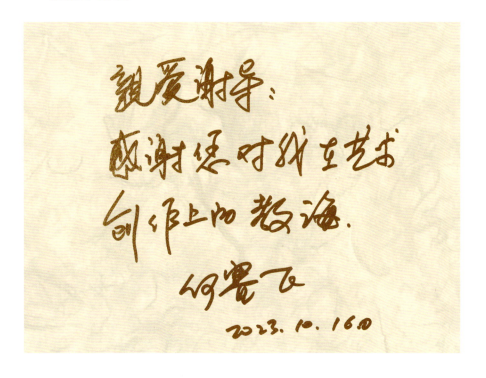

他的指点如同「点穴」

洪学敏
演员
1980年出演谢晋导演影片《天云山传奇》
代表作：《海之恋》《天云山传奇》《喜盈门》等

1979年我被借到上影厂出演《海之恋》。在《天云山传奇》筹备阶段时，副导演黄导就来找我，我看完剧本和小说后，内心触动很深。第一次见谢导，我记得好像是在一个招待所的饭厅。谢导一看见我就笑，他觉得我很活泼，但我很紧张，毕竟他是大导演。

　　谢晋导演提前排练、排小品的工作习惯到现在我都非常喜欢。我觉得这个工作习惯不光是对演员，对整个摄制组都有很大的帮助。排小品他不管，我们自己去排。摄制组每天拍完以后晚上去吃晚饭，谢晋导演就坐在招待所的小会议室里等大家，经常是摄制组所有的主要工作人员都在，我们都拿着本子非常认真地坐在里面。谢晋导演说："谁先来？"一般是哥哥姐姐他们先来。排小品的时候要求我们不少于两种甚至三种处理方式。这就要求我们开动脑筋了，想人物这样的性格可能会出现这样的语气，这样的性格可能会出现这样的动作，这段戏可能我们会这样处理。

　　谢导不是看完就结束，他会和摄影、服装交流，和我们演员也交流，最后他就会说，你哪一段保留，演得非常好，哪一段需要改动，我们心里就明白了。因为导演是镜子，我们在演的时候，没有一个理智的镜子来照我们，和导演沟通后，我知道我这段戏、我这个动作可能更符合这个人物。

　　这种讨论对于我们来讲，非常有利于创作，完全像上课一样，真正地实践，真正地揣摩人物，真正地去抓人物与人物之间交流的细节，这让我在拍戏的时候学到很多。

　　我非常幸运接触到谢晋导演，接触到优秀的艺术家团队。王馥荔老师、石维坚老师、仲星火老师等都是非常优秀的，他们在与我搭戏的过程中，给予了我很大的帮助。那个时候创作是很严肃的，我们都非常用功，一定是从源头的文字去读，有小说的去读小说；有报告文学的，去读报告文学，最后才去读分镜头。当我们把这个人物都消化完了、体验完

《天云山传奇》海报

《天云山传奇》剧照，左为王馥荔，右为洪学敏

了，最后排小品的时候，才会去看分镜头，这个创作习惯为我的电影生涯打下了良好的基础。我们抓人物，理解历史背景，理解这一段戏是怎么来的，深挖故事后，画龙点睛地通过分镜头把它片段性地表现出来。因为我年纪小，没有舞台经验，有经验的演员就带动着我，老师们都毫无保留地去教我、指点我，告诉我更好的演绎方式，这对于我来说是很幸福的事情。

我本人平常其实话比较少，《海之恋》里我扮演的角色，已经是超越我本人的性格了，但为了适应角色，我不断地改变自己。《天云山传奇》里，谢晋导演给我角色的定位是一个时代新女性的形象，像一把火。他通过人物阐述、服装、道具等帮我理解人物。他让我烫了大卷发，还穿上了红羽绒服。影片播出后，这件服装变成了社会时尚，很多人都去买。那个时候大家都穿灰、黑色的衣服，红色衣服太难得了。

我跟很多导演合作过，我觉得谢晋导演话不是很多，他的话都在自己肚子里。有的导演是很能说的，非常能渲染，但谢导不是。谢晋导演是只要说出一句话来，你就要掂量掂量，非常认真地去想。

在拍摄现场，他看到什么东西能帮到这个人物，他就会给你一个指点。比如说有一场戏，宋薇和她的丈夫正在闹矛盾，我进到房间中，指责她的丈夫。这里谢导就强调我和馥荔姐的反差，这场戏变成了一个三角关系，三个人物的对比。馥荔姐饰演的宋薇是那种软弱的、无奈的、忍气吞声的、被丈夫欺压的感觉，而我的出现是一束光，仲星火老师面对我的指责又不敢得罪我，所以很气愤，觉得他老婆是被我带坏的。当时我们在排练这场戏的时候，导演特别强调这一点，我的出现一定要把冷却的气氛冲散。"啪"我把窗帘一拉开，灿烂的阳光就照射进来了，光线对怀有阴暗心态的人的直射，特别强烈。这场戏谢晋导演教我的这个动作，让我这个人物的激情释放，把整个场景冰冷的氛围、基调都改变了。谢导对我的指点，等于是让我拿到了尚方宝剑一样，他一定是扎穴位的。这是导演的功底。我拍了这么多年戏，发现他的功底太深了，他给演员的东西，无论是道具，还是动作，都是画龙点睛。他教我如何在人物创作中抓住人物，人物一下子就立起来了，就发光了。

给我印象深刻的是谢晋导演生活非常朴实，我们剧组那时候吃饭都非常简单，随便在房间里下点小面条都香得不得了。谢晋导演也从来不讲究，跟我们一样，他真的非常朴素，有时候边吃就边给我们说戏了。他从生活到工作，都是大写的人。跟着这样的导演拍戏学习，不光是业务能力能够得到提升，在做人做事方面的能力也能得到提升。

我想对谢导说：

非常感恩谢导教会我很多学校里都学不到的知识。他那么大年纪还在努力，孜孜不倦，让我们所有和他合作的工作人员都很敬佩他。

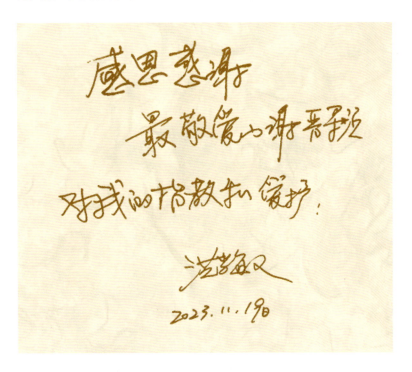

谢导给予我充分的创作空间

侯咏
导演、摄影师、编剧
1996年任谢晋导演影片《鸦片战争》摄影师
代表作：《鸦片战争》《望道》《茉莉花开》等

侯咏（左）与谢晋（右）在拍摄《鸦片战争》时的工作照

在认识谢导以前，他的电影我基本上每部都看过。谢导在我心里完全是大神一样的存在，他在我心目当中是中国电影界首屈一指的著名导演。后来有一次我在北京电影洗印厂做片子的后期，遇见了《鸦片战争》的制片人林炳坤，他说谢晋导演有部影片想请你当摄影师，于是我赶忙就答应了。林老师就通知我到上海去跟谢导谈剧本，我被带到松江一小区的别墅里。我们当时的主创大概有七八个人，都一块儿在楼里住着，谈剧本。那是我第一次见到谢导。

对谢导而言，我是学生辈的，所以我完全是抱着一定要好好向老一辈艺术家学习的心态去的。但是当我们真正在一起工作时，他对我完全是一个平等的合作者的态度，在创作过程中他也不过分要求我，而是给予我充分的创作空间使我能够自由地发挥。现在回忆起来，这样的合作模式真的特别舒服。当时我正处于创作热情比较高涨的时期，同时又有一定的经验积累，所以在创作《鸦片战争》时就特别得心应手，尽力地将摄影创作范畴内的业务做到最好。整个拍摄的过程基本上都是在很忘我的状态下完成的。另外和谢导一起工作时，我在体力上也特别充沛，因为谢导特别注意起居和工作时间的安排，严格控制拍夜戏的时间。因为他要保证休息，保证第二天有充沛的精力去投入创作。

我在拍《鸦片战争》的时候，是没有当导演的想法的，一直钻在我摄影的专业创作中。但是跟谢导合作的时候，谢导对待演员或者对待表演的这方面给我留下了深刻印象。后来等我做了导演以后，我才意识到这是我们摄影师改做导演所欠缺的一个重要的方面，就是我们不懂表演，我们不懂如何跟演员相处，或者说我们不懂如何去保护演员的热情。在英国演员第一次进组后的接风宴上，谢导对我们说，在摄制组里我们对演员是要有额外的呵护的，不能对他们有任何情绪方面的影响和打压，这会影响他的表演创作。当时我就在想，都那么大人了，又不是小孩，有什么需要呵护的？后来我做了导演以后才意识到，演员真的需要呵护，这是真理。

有很多次我们一块吃饭，谢导基本上都要喝酒。然后他给我们展示，会不会喝酒你就看他喝酒的动作，抿着一口或者抿着两口的这种人不会喝酒，会喝酒的都是满满一盅直接倒到喉咙眼儿里，直接咽下去了，这才叫会喝酒。他还给我们亲自演示喝酒的动作。我想这"酒仙"真是跟其他人不一样。

我们在日本做后期的时候，有一天晚上谢导和林炳坤制片到我的房间里说，刚才高仓健请我们吃饭，他送给我一个相机，这相机送给你。我说高仓健送您的相机您却送给我，这合适吗？他说合适，这个送给你的意义比给我的意义要更大。我非常忐忑地收下了这份礼物，这个相机后来我也一直没用，因为这是挺不寻常的一个礼物，我一直保留至今。

我最后一次见谢导，是在2007年的一次颁奖活动上。我们坐在一张桌上吃饭，然后谢导就问我，听说你干导演了，我说是。他说你不要做导演，我说为什么？他很认真地跟我说，中国电影界还是很缺你这种优秀的摄影师的，你如果不做摄影师是一个很大的损失。我当时很不接受，因为我刚做导演，而且正做得意气风发的时候，他居然这么说。没多久他去世了，我突然意识到这是他给我留下的最后一句话，我觉得这句话的分量就加重了很多。后来我仔细地去琢磨这句话，我理解这句话的意思就是，与其做一个平庸的导演，不如做一个优秀的摄影师，这样可能对中国电影的贡献更大。其实这也反过来鞭策我在导演的创作当中要做得更好。我这么理解，就是我既然做了导演了，就要把导演做好，不辜负谢导对我的这种期望。

我想对谢导说：

谢晋导演，您跟我最后说的那句话，我铭记在心。前不久我在东京中国电影周获得了导演奖，这是我平生第一次获得导演奖，也是我在导演创作当中取得的第一个成绩。我相信您在天之灵知道这个消息也会替我高兴的。

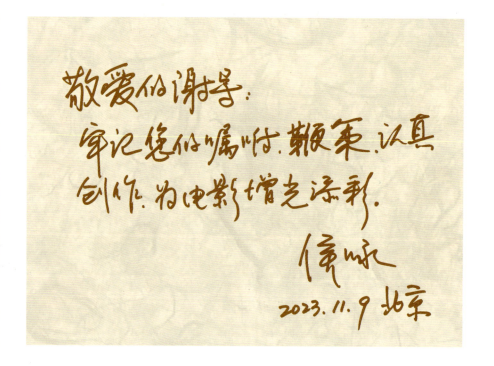

我跟着谢导拍《芙蓉镇》

胡立德

导演

1985年任谢晋导演影片《芙蓉镇》副导演

代表作：《血战落魂桥》《花碧莲逼婚》《死刑宣判之后》等

谢晋（左）与胡立德（右）在《芙蓉镇》拍摄现场

我曾经问过不同的导演，"怎样才能当一个好导演"。谢晋导演的回答是最奇妙的，他说，做导演首先要学会喝酒。这句话看似笑谈，其实其中蕴含着深刻的哲理。创作表面上是很随意的、流动的，实际上应有像火一般的激情，就如同喝酒，喝下去的是水，其实到喉咙里是火。谢导也常常用酒来形容中国女性，如水一般柔情，又似火般富有激情，能承担很大的责任，能承受很多的痛苦。谢晋导演给我的第一印象，正如同烈酒一般充满激情，说话声音如雷，描述起一部片子的时候栩栩如生，仿佛那部影片已然呈现在你的面前一般。

　　我和谢晋导演的结缘是在1984年，上影厂筹拍上、下两集电影《赤壁大战》。此前编剧梁信和谢晋导演在拍摄《红色娘子军》时有了一次美好的合作，两人就相约要再次合作，于是若干年后，梁信完成了《赤壁大战》的上、下集剧本，谢导筹划搬上银幕。上影厂安排了张建亚、徐纪宏和我三位导演担任谢导的副手。但是由于这部片子制作太过庞大，耗费资金过高，拍摄上出现了困难，没多久之后就停拍了。

　　后来我听说谢晋要筹拍《芙蓉镇》，就主动找到谢晋导演，想参加《芙蓉镇》的拍摄工作。谢导当时说，这部影片相对《赤壁大战》来说规模小一些，他来当导演，问我愿不愿意当副导演。就这样，从1984年到1986年拍完，其实我跟谢导在一起工作了接近三年。我知道谢导对电影的艺术质量要求很高，工作是一丝不苟的，所以给他当副导演需要出很多主意，负责的事情也非常多，什么事情都要主动地提前做，比如前期的选景、选角等方面都要先跟他沟通。

　　谢导抓演员的事情是最紧的。他说，电影重故事，情节展开和深刻的内涵都需要靠演员来体现，所以演员是直接跟观众打照面的。因此，我们到拍摄地之后，有一个月没拍电影，就出去深入生活。比如徐宁饰演的是"五爪辣"，我们首先找了个孩子给她每天抱着，以此建立感情；刘晓庆则是要学做豆腐、摆摊，谢导就让她在食堂里端菜、打饭、服务别人；谢导给姜文的任务就是晒太阳，所以他那一个月经常打赤膊，把整个身体和脸的皮肤都晒黑，因为肤色不能靠化妆，要看起来是自然的黑；刘利年是八一电影厂的演员，饰演胡玉音的第一任丈夫，影片中他需要背着一块很大的花岗岩往楼梯上爬。过去，电影厂都是用泡沫或泥巴做石头的道具，但是刘利年当时背的是一块真的花岗岩，一个过场的镜头都如此真实。可见，谢导对画面真实感的要求非常高，演员们也特别配合、卖力。

　　有一场点名戏，其中有一个地主生病不能来，就由他的孙子来代为点名。我找了一个男孩来演孙子，结果谢导悄悄招手叫我过去，让我找个女孩子把头发剃短来演这个孙子。我当时不理解，为什么要女孩演男孩。谢导说，女孩子尤其是农村的，天生胆小，说话哩哩噜噜的，不需要刻意演，那个味道就出来了，反而是找一个男孩子大大咧咧的，这个味道演不出来。我一下子佩服得五体投地。

谢导曾多次跟我说过，他告诉他的学生，只学他的镜头怎么分、蒙太奇手法怎么用，一定是不成功的。我的理解是，首先要通过影片中的内涵、主题、思想及其历史使命来学习谢导的精神。最令我佩服的是，谢晋在导演阐述中说："我拍《芙蓉镇》是呼唤人性和人道主义的回归，是人民对美好生活的善良愿望理应实现的追求。"他说，希望电影《芙蓉镇》将来在电影院放映之后，影片结束的时候不是掌声或眼泪，更不是叽叽喳喳的议论，而是沉默的思考。我觉得他将这个主题意识和历史使命放在很高的位置上去思考，使影片获得了极大的升华。果然，他的影片每次在电影院放映后，都达到了这样的效果。

谢晋导演是一位伟大的人民艺术家，他的一言一行都深深刻在我的脑海中，永远不会忘却。

我想对谢导说：

从1986年跟谢导一起拍《芙蓉镇》，一晃过去好几十年了。时时刻刻，都在想念谢导。他活在我们大家的心里，精神长存，艺术长存！

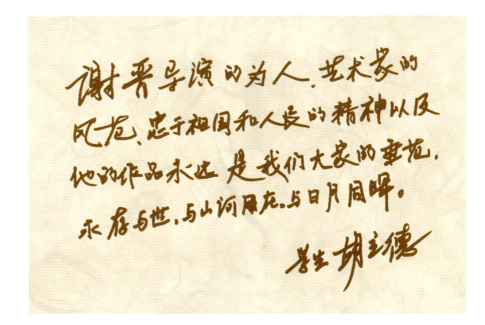

好导演和好厨子

胡智锋

北京师范大学艺术与传媒学院教授、博士生导师

中国电视艺术家协会副主席

我与谢晋导演的交往、见面的次数
其实并不多，但有限的几次都令我印象极
其深刻。我们曾经在上海国际电影节、佛
山金鸡百花电影节等活动中相遇。谢导不
仅好喝酒，也好做菜。他在与我们聊天时
经常会讲："我做的狮子头是国宴水平，
你到我家来吃，我的狮子头不会比大会堂
差。"他非常自豪，然后沿着做菜这个话
题，他又和我们讲："要想做个好导演，
先要做个好厨子。"这句话非常有意味，厨子需要处理和搭配各种食材，把不同的食
材组合在一起，做成一道菜。用什么食材、如何去做、做到什么火候都是厨师需要考
虑的。导演创作电影与厨子处理食材是相似的，所以谢导说的这句话令我回味无穷，
对我影响很大。

　　之后我经常会拿谢晋导演这句话去比附我们的电影创作。我会衡量一部电影是不
是一道色香味俱佳的好"菜"，是一道什么风格的"菜"？我觉得美食和美好的电影
之间是有共性的，这一观点也源于谢导的启发。后来我在做影视教育工作时，我经常
会鼓励我的学生们学会做菜，让他们在做菜中体会一个好的导演该有的状态和感觉。

　　1997年在上海国际电影节上，当时苏联电影家协会主席、著名导演罗斯托茨基和
我长谈了8个小时，其中他大篇幅地和我谈到谢晋导演。他说在他看到的中国导演当
中，他最敬佩的就是谢晋导演。他认为谢晋导演不仅是一个电影导演，他还是中华民
族的良心。谢晋导演对中华民族的感情深厚，他的电影表达充满了对民族的责任感、
忧患感和使命感。所以罗斯托茨基从心底非常敬佩谢晋导演。从一个外国导演眼中看
谢晋导演，给予了我们深刻的启示，我们应当对自己民族产生的伟大导演怀有敬意，
不能随意地去漠视和忽略前辈所创造的伟大艺术和留下的精神财富。

　　我想如今在谢晋诞辰百年之际，重提谢晋，重提谢晋电影，看起来是一个过往的
题目，但它又让我们点燃起新的灵感。今天的中国，今天的中国电影都发生了巨变。
今天的中国是不断去创造人间奇迹，正在崛起的大国。改革开放初期我国经济发展水
平低，国家综合实力弱，国家经历了过去百年的历史沧桑，受尽苦难。在刚刚打开国
门，面向世界时，我们感受到的是自己的落后，感觉到和世界强国发展的差距。于是

我们在西方电影主导的话语体系下，认为自己的电影是落后的，价值观是有问题的。如今我们的心态转变，中国人对自己国家的文化积累，对自己国家的文化人物充满自豪感，尤其是新生代的中国年轻一代，他们对于谢晋导演的电影有着全新的感知和理解，这和我们整个国家、整个中国人的心态变化有着密切联系。今天的年轻一代，他们对国家有着深深的自豪感，因此他们欣赏中国电影文化中不可或缺的谢晋导演及其电影。他们将谢导视为民族电影的骄傲，认可他是一位伟大的电影导演。

"谢晋精神"中包含了"人格精神""艺术精神"与"文化精神"。他的人格精神是近乎天真的真诚，发自内心的善良，助人为乐、成人之美的高尚品德与对党、对祖国、对人民的"大爱"；谢晋导演的艺术精神表现在他对艺术的精益求精、精准把握与精深研究；谢晋导演的文化精神表现在他作为中国传统知识分子"先天下之忧而忧，后天下之乐而乐"的忧患意识，作为现代知识分子的与社会紧密关联、理性且具有批判性的精神，以及他书写中国人、书写中国历史、书写中国文化的文化担当精神。我们今天理应去学习、传承和弘扬谢晋导演的精神。

我想对谢导说：
    亲爱的谢导，愿您在天堂一切安好，您永远活在我们心中。

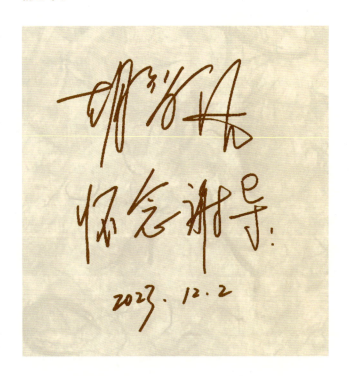

不服输是谢导的精神

华旸
导演、影视制片人
谢晋导演硕士研究生
2000年任谢晋导演影片《女足9号》场记
代表作：《看不见影子的少年》《拜托啦师兄》等

与谢导合影及谢导题词

《女足9号》拍摄现场

大学期间，我看了很多电影，接触到了谢导的很多作品，有《芙蓉镇》《天云山传奇》等。看过他的作品以后，你能够感知到他的审美和风格，是非常朴素的。见到他的时候，你不会觉得他是一个很严肃、很有距离感的人，而是一种爷爷、老师的感觉，是很有人格魅力的一个人。

2000年的暑假，谢导在拍摄电影《女足9号》，老师带着我到了剧组，进行研究生的面试。然后我就很荣幸地成了谢导的研究生，并且留在剧组，做了场记，这对我来说是一个非凡的电影体验。所以，我特别感激，人生有这么一段经历，跟大导演一起工作的一次亲身体验，这是一次非常奇妙的电影之旅。

我很快速地融入剧组里，感觉跟他们就是一家人。工作的时候，谢导是冲在第一线的，他并不只是坐在监视器面前，而是更愿意来到表演的第一现场，跟演员做非常多的细节交流。谢导是一个很会讲故事的人，他从小接受了很多戏剧的熏陶，因为爱戏剧慢慢爱上电影的，所以，他在讲故事方面，或者启发引导演员表演方面，他的能力是非常出众的。他在现场特别会用自己的方式去点拨演员、感染他们，让他们找到这个故事当中需要表达的一些情绪、一些张力。

谢导是一位很热爱生活的人，也很热爱体育，足球是他非常热爱的一个项目。在他的作品当中，一直延续了对女性的关照，所以《女篮5号》之后，又拍了《女足9号》，他在足球领域看到了女足的精神。因为是一个特殊职业的女性，普通演员未必能够很好地感知到女足队员的生活状态和精神状态，所以，他当时邀请了上海女足的队员，参与到了电影当中，也跟演员们一起训练、一起生活。让女演员能够拿出一个女足队长的那种状态，其实也需要锻炼，体力上的锻炼、精神上的磨砺，需要设身处地地感知。

　　我觉得老师有很多种类型，有些教的是术，有些教的是道。谢导给我的是一颗埋在心里的种子，是对电影的一种热爱。他不是很刻板的、很教条的方式，而是一种启发、一种感染，让你心生向往。他也让我有了最初的信心，只要你热爱，你愿意投入，就可以把这个热爱做好。

　　回味过去，我会有一种感觉，就是看到的永远是一个微笑的谢导，一个精神矍铄的谢导，一个特别豪迈不输年轻人状态的谢导。通过对他作品的研读也好，对他人生经历的了解也好，我会有一个巨大的感受，就是他的人生有很多的跌宕，他经历过很多，也背负了很多，但是这种不幸和苦楚并没有造就他的沧桑感，他身上更多的是坚强感和乐观感。所以，他天性上的豪迈与乐观就融入了他的作品中，他在选择要拍什么作品时，就已经关注了这些人物在跌宕起伏的命运当中不服输的精神内核，这就是他独有的导演风格。

我想对谢导说：

　　谢导，特别荣幸能够成为您的研究生，成为您的孩子，感受到您作品当中不屈的人格魅力和精神，我相信这种精神也一定会伴随着您的作品感染更多更多的人。

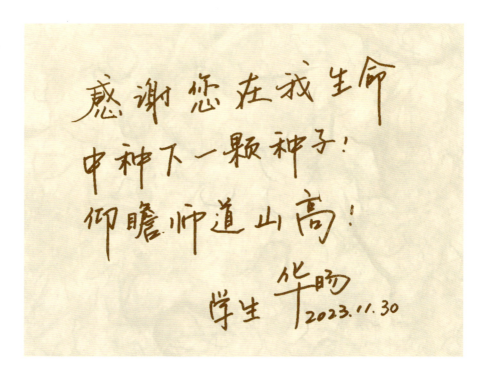

感谢您在我生命
中种下一颗种子！
仰瞻师道山高！

学生 华旸
2023.11.30

黄宝妹演《黄宝妹》

黄宝妹
纺织工人代表、"七一勋章"获得者
主演谢晋导演同名影片《黄宝妹》

电影《黄宝妹》剧照，右三为黄宝妹

那时候"比学赶帮"搞劳动竞赛，我的成绩很好，人家赶不上我。周总理到上海来的时候跟市委说，你们上海劳动模范很多，可以拍一个劳动模范的电影。市委研究以后就决定拍摄电影《黄宝妹》，然后就把这个任务交给了天马电影制片厂。天马电影制片厂的厂长和我是在去北京的列车上认识的。那个时候火车是很慢的，去北京要开七天七夜。厂长跟我两个人在车上聊天，相互就熟悉了。拍摄《黄宝妹》的任务交给天马电影制片厂以后，厂长和谢导说，你叫黄宝妹自己来演。谢导说工人怎么演电

黄宝妹登上《上影画报》

影？他说你去看看，她唱戏、讲话都是很活跃的，而且人也很漂亮。这是1999年中央电视台在拍我的专题时，谢导把这个事情讲出来，所以我才知道的。

有一天我们厂里宣传部的同志陪谢晋到我家里来，跟我随便谈了谈，我当时不知道他们是来干什么的。谈了半个多小时，他们就回去了。回去以后不久，厂里就通知我，叫我准备拍电影。我当时有点莫名其妙。我说我不要拍，我紧张死了，让我看电影可以，但是让我拍电影是根本不行的，因为我不懂。厂里领导说是市里面要求拍的。

过了一段时间，这部电影就开始拍了。第一个镜头就是在学校里面擦玻璃窗。我当时紧张得不得了，谢导叫我准备好，我在那里搓好毛巾，他说预备开始时，我连走路都走不好、走不像了。谢导说重新再来。这一个镜头，我走了八次都没有拍好。但是谢导不像有的人很着急，讲话很凶，他很和善地跟我们谈。他说这样吧，上午就不要拍了，拍了八次都没拍好，这样胶卷很浪费啊，吃好饭再拍。吃饭的时候谢导跟我说，宝妹啊，你不要紧张，你越紧张，这个浪费就越多。你就和平时一样，自然一点，这样呢，浪费就少了。我也很怕因为我浪费胶卷，所以我就牢牢记住他的话，到了下午我就照做了，果然没那么紧张，可以直接拍了。电影里拍摄开会讨论这场戏

电影《黄宝妹》剧照

时，谢导说你怎么想就怎么讲，你听到什么就讲什么，想到多少谈多少，不要把我们放在眼里，就当我们不存在。所以后来在电影里大家开会的时候看上去都挺自然的，这都是导演教我们的。

谢导拍我们这个电影是很累的。一是因为我们不是专业演员，我们都是工人，是从我们全厂的各个车间抽出来的人。工人肯定不会拍电影，谢晋导演就很吃力地教每一个人。他当时34岁，虽然年纪轻，但他对我们这些工人演员的态度都是很好的，一个一个教。谢导会耐心教你不要紧张，慢慢来。他会说，演员演戏也不是马上就会的，也是要一点点培养，一点点学习的。拍这部电影时很多场景是在车间里拍，纺织车间里的声音很嘈杂的，飞花又很多，每个人进了车间后脸上会痒，眼睛会睁不开，所以当时谢导拍这部电影非常辛苦。

我被评为劳动模范后，《黄宝妹》这部电影也放映了，那时我就自己提醒自己，越有名气越要注意自己的身份，处处要以身作则，对别人要和气，对别人要团结。

谢晋在三十多岁就能把我们这么难拍的电影拍好，真了不起。我们平时也经常打电话联系、经常碰头。他也很关心我，经常跟我说你要注意身体，你太忙了，我也很感激谢导对我的关心。可惜谢导走得太早了。

我想对谢导说：

2023年是谢导100周年诞辰，我很想念他。他是我学习的榜样，我要向他学习，学习他处处以身作则，学习他待人和善的处世态度。

贾磊磊

海口经济学院南海艺术与科技学院院长

中国艺术研究院原副院长、研究员、博士研究生导师

原国家广播电影电视总局电影审查委员会委员

我和谢晋导演没有私交，主要是看他的电影。我写过批评他电影的文章，也写过赞扬他影片的文章，一共有三篇。第一篇我是从马克思主义的历史观看谢晋导演的艺术作品；第二篇我写的是《谢晋电影中的国与家》，在他的电影故事中，国家与家庭是互相映现的；第三篇是《谢晋电影的隔代叙事》，我觉得我们对谢晋电影的认识在逐步地深入。

评价一个导演可以从两个维度展开，第一他拍了哪些故事，第二他是如何拍的。从第一个维度来看，谢导拍摄了很多不同题材、不同类型、不同风格的电影。他的电影涉猎题材广泛，从《女篮5号》《红色娘子军》到"反思三部曲"到《鸦片战争》等，涵盖了体育、战争、喜剧、历史、现实生活等题材。他是一个具有非常强的艺术创作能力的导演，创作题材的广泛是他作为电影导演独特的艺术创作手法的标志之一，并不是每个导演都具有这种能力。

第二个维度是他如何去拍摄电影，面对不同题材、不同类型的电影，他是采取一种怎么样的拍摄方法。谢晋导演的电影创作具有隔代叙事的历史特点，透过一个不同的历史时代，从现在往回看。

中国人的史学观念中，有一个史学传统叫"隔代修史，当代修志"，就是说等政治意识形态的限制等种种现实的牵扯都消失之后，才有可能客观地看待过去的历史。所以从这个意义上来讲，隔了一个时代的历史，再回看那个时代时，会相对比较客观。所有历史的讲述都是基于现实，甚至是基于未来的，谢导所讲述的这些历史的故事，使我们现在的观众能够站在一个相对比较悠远、比较客观、比较纯粹的角度来看待过去的历史故事。他的作品填补了不同代际的观众对历史的空白。他的电影具有塑造国民历史记忆和他们对国家形象的总体认知的文化功能，这是其他很多电影，尤其是商业电影不具备的。他的作品有很强的历史意识，它是拒绝忘记过去，拒绝让大家沉溺在茫然的状态里的电影，具有很强的思想的锋芒。

谢晋导演虽不是历史学家，但他的作品呈现出面对重大的历史转折和变化时，人们的生活状态、精神面貌和命运走向。他的电影是对人性的拷问，不同的人在相同的历史境遇下，有些人走向黑暗，有些人依然坚守光明。他的作品有非常深厚的社会政治意义，这点毋庸置疑，但是他的电影被人们喜欢，不仅仅是因为它具有社会政治意义，还因为他在社会政治的历史叙述中，植入了很多人性的因素。文艺作品的主体是人，电影中的角色得到善有善报恶有恶报的结局是观众喜闻乐见的。人们在特定的历史环境下，很难改变大环境对人的遏制和制约，但谢导电影中的人物，能够跨越历史，做出更符合人的普遍属性的选择。比如他们对爱情的信守，对美好事物的坚持。

谢晋导演的电影对于中国电影的历史发展作出了一个特别重要的贡献，就是它在不破坏电影的表层叙事的情况下，改变影片讲述的故事和主体。中国的主流电影如果一直沿着谢晋导演这样一条宽广的道路往前走，那将会是另一种风貌。

对于他影片中人物性格的塑造，我曾经问过谢晋："你拍了这么多电影，合作了这么多演员，为什么这些演员都相继成名了？"他说："我就是让演员过演员（角色）的生活。"比如刘晓庆拍《芙蓉镇》，他让刘晓庆到湖南湘西自治州永顺县王村住了三个月，就是让演员在那里体验当地人的衣食住行，演员慢慢就自然化成了在那里生活的人，而不是演员化了妆之后扮演，这两者感觉上是有很大差异的。所以谢晋导演的创作方法，对电影行业来讲有一些非常值得复制的经验和模式。

谈到中国电影的总体风貌，谢晋导演这一章是不可逾越、不可替代的。他在中国电影史上有着非常重要的地位和作用，我从内心深处对谢晋导演充满尊敬。

我想对谢导说：

　　谢导的电影是中国电影史上的人性史诗，也是中华民族艺术史上的影像华章。

我给谢导送泡面"偷师"

江平
导演
国家广播电视总局原副局长
代表作:《真情三人行》《康定情歌》《那些女人》等

1996年在第二届珠海电影节合影（左为谢晋，右为江平）

如果要追溯我和谢导的第一次见面，那是四十多年前的1976年的金秋。我是江苏南通人，在上海我有一个老乡是上影厂的知名导演梁廷铎，而他有一个很要好的兄长就是谢晋导演。有一次我去上影厂找梁导，适逢梁导去找谢导，于是我就跟在梁导身后见到了传闻中的大嗓门的谢导。但是那天我不敢往前凑，因为谢导正在批评一位制片主任，事情起因就是他没有处理好某一个场景和某一位演员之间的衔接，谢导不太满意，他批评制片主任既然承担了这个名头，不能只想着享受福利，最主要的是要为演员和剧组服务。当时我觉得谢导虽然脾气很大但是说得在理，给我留下了很深刻的印象。

后来正式和谢导产生交集是在谢导剧组的剪辑室里。谢导的一部影片当时正在开展剪辑工作，我当时在上海戏剧学院读书，又和当时谢导剧组的剪辑师熟悉，所以慕名而去观摩。当时剪辑师不敢直接把我这样的年轻学生带进谢导的剪辑室，我就趴在剪辑室门边上听谢导说话。正听得入神的时候门开了，谢导出来了，我们双方都被对方吓了一跳。谢导当时不认识我，于是询问我为什么要站在这偷听，我解释因为我非常崇拜谢导，并且觉得剪辑很有意思，所以就在这"偷师"，谢导比较严厉地指出我偷听这个行为很不礼貌。说完，他回头跟过道的工作人员说，帮他煮一锅泡面，就回到剪辑室了。

过了一阵泡面好了，我主动申请帮谢导把泡面送进去，谢导一看是我送的泡面，看了我一眼，"哦"了一声。在这之后我继续在门口等着，一边通过门缝在听，一边期待谢导能够再出来注意到我。后来谢导把碗送出来，看到我很诧异，见我居然还在，就把我带进了剪辑室，于是我有了近距离了解谢导的剧组如何剪辑以及谢导如何指导、把控电影的机会，受益匪浅。

那天谢导讲的内容很有道理，他对剪辑师说，剪辑是需要为整部戏服务的，而作为导演不应该压制和限制剪辑师的发挥与创作，导演只需要向剪辑师传达自己的想法和理念，剪辑师再据此自行创作，如果导演想法有误，是可以直接指出来的。从这里我就了解到谢导即使作为名导，在创作上也并非一个武断、主观的人。

后来我和谢导的关系就愈来愈亲密了，其中谢导对家人、对朋友和对陌生人的几件事给我留下了比较深刻的印象。首先是谢导与家人之间的相处，谢导在工作领域是非常有魄力的，但在家就是典型的慈父。那一次我去谢导家里玩，谢导刚从外面回来，是阿四（谢导儿子）给他开门，并且帮他准备了拖鞋。进家门后谢导就从口袋里

2004年代表国家广电总局在上海授予谢导从艺60周年奖牌（左为谢晋，右为江平）

摸出两个橘子放在桌上，我看见阿四就要用手抓橘子。谢导立马制止，引导阿四先去洗手，他怕阿四手不干净就拿食物。其实这是一件很小的事，但是足见谢导对孩子耐心和细致。

还有就是谢导的酒品。谢导喝酒基本上都是工作之后。工作的时候，谢导都拒绝喝酒，他觉得如果酒气熏熏地参加活动或者给学生讲课是对其他人的不尊重。有一次电影节晚饭的时候，来了几位年轻的并且很崇拜谢导的女学生，想和谢导交流，得到谢导的点拨，一直到饭局结束，谢导也没喝酒。谢导事后解释说当着小姑娘面喝酒很不礼貌。他说他知道自己什么时候能喝酒什么时候不能喝，并且他告诉我当演员不能喝酒上场，当导演更不能喝酒后去拍戏，但是晚上休闲娱乐的时候喝一点是没有问题的。他爱酒却有非常好的酒品，这也证明谢导的极为高尚的人格与为人处世的态度。

谢导对我的一生都有很大的帮助，指引了我前进的方向。刚开始做演员的时候，谢导就直言不讳地告诉我，我的形象一般，要演戏不一定会有大出息，在银幕上演工农兵形象我够不着，演匪兵甲、匪兵乙也轮不到我，整个样貌是属于中间地段，再加上身板和身高有点不尴不尬，所以当演员很难出头。但是他提出我既然对导演感兴趣，并且理论能力尚佳，还能够吃苦耐劳，所以可以考虑转行当导演。后来我也走上了当导演的路，也觉得我确实在做导演的时候比做演员更有灵性。再后来我又改行从政，谢导提醒我既然从政就要当好官，要替百姓做事，要替老百姓说话。如果被他发现我没有贴近群众或者面对百姓趾高气扬的话，他一定会当着众人的面公开批评我，这些话也时刻警醒着我。所以谢导真的对我，还有我们这一代人有很大的影响力，并且持续启迪我的人生，与谢导结交终身受益。

我想对谢导说：

谢导，您100岁了，我一直觉得您没走远。您的大嗓门就在我耳边响着，您电影中的台词我也记在心里。认认真真演戏，清清白白做人。我觉得您在天上能看到我，能够监督我。

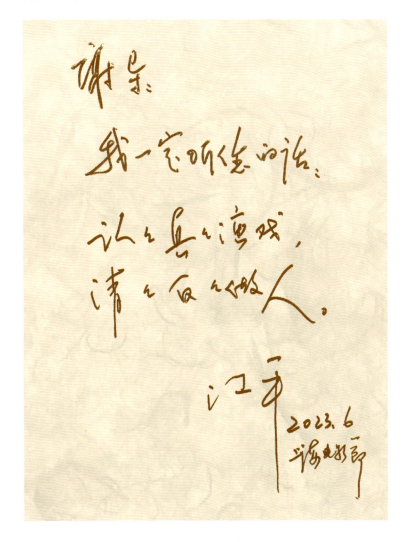

一直饱含激情
谢导的眼睛

姜文
导演、演员、编剧
1986年主演谢晋导演影片《芙蓉镇》
代表作：《芙蓉镇》《阳光灿烂的日子》《让子弹飞》等

第一次见到谢晋导演是在我读中戏的时候，谢晋导演把我们几个人叫到他住的总政招待所，聊了会儿天。他当时正在筹备电影《赤壁大战》，让我看看剧本挑选一个角色，但是那个戏最终没拍成。

谢晋导演拍戏是不需要去说服演员参加的，因为大家都想去。他是中国导演里边对观众覆盖最广也是最长的，他从20世纪50年代开始，一直到去世之前，都在拍电影。

《芙蓉镇》是我参演的第二部电影。我在《末代皇后》剧组演溥仪的时候，谢导找一个副导演给我写了封信，说谢晋导演要拍《芙蓉镇》，想让我去试戏。于是，我就先到长影的招待所去借原著小说，工作人员头都不抬，说甭借了，小说都被借走了，谢晋要拍这个电影了，你就借不到小说了。我其实心里说谢导就是想让我去演的，但是我没敢说出来。

1985年11月，我们进《芙蓉镇》剧组了，当时还没有一个可以拍的剧本，好像一直都被他推翻，然后他找了不知道是第几稿的剧本让我们看，大家提了很多意见，觉得不是我们想象的那么好的一个电影。谢导说，对的，这不是最后我们要拍的，所以让你们提意见。但是提这么多意见不算什么本事，你要有本事说出哪儿不好，你觉得怎么才能更好，你把那个说出来。所以，我们就被谢导煽动得不断地想办法让剧本怎么变好。这样一直到第二年的7月才开机，花了半年多的时间。这中间我们还去了湖南、北京等地，前后一共采访了50多名"右派"，了解他们的具体经历，感受影片中的人物。

对于角色的理解和创作，谢导其实就是让我们多做（小品），让我们不断地去寻找。最后，我觉得我真正观察的对象是谢导本人，因为他会说到自己的故事，说到对"右派"及其生活和心理的看法。他说过很多在那段特殊历史时期中他自己的心态，我觉得对我很有启发。其实作为一个演员，你不能放弃观察导演，这点很关键。你不一定去学他，但他有意无意中会暴露一些对这个人物和角色最根本的内心的理解，这是非常有价值的。

有的时候谢导会反复拍一些东西，我不明白他为什么要反复拍，有什么必要。有一次他让我演来演去，之后放样片的时候，他说你看，你觉得这演得好不好？我说演得挺好，他说你觉得是你演得好吗？我说是。他说不是，是我的办法好。我说："什么办法好？"他说："你不知道吧？我用的不是24格拍的，我加了12格，36格。"

就是眼神会突然有一种很痴迷的样子看着另外一个人。我说难怪，我好像平常老眨眼睛，我不会这么凝神看一个人。他说我告诉你这是我的秘密。后来，我把这个用在了《阳光灿烂的日子》里边，马小军和米兰之间的关系，有些是用36格拍的，那个效果的确不一样。谢晋导演这点挺好的，他会毫无保留，他会告诉你这是怎么回事，而且他的方法对我来说确实很舒服很实用。

我非常欣赏谢导他一直饱含着激情和热情。其实他的生活有时候是一团糟，他有理由让自己变得郁闷、消极、忧郁，甚至比很多人都早早垮掉，但事实完全相反。我觉得他这方面给我很大的力量。我很愿意跟他在现场拍戏，因为他一直在给你力量。

谢导是一个好导演，他不会为难一个演员。他对人的观察很犀利，能看透一个人的心底，他的确会唤醒一些甚至你自己也不太熟悉的东西，而这个东西被唤醒之后，那就没有什么演技不演技的事，一定会有一个最好的表现。这对我后来做导演是有影响的，业余的还是专业的演员对我来说不重要，因为你只要把这个燃烧起来，大家表演水平都会非常高。就像我后来说的，很多人以为装一个事就是表演，其实是错的，好的表演是暴露一个事。就像谢导挖掘你身上的某些你自己不太熟悉，或者已经沉睡的东西，这个东西出来就是暴露，也是爆发，会非常有力量。所以，很多演员在他手里都会变得很棒，到别处就不一定了。我觉得谢导这方面是对的，就是启发人家，甚至吹捧人家，把人家变得忘乎所以的状态。每个演员在他的电影里都非常有神采，包括演坏人的角色。有很多电影，不是激发演员潜能的，而是遮盖甚至让你装模作样的，那当然就没法看了。

谢导的电影是一种传达，一种表达。你可以在里边传达一点内容，但是你也可以就直接传达娱乐。但是如果全是娱乐，大家也会腻的，就想要点内容；如果全是内容，大家也会腻，就想要点娱乐。所以这就像划船一样，左边一桨，右边一桨，才能把船划直。

谢导的电影，每次出来就是一次大的轰动，而且大家也都很爱看，无论看几遍，我觉得比现在的好多电影经看。他的电影是在聊一个用心的事，他是把电影当成作品来做的。

我想对谢导说：

谢导是活在我们心里的。我该说的都跟他说完了，有些思念就藏在心里。

电影史上
不可磨灭的力量

焦雄屏
电影学者、电影监制
《电影馆》丛书主编
主要作品：《洞》《蓝色大门》《白银帝国》等

1982年意大利举办了大规模的中国电影回顾展，之后是法国、日本接力。我听到这个消息后非常激动，不顾一切地提了箱子，就奔到日本去了。因为一个礼拜只放两场，所以我就在那边住了三个月，慢慢等待。这段经历对我十分珍贵，因为在我学习的过程中间，电影史从来没有作为一个完整的系列，让我们看到以前的中国大陆是什么模样。之后我到加利福尼亚大学洛杉矶分校深造，在学校里，我拥有更多的机会接触中国大陆的电影，当然里面最让我激动和喜欢的还是谢晋导演的作品。那时候我看到《红色娘子军》《舞台姐妹》《天云山传奇》和《牧马人》，就认定谢晋导演是中国电影史上最不可磨灭的一股力量。

　　我一直觉得既然我有机会比别人更早接触到大陆的电影，有机会看到那么多作品，那么我就有义务将这些电影分享给台湾地区文化艺术界的朋友，蒋勋、林怀民、白先勇，还有一些建筑家、书法家、美术家，我的学生等。我们常常组织一些聚会吃饭，每次余兴节目就是我从口袋里掏出从大陆带回台湾的电影录像带，播放给大家一起观看。我将《高山下的花环》放给朋友看，大家看得泪流满面。大家讨论谢晋导演的电影与第五代导演的电影有什么区别？其中蒋勋讲得最好，他评价谢晋的电影像杜甫的诗作，忧国忧民，对时代有着沉痛的反省，而第五代导演的作品，像李商隐的诗，华丽却抽离，脱离现实，更具象征性。

　　1989年，侯孝贤导演的影片《悲情城市》获得第46届威尼斯电影节金狮奖。影片的获奖，谢晋导演发挥了非常大的作用。谢晋当时是主竞赛单元评审团成员之一，他在评选过程中极力推荐《悲情城市》，他改变了台湾地区的电影史。台湾地区新浪潮电影发展到那个时候，没有得到国际上真正像金狮奖这么高度的肯定。这部电影的获奖，让台湾的电影人开始知道新电影的宗旨是对的，提振了他们的信心。

　　20世纪80年代中后期掀起了一场关于"谢晋模式"的讨论，大家对于美学开始希冀一种更新的、更现代化的表达方式，因此谢晋导演作品被认为充满感伤主义，有通俗剧倾向，是以煽情性为最高目标的陈旧美学意识。我认为"谢晋模式"的提出是因为大家忽略了谢晋导演作品核心最有价值、最动人的中国传统道德价值观，这中间包括了儒家思想、伦理观念、谢晋式的理想社会、人与人之间和谐的人伦关系。即使社会上存在一些不安与动荡，产生了一些社会问题，但最后都不抵伦常所代表的精神价值的依归。近半个世纪以来，谢晋导演始终在通过电影的影响，为处在急剧动荡之中的中国观众寻找、构造一个填平个人与社会、理想和现实之间的裂缝和鸿沟的电影世界，从而为在这段风云变幻的历史进程中遭遇过无数激情和苦难的人们提供庇护和抚慰。现在回过头来看，这种儒家文化伦理精神应该传承，而电影真的是最好的教学，都不需要谢导站在那边跟观众讲一堂人生课，观众从他的电影中间就可以学习到最多的东西。

谢晋导演的作品代表了长久以来中国价值观的传承，不仅如此，他对国家，尤其是小城市、乡村小镇的生活、庶民的一种观察，表达的是老百姓真正的生活困境；百姓面对现实磨难，宽厚坚韧和乐于助人的美好品质，表现了底层人民顽强的生命力与人性光辉。他通过以影像传奇为叙事主导形式，以人文理念和时代精神关注现实中人民群众的命运表现。

如今年轻人愿意回头看谢晋导演的作品，他的影片在豆瓣上的观影评分不断提高。谢晋导演的作品之所以能够影响几代观众，受到不同年龄层观众的喜爱，就在于他的作品始终牢牢地根植于中国的现实大地，遵循艺术规律，尊重生活本身，以千锤百炼的工匠精神进行创作。这种生命力既与谢晋所秉持的人民性理念息息相关，也与其站在观众角度、坚守观众意识有着莫大关联。谢晋导演在价值呈现、观众接受和题材选择中所达成的艺术平衡力，为当前电影创作提供了重要参照。

我想对谢导说：

　　谢导，我一直没有机会向您表达我的仰慕跟尊敬，我觉得您是中国电影史上最不可磨灭的一股力量。谢谢您这么多年对中国电影的贡献，现在补献给您我的祝福。

要刻画人物
谢导要求电影音乐

金复载
作曲家
上海音乐学院音乐剧首任系主任
与谢晋导演合作电影《最后的贵族》《老人与狗》《清凉寺钟声》《鸦片战争》《女足9号》等
代表作：《哪吒闹海》《三个和尚》《最后的贵族》等

青年金复载

我是上海音乐学院作曲系毕业的。1967年我被分配到上海美术电影制片厂，担任的是美术片的专业作曲。那时我为很多片子作曲，比如说《三个和尚》《哪吒闹海》《雪孩子》《宝莲灯》等。谢晋导演那个时候对我熟悉可能是因为金鸡奖，金鸡奖有很多片种，故事片、纪录片、美术片等。那个时候他希望跟我合作，但是谢晋导演是上影厂的导演，我是美影厂的，那就不可能去给故事片作曲，所以当时谢晋导演没有跟我合作过。之后，他将我介绍给了长春电影制片厂的一个导演叫陈家林。陈家林导了第一部儿童片《飞来的仙鹤》。他问谢晋："我要找个儿童片的作曲，你认为谁比较合适？"谢晋说："你到上海去美影厂找金复载，他写了很多儿童歌曲。"因为美术片，在人们的概念当中，就是跟儿童有关系。陈家林就来找我了。所以我第一部为故事片作曲的就是长影厂的《飞来的仙鹤》。

后来谢晋导演执导的《最后的贵族》请了我作曲。此后他有很多片子都是我负责作曲，比如《老人与狗》《清凉寺钟声》《鸦片战争》，还有《女足9号》。

我以前虽然不是为故事片作曲的，但我知道我的电影音乐一定是导演构思里的一部分。电影音乐从本质意义上来说是作曲家通过他的笔，通过乐队的录音来完成的导演的一部音乐作品，这就是我的观念。导演心中的音乐是怎么样的，是很重要的。

跟不同的导演合作，工作方法不太一样。比如我们碰到有些导演，是很细致的，看剧本分镜头的时候，他已经规定了从什么镜头到什么镜头要有音乐，给你规定得很死，而且规定了音乐的感觉，这是一种方法。但谢晋导演不是这个方法，他更能调动每个部门创作人员的主观能动性。谢晋导演就是拿本子给我看，他不跟我说从哪儿到哪儿要音乐，他让我看完本子之后说，我觉得这个本子里边，这个电影场景里边，哪些段落是需要音乐的，需要什么情绪的、什么风格的音乐，因此我要做很细致的工作，然后他再根据我说的，再跟我讨论，也不是说就按我所说的办。

谢晋导演的电影故事性很强，人物刻画很细致，戏剧场景架构非常完整，我需要做的就是将他人物架构里边需要音乐的部分和可以用音乐表达的部分找出来并完成它。并不是片子里面音乐越多越好，不是这个意思。《最后的贵族》音乐分量多的原因是它情节跌宕起伏，场景变化多样。

谢晋对音乐的要求，并不是仅仅烘托情绪，我们看到很多影片中音乐的主要功能是烘托情绪，但不光是这样，音乐的作用还在于刻画人物。对一部好电影来说，我们要用各种不同的手段去说故事，故事建立在刻画人物的基础上，人物不刻画好，故事说得可

金复载与美影厂导演特伟、阿达，漫画家张乐平等人（前排坐着左三为金复载）

能就很平淡。对音乐的要求也是如此，音乐是人物塑造的一种非常好的手段。

比如，《最后的贵族》中主要角色潘虹演的李彤就是一个悲剧性的人物，从大陆到美国，经过种种的人生坎坷，到最后回到出生地意大利威尼斯自杀了。事实上影片中并没有明确表示她跳河了，没有这个场面，完全是靠一种内心的刻画，这里就非常需要音乐。因为我们前面已经知道，李彤妈妈告诉她，她是出生在威尼斯的。最后她在对人生完全失望的情况下，回到威尼斯。在一个桥边，导演特别安排了一个琴师，在现场演奏一首曲子，在琴师演奏完以后，她一个人跑到河边，导演就要求这里边一定要有一段主题音乐的小提琴独奏，用很哀怨，很惆怅，但是并不是非常强烈的音乐，来作为她人生最后的描绘。这个就是谢晋在对人物内心进行刻画时，对音乐的一种要求。

再譬如，《清凉寺钟声》说的是我们农村的一个大妈，救了一个日本的战争遗孤，在很艰难的情况下将他培养成人，最后他入了佛教，做了和尚，然后他跟着佛教的代表团回到了日本，见到他的生母，但是他并没有留在日本。回来以后发现把他抚养成人的奶奶已经过世了，他到墓前去祭拜她，这时候需要一段音乐，肯定是要表达内心比较凄惨的音乐，要求是这样的。但实际上不是这样，实际上要体现主人公心情非常平淡，要一种超脱的感觉。这时候我跟谢晋提出来，我们用什么音乐呢？如果用一般的音乐当然也可以，但是都没有非常吻合人物心境和戏剧情景的。最后我们讨论决定用一段心经的无伴奏合唱。根据心经的音乐，也根据和尚念经，扩展成为一个无伴奏合唱，既展现人物心境，也符合当时的情景。因此音乐是刻画人物内心很重要的一种手段，必须符合谢晋对人物内心的处理和影片此时此地的戏剧场合、戏剧背景。

电影是声画艺术，即声音和画面的艺术。这个声画艺术是由导演来控制的，好的导演就会控制得很好，什么地方音乐需要突出，什么地方音乐要成为背景，什么地方完全就是音乐。这也再次印证了我之前所说的，电影音乐是导演的音乐。

我想对谢导说：

谢晋导演有一句非常著名的话，大家可能都知道：金杯、银杯，不如老百姓的口碑。这句话对艺术创作者来说是非常重要的一句话。我们搞艺术的人要把自己所有的心思，把所有的注意力放在作品上，放在怎么为观众服务和艺术创造上，而不是老是惦记着我这个作品得个什么奖。真正的艺术作品是能够长期留在老百姓的口中、记忆当中的。如今谢晋导演的很多影片仍然有大批观众，他的艺术风格还有着丰富的研究价值，这是非常了不起的艺术家风范。

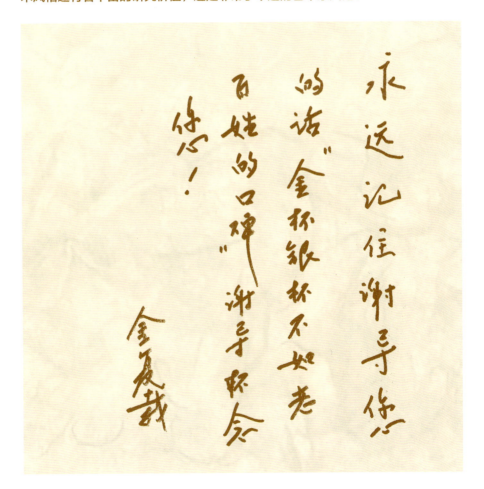

永远记住谢导您的话"金杯银杯不如老百姓的口碑"谢导永念您！

金复载

谢晋是具有社会
良知的导演

李存葆

作家

中国作协原副主席、解放军艺术学院原副院长

1984年担任谢晋导演影片《高山下的花环》编剧

《高山下的花环》拍摄现场合影，右二李存葆，右三谢晋

在冯牧家讨论剧本，左起：李存葆、谢晋、冯牧　　　　　　　　　李存葆（左）与谢晋（右）

　　我第一次见到谢晋导演是在1982年底或1983年初，是在冯牧的家。当时谢晋说小说《高山下的花环》他看了三遍，头两遍都泣不成声，最后第三遍眼里还有泪花，他一定想尽一切办法把这个片子拍好。当时北京电影制片厂和上海电影制片厂都想取得《高山下的花环》这部小说的电影拍摄权。因为谢晋在这之前拍的影片《红色娘子军》《女篮5号》《舞台姐妹》都是很有影响力的，所以最后就决定交给谢晋来拍。

　　谢晋导演让我先写第一稿，因为李准年纪大了，第一道活我要先干，最后他再修改。最初创作这个作品时我就一再强调要贴近现实生活。我对临沂的生活一直都很熟悉，我经常前往沂蒙老区做采访。《高山下的花环》小说中的有些细节都是有原型故事的。梁三喜的欠账单是当时普遍的现象，当时的部队，每个连几乎都有。再比如臭弹问题，小北京就死于臭弹，当时特殊年代生产的弹药存在不合格的问题。这几个细节当时都没人敢说的，一开始我也没写，直到1982年全军召开军事文学创作座谈会，一些地方的名作家都参加了，提出要解放思想的时候，我才写了"花环"。

　　1983年8月底在军区五所讨论剧本时，谢晋导演就说《高山下的花环》这个小说本身具备悲剧色彩，他想要强调这个悲剧意识、悲剧美的壮美崇高，用悲剧美来净化人的灵魂。谢导放手让我去做，只强调宏观的方向，不拘于细节。我拿出初稿来之后，陈荒煤在总参第三招待所，我俩在一块待了八天，他就本子怎么改编跟我谈他的意见。他要我之后把稿子交给李准，李准对这部影片也出了很多力。

　　影片中的台词跟小说不太一样。我印象最深的一点，就是梁大娘跟雷军长见面说的一句话。雷军长的儿子雷凯华牺牲了，梁大娘说了一句话，她说："你是个军长。

你把自己的孩子送到前线上，牺牲了。我哪怕就只看到了这一个，我总算是看到了。好啊！好啊！"还有一个是后面结尾，电影里设计的都是动作性的，没有台词，在墓地，那些花圈一个连着一个，梁大娘坐着北京吉普走的时候，雷军长给她敬了一个军礼，那个比较震撼，这个镜头，是谢导设计的。

谢晋很强调深入生活，他带着演员去云南深入生活，去沂蒙山深入生活，演玉秀的演员学摊煎饼，学背柴火，都是很认真的。演员们体验生活就是了解当时部队生活的情况，没有当过兵的，你得知道部队是怎么一回事，下去之后到连队里训练。

最后影片在云南首映。他们到那里受到的欢迎像战斗英雄一样，那时候还奏凯旋歌。放映后，大家都对靳开来没有被评立功愤愤不平。那时候我们军区先出的《高山下的花环》这本书，排字工人就抗议说不给他立功就不排版了，都到了这种程度，说明当时群众对靳开来很喜爱。

我说过一句话，良知是人类心匣中最为宝贵的珍珠，谢晋恰恰是有社会良知的导演。另外谢晋具有人道主义精神，伟大的艺术家都是具备人道精神的。

谢晋还给我一个最大的印象就是，他具有敬业精神，一般的导演都达不到他这种程度。他非常敬业，把导演当成一生最重要的追求，这已经是他生命的一部分，甚至是生命的主要部分。按说《高山下的花环》电视剧也有了，他再要去超越很有难度，但最终谢晋导演用他的功力，用他的能力，用他的信念，还是超越了。

我想对谢导说：

谢晋是一位具有人类良知的伟大导演，他的精神将永存电影界的史册。

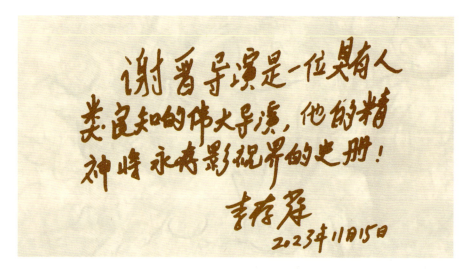

谢晋导演是一位具有人类良知的伟大导演，他的精神将永存影视界的史册！

李存葆

2023年11月15日

谢晋电影光影绵长

李道新

北京大学艺术学院副院长、博士生导师

长江学者特聘教授

和谢晋导演的交往中有两个场景令我印象深刻。20世纪90年代后期，李行导演率领台湾电影代表团至少有两次来到北京和上海，我都全程跟随。李行导演和谢晋导演是非常要好的朋友，两个人又都是电影大师，电影创作上有着极其相似的特点。在他们访问的过程中，我耳濡目染地对谢晋导演的为人处世以及他对待台湾、对待香港、对待世界的态度，有了很深刻的体会。我觉得谢导拥有海纳百川的胸怀，尊重他人、尊重世界。

另一个场景是在上海大学，上海大学在2023年12月举办"上海传统、中国风格与世界视野：谢晋诞辰百年国际学术研讨会"之前，也曾举办过非常重要的国际性的关于谢晋导演的研讨会。2003年11月，在谢晋导演80岁华诞和从艺60周年之际，上海大学影视艺术技术学院主办了"谢晋与20世纪中国电影文化学术研讨会"。在参加的过程中，我们作为学者发言，谢晋导演坐在台下倾听，无论发言者研究的水准如何、观点怎样，他都是虚心接纳。我觉得对于学界、对于学生、对于年轻人，他都有着非常强大的亲和力。

谢晋导演作为中国电影史上横跨多个历史时段的电影导演，他在电影史上的地位毋庸置疑。我90年代中后期博士毕业以后，开始做电影史的研究，研究过程中离不开对谢晋导演的观察、学习和分析。同时，我在北京大学教授了20多年的中国电影史，基本上每个学期我都会设置关于谢晋导演的专题。从2000年开始，再到现如今，学生们对谢晋导演的感受愈发不同。比如这学期我给学生讲《牧马人》时，很多同学都不能理解为什么许灵均拒绝去美国继承他父亲的公司及财产，难道去美国继承公司和财产就是不爱国吗？我就会和我们的同学们说，这一代电影人，有他们自身独特的家国情怀，有他们自身对于世界和中国的理解，有他们自己的世界观和人生观。我们在面对历史中的人物时，需要用更多维的观念去思考。

当今世界处于百年未有之大变局，在去全球化和逆全球化的话语体系下，我们该如何面对谢晋导演？这是一个非常值得讨论的问题，如同我们当年面对"谢晋电影模式"这样一个话题，我觉得两个话题同样都面临的是特定的历史节点。我们作为中国的电影史学者，对于世界的电影史著中是否有谢晋导演，谢晋导演是如何被呈现的，这些问题需要我们去认真面对和严肃思考。所以我们要在全球电影史的框架中去重新面对谢晋电影，这就让我们反思在20世纪80年代对于"谢晋电影模式"的讨论。当时改革开放以后，在反思的热潮和批判的浪潮中，谢晋电影被评价为古典电影的黄昏，谢晋电影中政治与道德的置换策略不被接受。我们现在回看这种策略，会发现其具有全球化语境下的中国本土性、中国历史的主体性。在全球语境下，在整个世界电影的框架中，我们以既具有开放性又具有类型性的主体意识，去重新面对谢晋电影，然后得出既符合历史脉络，同时又能够被谢晋电影的受众接受，更能够面向年轻一代以及未来受众的观点和结论。

理论上来说，只要中国电影能够被国外受众所接纳，就是我们的成功，但我们也需要更深一步去思考我们到底有哪些最需要被世界所了解与接受的电影和蕴藏其中的价值观。在这方面谢晋导演做出了先驱性的榜样。谢晋导演的电影从历史的语境上看，拥有最庞大的中国观众群体。在世界范围内，谢晋也是曾经拥有最多世界观众的中国导演。谢晋导演的作品曾经在全球范围内作为反映中国社会的晴雨表，作为世界观众观察中国人民的观照对象，作为中国电影的代表性作品起到过重要作用，我相信他的作品在今后一定会有它自身新的展现。我相信文化总是在不断地传承，它总是会通过各种方式在某些特定的时候重新绽放它的光芒。

我想对谢导说：

谢晋电影，光影绵长。

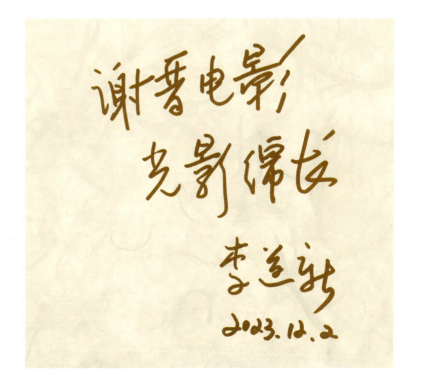

一次有笔记的采访

李光一
《解放日报》原高级编辑、记者

从1988年到2003年，我一直在《解放日报》担任电影记者。在这个工作过程中我和上影的很多人交往，其中包括谢导。我第一次和谢导见面是在上影举办的一次活动中。谢导这个人非常和善。

大概在1992年，谢导要拍一部电影，就是由谢添和斯琴高娃主演的《老人与狗》。他带着我们到宁夏回族自治区的首府银川市。我们在宁夏待了两三天，谢导让当地的人民政府专门组织了几场活动。

首先，他让我们记者到宁夏人民广播电台做嘉宾。当时我们上海记者很少到省市一级的广播电台去做一个小时以上的节目，那么他让我们讲什么东西呢？一方面让我们介绍这部电影，更多的是希望通过我们记者的眼光，来反映当时上海的改革开放，特别是浦东金融改革开放的最新情况。

另外，他还让当地政府举行了一个新闻发布会。参加这个发布会的，除了有宁夏回族自治区人民政府办公厅的领导，还有自治区的六个部门，如经委、宗教局、财政局和教育局等代表全部出席。谢导希望我们上海记者能够把宁夏的实情，通过这次的电影拍摄报道，做二次传播。他希望通过这个电影的拍摄，能对宁夏的整个社会经济发展有帮助。谢导作为一个大艺术家，作为中国电影现实主义电影的一代宗师，他对整个社会的关注，远远超过电影本身。

每次采访谢导，他是不喜欢你问他答这种方式的，他喜欢闲聊式的。然后，他还会反过来问你很多他想了解的事情。谢导不喜欢别人迟到，如果你迟到了谢导一定会批评你。谢导总是出口成章。有时候在座谈会上发言，哪怕没有准备文字发言稿，谢导依然可以滔滔不绝地讲40分钟到一个半小时。

有一次我印象非常深，大概在2002年还是2003年，《解放日报》要刊登一篇谢导近期的创作规划。我去了谢导公司以后，他拿出两张纸，上面全是提前记下的笔记。他跟我讲："你这次来采访我，我是非常认真的，就像你们记者一样，我是事先做了功课的。因为你今天跟我聊的，不是我自己的事情，你要聊我公司的事情，我怕忘了。所以我把我想拍的电影、电视剧和话剧等计划全部罗列了出来。"这是在我采访谢导几十次的交往中，他唯一一次提前把准备内容写在纸上。

我当时做了个有心人，就和谢导讲："既然你这么认真接受我的采访，那能不能把你做功课的这个笔记留给我做个纪念，这样我回到报社可以和年轻记者讲，当你们面对这么大的导演时，你们绝不能敷衍了事，因为大导演花的功夫一点都不会比我们记者差。"谢导就说："你要就拿走吧。"这个笔记我一直珍藏到现在。

我想对谢导说：
　　谢导虽然离开我们有些年份了，但是大家仍然喜欢看他的电影，谢导一直活在我们的心中。

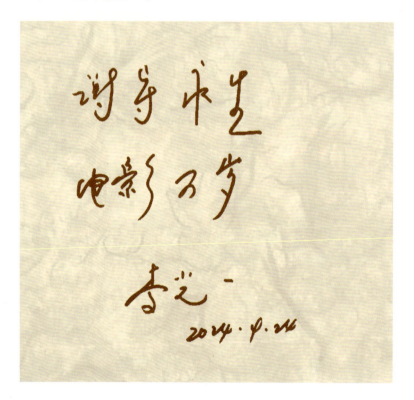

生活让他沉醉

李欣

导演

代表作：《大话股神》《对岸的战争》《自娱自乐》等

东京电影节上海电影周活动与栗原小卷合影　　　　李欣导演电影《自娱自乐》海报

　　谢晋导演对我来说，不仅是前辈，更是爷爷级的长辈。他跟我父亲是同事，但是我爸爸应该称呼谢晋导演为大哥。记得我小时候看《女篮5号》《高山下的花环》《红色娘子军》等，就觉得故事很好看，那时候还不懂什么叫电影。

　　后来我自己也做导演拍电影，谢导的电影对我来说真的是一座高山。我是1991年从北电毕业之后，分到上影厂。那时候我们八大楼里有谢导的工作室，我和他碰到过几次。谢导的精力极其旺盛，忙忙碌碌，经常看到他匆匆而过。

　　2005年东京电影节举办了上海电影周活动，我们上海有几位导演一起去东京参加这个活动，我和谢导乘同一架飞机。那次上海电影周酒会有个流程，就是每个导演需要上台发言。谢导是第一位上台的。当有人问他，为什么一直有创作热情，并且每部作品在不同时代都能够拍得那么有力量？他就半开玩笑地说了一句："因为我能喝酒。"

　　那次活动结束后回到上海，我们这些去日本的同行在黄浦江边上的一个咖啡馆小聚，我坐在谢导的身边，就问他："谢导，您的酒量那么好，可是我不会喝酒，我该怎么拍电影？"他就笑了，然后反问我："你的酒量多少？"我说："我真不能喝，最多喝二两。"他看着远处的黄浦江说："不能喝酒也可以醉，也可以拍出好电影。"

　　这句话让我突然明白了，谢导他其实不是酒醉，而是生活让他醉了。你看谢导这一辈子所有的电影，都能够紧紧地跟随着时代，他的电影讲故事能力是那么强悍，他的电影中所呈现的总是源于生活，又高于生活。电影是有保鲜期的。很多电影作品可能在某一个阶段看会不错，但随着时间的流逝，它就会成为一个阶段性的作品。但是谢导的电影现在回过头来看，还是那么让人心醉。关于谢导的电影，关于谢导，应该用"伟大"两个字来形容。

谢导的厉害之处在于他拍每部电影时，虽然都会受制于大环境的一些特殊需求，但是他并没有因此随波逐流，他依然会紧紧地扣住这个时代的脉搏，寻找到合适的故事，并用非常通俗的方式告诉大家。他是一个浪漫的导演，比如看《芙蓉镇》时，当姜文拿起那把扫帚开始跳舞的时候，我看到的就是一个升华；比如电影《红色娘子军》，观众会感受到战争的残酷和胜利的不易，同时又会有一种浪漫的情怀。他的每一部作品都不会直接告诉大家我是谢晋，他一定会让你忘掉，因为在看他电影的时候，你一定是跟着故事走的。当看完电影，灯光打开的时候，你突然会想到很多。谢晋导演的作品总是给人带来力量，这是很难得的。

我个人认为电影跟观众之间的关系，有80%的迎合，还有20%的引导，这个节奏一定要控制好，所以我们要保持电影主题的纯洁性。谢晋导演始终保持着这种纯洁性，并且做到了极致。

我想对谢导说：

谢导，我们都很想念您。

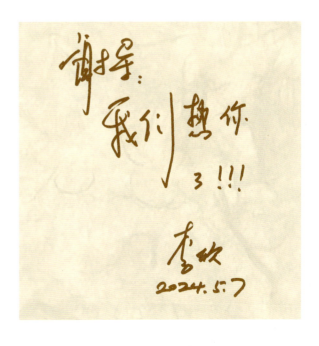

谢晋让我走上电影道路

李云良

编剧

上海作家协会理事

东海舰队政治部原创作室主任

1976年担任谢晋导演影片《青春》联合编剧

李云良（左）、王炼（中）、谢晋（右）研读《青春》剧本

我是1969年当兵，从青岛到宁波东海舰队当航空兵。入伍之后我就听说一个故事：一个北京兵原来是个聋哑人，北京军区的医疗队到他家乡用银针给他治好了，治好后他就会说话了。当时周恩来总理听说以后就做了一个批示，既然他会说话，是不是让他去当通信兵？后来这个战士就到了东海舰队，在我们舰队的东航的通讯站里边接电话。

那会儿我刚从高炮部队调到宣传队来搞创作，听到这个故事以后，我觉得挺好的。我说这个事迹可以写成一个小歌剧，叫《铁树花红》。因为我当兵之前喜欢文学，喜欢写诗，但是这种剧没写过，当时我就说，是不是请个老师来教教咱们？

后来正好我的一个战友说，我给你介绍两个人——王炼和陈恭敏，就是上海人艺的两位老师。王炼正好在写京剧《磐石湾》。京剧《磐石湾》弄好以后要拍电影，导演就是谢晋。所以我通过王炼，在上影厂的四号棚里，第一次见到谢晋。

那会儿谢晋应该是50多岁吧，个儿高，说话底气特别足。跟他认识以后，谢晋有一天到王炼家去吃饭，那天我也在，我就斗胆地说了一句："谢导，我想写部电影，有一个题材不知道你有没有兴趣？"谢晋说："什么题材你说。""写一个哑巴当通信兵。"我就说这么一句话。"哎，这个好，"他说，"这个好。小李，你先去写。"

当时我写的时候也没什么条条框框。实际生活当中这个战士是男的，但我觉得女孩子更好看，后来我就写成山区一个聋哑女孩儿，正好医疗队来给她治好了。治好以后她就当了兵，当兵后正好也到了这个医生所在的部队。

在起电影片名的时候，我起了好几个名字，后来谢晋说就叫《青春》吧。有一场戏是医生和哑妹在河边篝火晚会唱红军时期的歌曲，两人谈青春，用今天的台词讲就是谈人生。当时我从报纸上剪了几段话给他，他也剪了几段关于"青春"的论述给我："小李，你看看这个，参考一下。"我说："好好好。"这几句话的提炼，也是谢晋自己的感受，引起了他的共鸣。

1978年的4月，我准备回老家结婚的时候，路过上海。谢晋说："你住我家里。"他那会儿住在武宁新村，那房子也不大，有两间屋子。他倒腾出一间房，还让妻子徐大雯布置了一下。那次谢晋就在那个台历上写下了一句话，是《红色娘子军》里头一句台词，"革命人永远是年轻"。我看了很感动。到第二天早上起来，按上海人的习俗，徐大雯就给我们煮了两碗糖水，有鸡蛋、红枣还有桂圆。我和我爱人，一人一碗，吃完饭我们就坐船去青岛了。

我很感激谢晋。在我二十四五岁这么年轻的时候认识了他，然后才走上了写电影的这条道路。因为我写的《青春》拍了以后，1978年恢复高考，虽然那会儿我在部队，没有机会参加高考，但是北京电影学院同时要招一个编剧进修班，上影厂就推荐我，到了北电七八班，当时和张艺谋、陈凯歌，上海的张建亚、江海洋、彭小莲等一大批电影人一起学习。

回顾我自己成长的历程，我觉得谢晋大师对我的影响、对我的鼓励、对我的扶持非常大，那种师生关系是很淳朴的，没有任何利益关系。我跟他没有任何的血缘关系、亲戚关系。我们家都是普通工人，也不是什么权贵。但是他辅导你是无私的，他也没求回报。你说，一个当兵的有什么回报？他很多的道理，你是在课堂里学不到的。

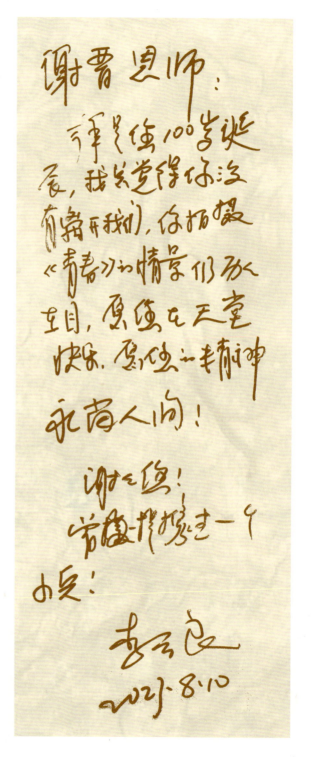

谢晋恩师：

祝您佳100岁诞辰，我总觉得您没有离开我们，在拍摄《青春》的情景仍历历在目。愿您在天堂快乐。愿您的精神永留人间！

谢谢您！

常葆革推挽去一个小兵！

李云良

2024·8·10

我想对谢导说：

认识他的时候，我是二十几岁，他现在100岁了。在天堂、在他的电影世界里，但愿他继续拍他的好电影。

谢晋说导演就是作家

厉震林

上海戏剧学院电影电视学院院长、教授、博士生导师

上海戏剧学院研究生部主任

上海市文艺评论家协会副主席

厉震林在2023中美电影节上

我从小比较喜欢文艺，所以久闻谢导大名。我第一次看谢导的电影是《天云山传奇》，这部影片当时对我影响很大。原来我们的电影往往描写一个过程、一个事件，或者是一个战役，但是谢导的电影描写人的情感，聚焦人的内心，表现人的困惑。

我跟谢晋导演认识是20世纪90年代中期，那时候我在上海有线电视台兼任《影视瞭望台》栏目撰稿，由于节目的需要去采访谢晋导演。采访下来，我觉得谢导是一个率性、真诚的人，有啥说啥，从来不说套话，也不说那些太艺术化的语言，很真实。后来我和谢导也有很多接触，他给人的印象好像比较粗犷，其实他对待家庭、对待孩子非常细腻、善良、有爱心。这点我们从余秋雨老师的散文《门孔》里也可以感受到。

那次采访主要的话题是关于他刚刚拍摄的电影《女足9号》，这是谢晋导演的第三部体育片，之前他已经拍了《女篮5号》和《大李小李和老李》。当时我问他为什么会对女性体育运动题材那么关注。谢导阐述了他的一些看法。那时我们的民族刚好处在转型阶段，需要这样一种顽强拼搏的精神。所以谢导觉得在当时的情况下，拍摄《女足9号》特别有意义。

谢导关于电影表演美学的处理，有一些独特的处理方法。他要求演员的表演是内敛的。据说谢导喜欢在拍摄现场让一个人举一个牌子，牌子上面写4个字：不要表演。就是演员们演戏时不能太假，演员的体验要很深。文贵含蓄，这是谢导一直遵循的美学原则。另外，谢导比较重视排小品，但是小品他也往往只排到70%，还要留30%到现场。因为如果排得很满的话，演员到现场就会没有激情。而且他排小品的内容，往往是电影剧情中没有表现的内容，通过排小品去把它弥补起来。这样演员在正式开拍之前就已经入戏，演员的整个情绪是非常连贯和饱满的。谢导对表演的这种处理，我觉得非常宝贵、非常有美学价值。

当下如果讲到中国电影学派，尤其是上海电影学派，我觉得谢导是一个非常重要的典范。上海电影学派往往包含这几点，一是伦理取向，二是微小角度，还有就是委婉清丽的风格。谢导影片都包含了这几个特点。谢导有一个观点——导演就是作家，只不过作家是用文字写作，导演是用镜头来写作，所以电影一定要有文学性，主题要深刻，人物要饱满立体。

谢导的电影时刻关注我们这个时代，他的每一部影片都可以成为一个社会公共议题，所以他的电影具有强大的现实主义力量。谢导50年的导演生涯勾画出我们中国半部电影史。谢导严谨的现实主义创作手法奠定了他在中国电影史上的重要地位。他的电影有一种非常浓郁的民族风格，他电影里人物情感的表达方式、人际关系的处理方式和一些景象镜头的处理，都非常富有民族性。

我想对谢导说：

　　谢晋导演，我非常想念您。每次遇到困难，我就对自己说，也好像是您对我说，不要怕，往前走。因为世界上再难的事情，只要去做了，就会慢慢变得容易了。谢晋导演，谢谢您！

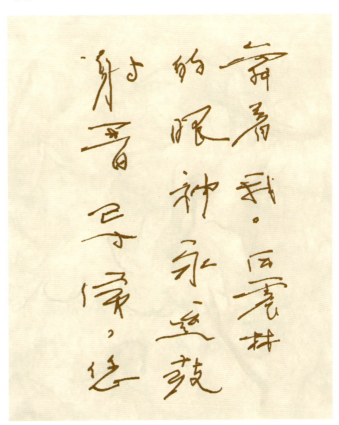

谢晋导演，谢谢侬

栗原小卷
日本表演艺术家、日本中国文化交流协会理事长
1991年主演谢晋导演影片《清凉寺钟声》
代表作：《生死恋》《望乡》《清凉寺钟声》等

栗原小卷近照

《清凉寺钟声》剧照　　　　　　　　　　　《清凉寺钟声》酒会（赵荣提供）
　　　　　　　　　　　　　　　　　　　　谢晋（左）、栗原小卷（中）、濮存昕（右）

在谢晋导演100周年诞辰之际，在令人怀念的上海这片土地上，回忆谢晋导演。

谢晋导演执导的《女篮5号》在1957年获得巨大成功。1986年的《芙蓉镇》、1991年的《清凉寺钟声》、1997年的《鸦片战争》，都非常出色，可以说谢晋导演的名作数不胜数。

我感觉在不同的时期看他的电影，始终贯彻描绘有爱的女性形象，在当时给我们带来了一种全新的感受和感动。

我的一部电影作品在哈尔滨上映后，回到上海见到了谢晋导演，他邀请我出演《清凉寺钟声》。《清凉寺钟声》和谢晋导演的其他作品一样，都是对人类内心细腻的情感进行了细致刻画。

虽然《清凉寺钟声》反映的是日常生活与和平的主题，但是在拍摄现场，有时还是有紧张感的氛围，而谢晋导演会营造容易相处的拍摄环境。每天拍摄结束后，大家会为了第二天的拍摄而进行彩排，这样我们就都知道了第二天拍摄内容的构成，导演也好，我们演员也好，工作人员也好，大家应该做什么，哪里应该改善，都已经事先准备好了。谢晋导演的作品在导演的构思中，我感觉到与700年前日本的戏剧书有相通之处。

20世纪90年代，因为谢晋导演要执导《鸦片战争》这部作品，非常的忙碌。即便如此，谢导也还是和我经常联系，表现出了深厚的友情。我对导演以及导演的家人都怀有深厚的友情。有一次我的电影作品展正在北京举办，谢晋导演还专程从国外赶回来参加。谢晋导演的发言沁入人心，令我万分感动。

非常感谢电影巨匠谢晋导演的诸多关照，能与谢晋导演合作，参演谢晋导演的作品，是我的艺术生涯中最大的喜悦和骄傲。

2023年11月26日，栗原小卷率中日文化交流团访华，专程赴谢晋电影艺术基金会接受访谈。基金会理事长徐春萍（右）向栗原小卷赠送《清凉寺钟声》海报

我想对谢导说：

如果今天谢晋导演还在世的话，我真的很想再当面说一声："谢谢侬！"

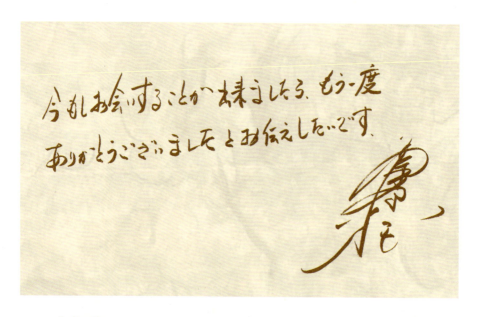

谢晋精神在他的每一部电影里

刘海波

上海大学上海电影学院教授、博士生导师

上海电影评论学会会长

与谢导合影

我是2003年来到上海大学上海电影学院工作的，那个时候叫上海影视艺术技术学院，院长就是谢晋导演。我记得当时每周五的下午，谢导作为嘉宾会被邀请来给学生讲座，我对谢导的第一印象是他是一个非常高大的人，讲话时声若洪钟，因为谢导可能自己听力不太好，所以说话嗓门特别大。但是在跟谢导一起交流的时候，能够从言语之间感受到他的人格魅力，他天然带有一种吸引力与感召力。

　　其实谢导给学生包括我们老师做讲座的时候，谈电影是其中的一部分内容，更多时候他在谈社会，谈历史。我们都知道谢导是一个有家国情怀的导演。作为导演，创作激情与创作冲动从何而来？就是从导演对社会的观察以及对社会中的人和事的感动中来。所以，我们不得不佩服谢导是一个能够敏锐捕捉时代主流情绪的导演。20世纪50年代我们国家蒸蒸日上，他通过《红色娘子军》《女篮5号》等电影拍出了青春中国；改革开放初期，他凭借"反思三部曲"，把反思推向了新的深度和高度，所以这三部影片在中国的文化艺术圈里获得了高度肯定；他还拍摄了《高山下的花环》，他站立在潮头，敏锐地捕捉到当时中国的时代情绪；1997年，在谢导70多岁高龄时，他拍出了《鸦片战争》这样的鸿篇巨制，填补了中国电影反映这一时代重大事件的空白；即便是"谢晋模式"遭到非议的时候，他还在不断创新，创作了《老人与狗》这样一些具有杰出人道主义情怀的优秀作品。谢导的电影一直传达着时代主流的声音，我想这是谢导成为电影大师的原因所在。

　　谢导除了在电影创作方面具有杰出的成就，在教育领域亦独树一帜。在具体的教学实践中，谢导是高度强调实践性的。他教育学生不仅要在课堂中学习，更要在田野中、片场中学习。我记得2008年谢导拍纪念汶川地震的一个短片《中国，站立成树》，短片的编剧就是我们的学生，谢导让学生进到剧组里跟着他。学生通过看谢导怎么拍片子，就能学会很多东西。

　　听到谢导去世的消息，我是非常震惊的，因为谢导当时刚刚来参加过我们学生的毕业典礼。在这之前，谢导执导的话剧《金大班的最后一夜》，他还邀请我们老师和研究生前去观摩了。他的猝然离世，是中国电影的损失。在龙华殡仪馆举办谢导追悼会的时候，我们当时有一些本科生、研究生，还有老师都前往悼念了。后来我们学校做了非常简单却又饱含深情的一件事情：每个学生手里拿了一个字站在山坡上，连贯起来就是"谢导，我们怀念你"，那个场面非常感人。

　　谢导去世之后，我们电影学院就开始讨论如何传承谢导的精神，我们决定做三件事。其中一件事金冠军院长已经做了，就是在学院内建立一个谢晋纪念馆。当时我们想的是不仅要纪念谢导，而且要以谢晋纪念馆为中心，建立一个中国电影史的研究中心，打造一个上海电影的研究中心。谢导的夫人徐大雯女士也非常支持这项工作，把谢导办公室所有的东西都捐献出来，所以我们一比一复原了谢晋导演的办公室，同时放置了谢导大量的图片和一些个人用品于内，供学生参观。

第二件事是我们要做一个以谢晋导演命名的学生作品的比赛，这就是我们学院传承到今天的"谢晋杯"学生作品大赛。我想这是对谢导最好的纪念，也是我们学院传承谢晋精神、谢晋导演艺术一个最好的载体。我想每一届学生在参加"谢晋杯"大赛，获奖的时候，都能记得他们是在谢晋大师的教育理念下学习和成长的。

第三件事就是我们上海大学上海电影学院成立了一个谢晋党支部。这个党支部的成立既是对谢导这位国宝级导演的纪念，也是我们党员传承谢晋精神的一个表现。

最近有件事情我很感动。前几天我看到一个学生的朋友圈，这个学生说他没想到大早上八点钟开始看一部电影看得泪流满面，他看的是谢导的《高山下的花环》。这部电影是谢导20世纪80年代初拍摄的，但是40年后的今天仍然能感动我们"00后"的观众，这足以证明谢导的电影具有超越时代的魅力。谢导的精神在哪里，就在他的每一部影片中。从观影中汲取谢导伟大的人格力量以及他的艺术才华和理念，我想这是谢导留给我们最珍贵的东西。

我想对谢导说：

谢导，您已经100岁了。我作为一个晚辈最大的幸运，就是能够坐在您的纪念馆旁边的办公室里，每天看着您与您的作品学习成长。

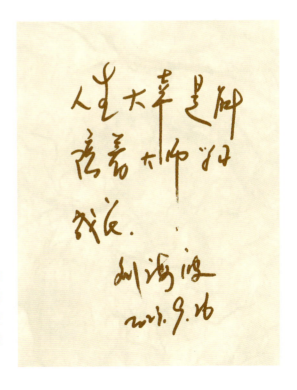

谢晋就是一个时代

刘晓庆
演员
主演谢晋导演影片《芙蓉镇》、话剧《金大班的最后一夜》
代表作：《芙蓉镇》《垂帘听政》《小花》等

《芙蓉镇》剧照

拍摄期间与谢导聊剧本
（刘晓庆提供）

芙蓉镇拍摄现场，中间手指向前者是谢晋导演，
右一侧面女性为刘晓庆（卢俊福提供）

　　我最早知道谢晋导演是通过电影《红色娘子军》。那时我还没有成为电影演员，我在话剧团，那个时候剧团里就在放《红色娘子军》。我与祝希娟是特别要好的朋友，也是看着她的电影长大的。到了电影界以后，谢晋就成为我们的神话，仿佛他每一部电影的女主角基本上都会获奖，一般就是当年百花奖的最佳女主角。

　　我与谢晋导演在《芙蓉镇》之前就认识。那个时候他经常来北京电影制片厂的棚里看演员。当时《芙蓉镇》这篇小说刚刚发表，我那个时候可谓年少轻狂，在看了这个小说之后，就觉得这个角色肯定是由我来饰演。后来谢晋导演知道我住在北影，就来找我。

　　《芙蓉镇》的拍摄地当年叫王村，一个没有电灯，没有自来水，也没有商铺的地方。我们剧组就是在这样的实景里生活。那里有一条河，河边上就是王村，我们洗澡都要从下面自己提水上去，我们也会自己去钓鱼，钓了好多小鱼，自己来煮。那会儿真的是整个剧组就像一家人一样，彼此特别好，创作气氛非常非常好。在我们拍完《芙蓉镇》以后，王村就改名为芙蓉镇了。

　　谢导特别会启发演员。我们有一句台词，我和姜文演的秦书田在大雨中被批斗，后来秦书田就跟胡玉音说，活下去，像牲口一样地活下去。但是由于我们是同期录音，雨水一打到话筒上就得重录，谢导因为录不到那个现场的感觉而不满意。最后谢导就在姜文的耳边说，想想晓庆平常的样子之类的话，姜文很快就受到了启发，同期声一下子就录好了。

　　当时还是会听到有一些关于谢晋时代应该结束之类的声音，我不懂为什么。当

2005年1月6日，《金大班的最后一夜》排练场
左起制作人朱大坤，谢晋导演，小说原作者白先勇，主演刘晓庆，导演谢衍（祖忠人提供）

时谢导其实心里还是很有压力的。我就说只要《芙蓉镇》拍好了，就不会结束。后来《芙蓉镇》拍完以后，果然名扬天下，我也因为《芙蓉镇》获得了金鸡奖和百花奖。而且实现了我的三连冠，就是《原野》《春桃》《芙蓉镇》，连续三年拿到百花奖最佳女主角。在谢晋导演的作品当中，还没有一个女演员拿到过双奖，因为祝希娟拿奖的时候还没有金鸡奖，我算是正好赶上了。

谢晋导演他自己非常懂表演，但是他从不教演员如何去演。谢晋会把你所有的最合适的瞬间全部剪辑到片子里，使得你的表演非常准确，非常合适，非常有魅力。我看过《芙蓉镇》以后，觉得我演技虽然在线，其实也不完全，尽管我有一定的经验，也很适合这个角色，自己也非常用功，跟角色也很靠拢，但是最终剪辑出彩才是最棒的。

2005年我又出演了谢导导演的话剧《金大班的最后一夜》。我一直都想着要把《金大班的最后一夜》复演，重现谢晋导演晚年的辉煌，那是谢导晚年的一道彩虹。当时谢导每一天每一场排练都来，我们演三场，他自己花钱买票来看。我们去台湾演出，他也跟我们一起去，那个时候谢导身体还可以。后来，谢导一个人去上虞参加他们的母校的一个活动，他去的时候也没有带人，结果第二天就心脏骤停了。接着一些报纸上就出现了流言蜚语，当时我和徐大雯两个人气得都快跳起来了。我觉得不能这样污蔑一个中国最伟大的导演。我们打了好大一个官司之后，宋祖德道歉了，后来一切才平息。

谢晋就是一个时代。他们父子俩壮志未酬身先死，长使英雄泪满襟。他们还有很多理想要去实现，我们都在一起谈过，至少《金大班的最后一夜》要演个100场吧，结果还没有达到，两个人就先后去世了。

我想对谢导说：

很悲凉。谢晋导演还有好多东西还没有拍完……

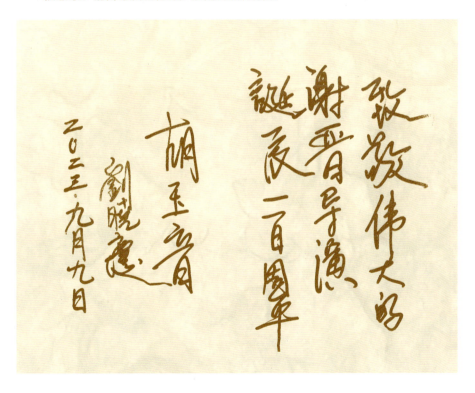

这个家的人都很善良

楼爱珍

谢晋家保姆

1996年至2023年在谢晋家工作了近27年

楼爱珍与谢佳庆（阿四）合影

我是1996年10月到谢导家做保姆的。当初来的时候，我对谢导是有点害怕的，后来相处时间长了，大家越来越熟悉了，我觉得谢导一家都很善良。谢导常常对我说："活少干点不要紧的，擦不擦干净无所谓的，只要大家开心就好了。"

谢导很有个性。他每次下班回来，车开到北京路上就会提前给我打电话："让阿四准备好，下来拿报纸。"我有时候遇到他就说："报纸我带上去吧。""不用，阿四会来的。"他就是一定要阿四来拿。阿四把报纸拿上去后，谢导接着就会问："今天庆庆（大女儿）来过吗？"庆庆来了用酱油拌个菜，谢导都觉得非常好吃。

左起：谢佳庆（阿四）、徐大雯和楼爱珍

谢导下班到家后常对我说："阿姨，你给我烧四只甜汤团，四只咸汤团。"吃完点心他就睡觉了。睡到晚上八点钟起来后，他会把阿四和大雯他们叫过来，分别坐在他的两边，陪他吃晚饭。徐老师就帮他剥花生米，阿四么，就看着他。吃好晚饭后他还要到书房工作到很晚才休息。谢导对子女是真的好。我买菜回来，阿四帮忙剥豆。阿四剥的豆，谢导总是觉得特别好吃。他会说："这么多的豆都是阿四剥的。"阿四如果先吃饭，不吃小菜，谢导就把大家都叫来："你们怎么能不管阿四啦，阿四白饭吃好走了，怎么能不管呢。"徐老师就急忙帮阿四把小菜夹好。谢导总是说："阿四自己不会夹菜吃，一定要管好阿四。"他一直不放心阿四。我给谢导铺床被，他就喊阿四来铺，但是阿四又不会铺被子，就乱七八糟滚作一堆。我问他："阿四铺得好吗？""好的好的好的。"阿四做的事，谢导觉得样样好的。

衍庆（谢衍）这个人，真正是个善良的好人。衍庆得知自己生病后一直瞒着大家，不想让大家担心。他照样去拍戏、上班，他的头发一下子白了，人也消瘦了。谢导一直不知情。后来餐桌上吃饭谢衍都用公筷了，大家都以为他是讲卫生。谢衍住院以后都改名换姓，他不想让大家知道自己是谢导的儿子，他不想因为自己的病情影响到父亲。后来，他的姐夫去医院照顾了一个礼拜，关于衍庆的病情实在是瞒不住了，姐夫就直接和谢导讲了。当时谢导听了后连站都站不住了。

谢导第二天就去医院看望儿子。他发火了，说一定要找最好的医生给儿子看病，不管用多少钱。可是一切已经太晚了。没过几天，衍庆就过世了。谢导伤心得几天几夜不吃饭、不睡觉。他躺在床上，一会儿出来问："阿姨，你们叫我啊？"我说："没有啊，你去睡吧。"一会儿他又喊阿四："阿四，你干什么呢？"我说："阿四动也没动。"他这种状态大概持续了一两个礼拜。徐大雯老师在谢衍下葬的墓地上昏过去了，被送去医院装心脏起搏器。谢导他就三天两头到医院去看看，我们都希望徐老师看好病早点回来。

徐大雯老师终于从医院回来。谢导第二天就去了上虞。出门前谢导对我说："阿姨，我明天就回来。"他明天回来，我就要提前帮他煮粥。谢导不爱吃米饭，只爱喝各种杂粮粥。第二天早上我就把他爱喝的粥烧好了，然后出去买菜，在外面就看到了关于谢导去世的新闻。当时我不是很相信，但是回来后看到门口已经挤满了记者。

公司里的人担心徐老师再受刺激，就瞒着徐老师，骗她说心脏起搏器没装好，要再回医院检查一下。过了几天，实在是瞒不住了，才敢告诉她。徐老师就一直住在医院里直到参加完谢导追悼会后才回家。

谢导生前常说："阿姨我以后到你们乡下去，我过年的时候去。"徐老师、阿四、谢庆庆、谢庆庆的儿子，他们四个人到我们老家去过。徐老师从乡下回来后说："阿姨家的房子很高啊。阿姨家房子好，阿姨家的茶好吃。"谢导说："不是茶叶好，他们家是山泉水，是水好吃。和我们这里的水是不一样，水甜。"所以，他一定要去，结果没去成。

我想一个人如果能够帮助别人，就要去帮助别人。做人都要讲情的，我们要做善良的人。

我想对谢导说：

谢导，我照顾阿四，照顾徐老师，我不知道你还满意吗？我是尽力照顾的，我对阿四、对徐老师就是真心真意，就不晓得你满意不满意？

我眼中的谢晋导演

卢俊福

摄影师

谢晋导演合作最多的摄影师

代表作：《高山下的花环》《芙蓉镇》《最后的贵族》等

《最后的贵族》现场（前排谢晋与卢俊福，后排卢燕与白先勇）

《女足9号》工作照

《芙蓉镇》工作照，中为卢俊福，右为谢晋

　　我是1950年进的上影厂，1959年第一次独立摄影，拍摄《沙漠追匪记》。从那年开始，我每年都拍一部戏。跟谢晋导演第一次合作是拍摄《大李小李和老李》，我对谢晋导演的第一印象就是，他比一般导演要求严格。

　　谢导接了一部戏之后，就全身心地扑上去拍。拍摄《大李小李和老李》是源于领导当时提出中国应该拍一些比较轻松的，比较活泼的戏，所以那年拍摄了几部喜剧片，其中就有谢导的《大李小李和老李》。我记得谢导那个时候提出，希望摄制组的工作人员从本部门的业务出发，能够提出一些对戏的质量有帮助，增加电影笑点的建议。谢导广泛地发动群众，集思广益，我跟过的导演都没有这样做过，给我留下了很深的印象。

　　后来我与谢导又一起合作了《春苗》和《磐石湾》。拍摄《磐石湾》时，摄制组到福建去待了一段时间。领导当时有一个很明确的要求：《磐石湾》虽然是京剧，是演员在舞台上表演，但还是希望谢导能够拍一些实景，将实景与舞台相结合，向现实方向靠拢。因此我们影片第一个镜头拍摄的就是海洋中的船只。

　　之后我和谢晋导演有很长时间没有合作，直到《高山下的花环》，之后《芙蓉镇》《最后的贵族》《清凉寺钟声》，我和谢晋导演都在一起工作。当时拍摄《高山下的花环》打火箭炮时，制片主任跟我说："打是一定要打的，但是部队提出成本很高，大概一共只有12秒，尽量一次成功。"制片主任跟我商量，我们平时是三个摄影，三台机器，为了拍摄打火箭炮，我们从厂里面又抽调了三台机器。我们把所有的镜头角度都事先调试好,将不同焦段的镜头全部都准备好。黄昏时分正式开始拍摄,部队喊"1,2"时,我们全部打开机器,最后将打火箭炮的场景完整地记录了下来。

谢晋导演非常善于启发演员。我看到有很多导演不喜欢排戏,他们在现场已经想好了,演员从这个地方走到那个地方,这个地方要用全景,这个地方要用近景。这在国外非常常见,我们也有很多导演这样。但谢导喜欢排戏,我们正式拍戏之前会先排戏,有的时候谢晋导演稍稍点拨演员后,整个戏就会完全不一样。谢晋导演对演员表演的细节要求很高。当时拍摄《最后的贵族》,潘虹与濮存昕需要会跳舞厅舞,但他们都不太会跳舞,谢导就让陈东找到了国标的秘书长,黄埔军校二期的黄振武将军,对演员进行了一星期的封闭式强化训练,演员们从不会跳舞,到最后跳得有模有样。

拍摄一部故事片,一方面是需要讲故事,故事中间要设置伏笔;另一方面就是画面中的布景、光线等各方面的渲染。第五代导演张艺谋的优势就在于他是摄影师出身,他擅长于表现画面的结构、光线与色彩。谢导也非常欣赏他对画面的把握。但是讲故事,在故事中设置伏笔,则是谢晋导演所擅长的。

1986年,朱大可发表于《文汇报》的文章《谢晋电影模式的缺陷》引发了关于谢晋电影的激烈争论,电影界的从业者、研究者各抒己见,有些人认为谢晋导演的电影是"以煽情性为最高目标的陈旧美学意识"。谢导面对反对他的意见,都会先接受。他一直和我说:"画家齐白石,衰年变法,我也要效仿他变法。"他不满足于他现有的艺术成就,还想要寻求突破。舆论争议让谢导陷入沉思,却不能熄灭谢导的创作热情。他从关注主流人群、社会变迁、集体观念向边缘人群、个人情感等方面转向。谢导在电影研讨会上曾这样发言:"艺术创作是没有止境的,只要我们大胆解放思想,不断地去探索、创新,我们一定能够拍摄出高质量、高水平的具有中国风格、中国气派的影片,我们的影片一定能够尽快地在国际影坛上独树一帜。"谢晋导演不断探索转换创作的方法与重心,不断尝试自我超越。

我想对谢导说:

谢导和我是半师半友,他是搞这个行当出身的,我是搞技术的。我们一方面需要学习,另一方面需要运用技术配合他,所以他能够带我们出来,让我们能够对电影做出一定的成绩,我非常感谢他。

他和人民贴着心

罗君
《文汇电影时报》原常务副主编、记者

1980年，谢晋着手拍摄《天云山传奇》，影片在当时触及一个非常敏感的题材——右派问题。鲁彦周撰写的小说拿到手，还没有看完，他已哭得喘不过气来。小说中的人物宋薇、罗群、吴遥一齐在他的脑海中活动了起来。这些人的故事都是当年谢晋非常熟悉或自己经历过的，宋薇身上不有着当年自己的影子吗？浩劫留下的阴影并不能一下子从人们的心头、记忆中抹去。许多人对老谢苦口婆心地劝说："你苦头还没有吃够呀！"不，正是因为苦头吃够了，不能再重复历史的悲剧了，他才不放弃这个题材。回顾民族的灾难和代价，他没有丝毫的动摇。

　　零下二十多摄氏度的严寒，东北大地一片冰封，白皑皑的厚雪分不出天与地。谢晋穿着军棉大衣、戴着狗皮帽和演员、创作人员在茫茫的雪地里已经拍摄了半个多月了。有时演员们刚刚拿起两个硬邦邦的面包、馒头，谢晋一声令下："抢拍冯晴岚雪地拉车！"雪地里立即刻下两行深深的长长的车轮印子。他呐喊、他呼唤："让冯晴岚式的好人在我们生活中多一些、再多一些，让吴遥这样的人少一点、再少一点，让宋薇这样的人觉醒得快一点、再快一点！"

　　影片出来，谢晋收到几万封观众来信，几万封呀！一部影片引起观众如此强烈的共鸣，在中国电影史上恐怕也是罕见的。来信不仅仅是赞扬他的艺术成就，绝大多数人看完影片之后，都把自己摆了进去，与剧中人共诉共泣，夫妻抱头痛哭，全家抱头痛哭，有的从冯晴岚身上找到了生活勇气，有的有宋薇式的经历，痛不欲生，也有吴遥式的人物看了很不舒服。

　　继《天云山传奇》之后，谢晋又接了"右派"题材的剧本《牧马人》。"右派题材不要搞了。"这是来自权威方面的声音。那些关心他的老前辈也劝他回避一下，幸而上影厂老厂长徐桑楚、文学部主任石方禹对他表示了理解，担着风险支持他的创作。摄制组奔赴兰州外景地，加急电报打到谢晋住处："情况有变，暂时按兵不动。"一等二十多天，来自多方的消息：《牧马人》要下马。有的口气没有一点商量的余地。各种各样的政治压力接踵而至。徐桑楚、石方禹为争取拍摄权而多方奔走、申诉。在兰州待命的日子里，谢晋喜欢一个人站在海拔三千多米的山坡上极目远望，这里在唐朝时曾经是国家饲养军马的基地，最多时达一万多匹。脚下一望无际的大草原，尽管严冬还没有完全过去，但是那富有生命力的野草已倔强地从地平线上露出了绿色的芽芽，是生命的象征。他相信，文艺创作会有一个真正的、百花齐放的绿色春天的到来。眼前的这一点寒冷又算得了什么？

　　上海市的领导出面撑腰：《牧马人》继续拍下去。老厂长徐桑楚连夜赶到摄制基地，把这个决定告诉大家，谢晋和大家一一拥抱，激动得又哭又笑。"开麦啦"，停止了二十多天的摄影机重又欢快地转动起来。

该片上映时，锦江小礼堂座无虚席。《牧马人》刚一放完，数学家苏步青第一个站了起来，向谢晋走去，按捺不住兴奋地连说："好戏、好戏，《牧马人》是我这几年看到的最好的一部戏。"观众全体站了起来，掌声经久不息。市领导陈国栋、汪道涵说，"非常好、非常好"，赵行志的眼泪还挂在腮上就跑过来向谢晋握手祝贺。

有人说谢晋"文革"后的作品带有某种悲剧色彩，调子不够昂扬，我就这个问题和谢晋专门讨论过一个下午。谢晋说："要敢于实事求是，实事求是是需要勇气的。"生活中没有十全十美的东西，事业上、工作上、家庭婚姻上都会有遗憾。我们国家走了那么多弯路，发生了那么多悲剧，难道不应该在文艺作品中得到反映、得到反思吗？

谢晋谈到在"四清"运动中遇到的一件事。当时他住在一个富农家里，富农的孙子已经六七岁了，不聋不哑但不会叫人。他很纳闷，孩子的祖父告诉谢晋，因为是富农的孙子，叫人叔叔伯伯，人家不高兴，孩子也就不敢叫人了。谢晋很震动：孩子有什么罪？他在拍《芙蓉镇》的时候把这个细节揉进了作品里，安排李富贵的孙子这一角色，就是他当年生活的真实感受。

悲剧是不是与社会主义创作原则相违背？谢晋就这个问题和别人辩论得面红耳赤。他认为悲剧样式的作品是特定历史时期的必然产物，悲剧恰恰给人一种力量，是美与丑、善与恶、光明与黑暗尖锐激烈搏斗的一种表现形式，悲剧具有震撼灵魂的力量。

许多人搞不懂，谢晋经受了那么多曲折和坎坷，却依然有一颗乐观向上、献身艺术的虔诚的心，这是为什么？

人民、观众给予他的理解、支持和褒奖，是他的精神支柱。

1986年，《芙蓉镇》的拍摄提到谢晋的议事日程上来。这部电影由作家李凖根据作家古华长篇小说改编。小说先后翻译成八国文字，曾经有三家电影制片厂想将它搬上银幕，但是这部小说改编的难度非常大。谢晋采取了一个不寻常的举动，云集了国内外数十位专家学者、作家、评论家在湖南长沙专门就《芙蓉镇》的影片创作召开了长达十多天的学术研讨会。在摄制过程中，媒体又冒出了"谢晋时代过时了""谢晋模式"等种种非议，谢晋力排眼前的干扰，全身心地投入拍摄。在肯定与否定、贬与褒的纷争中，《芙蓉镇》问世了。不难预料人们对谢晋以及这部作品的关切程度大大超过以往任何时候。

这天，《芙蓉镇》在中影公司最大的一号放映厅放映，大厅座无虚席，后来的人只能站在过道里看。这是影片第一次与国内观众见面。谢晋坐在最后一排，静观效果。最后一个镜头还未放完，全场就爆发出雷鸣般经久不息的掌声。所有的观众齐刷刷起立转过身来向谢晋致敬。《芙蓉镇》是当年中国电影史上卖出拷贝最多的一部影片。

一切委屈、疲劳都在理解沟通中得到了补偿。整整两年,《芙蓉镇》放映盛况始终不衰。北京放映《芙蓉镇》,有的市民在市里买不到票,跑到怀柔郊县买票观看。

谢晋是我国电影历史上"统治"观众时间最长、拥有观众最多的导演。这不是偶然的。他和人民贴着心,他的作品自然引起人们的强烈共鸣。《高山下的花环》在云南前线放映,战士们将自己的军功章献给了谢晋。

山东的妇女们做了军鞋送往云南前线,包袱上都不写自己的名字,而写上影片中女主人公韩玉秀寄。前线部队收到大量韩玉秀寄来的包裹。

谢晋塑造的那些银幕形象生命力是惊人的。《牧马人》中的李秀芝成了广大青年心目中最心爱的女性。《芙蓉镇》里李国香的形象刻到观众的脑子里去了。扮演李国香的演员徐松子在卡罗维发利国际电影节上获得表演特别奖。主演《红色娘子军》的王心刚、祝希娟到海南岛,当地的人民像欢迎英雄一样欢迎他们。谢晋的一连串辉煌力作,在中国影坛矗立起一座高峰。

谢晋经常喜欢谈到我国第一位世界乒乓冠军容国团的一句话:"人生能有几回搏。"他从不抱怨、消沉、泄气。他的箴言是:"为老百姓多做点实事,多做点有益的事。"他常喜欢对青年朋友说:"一个优秀的艺术家不看重掌声和鲜花",应该踏踏实实做他应该做的事。

也许一段时间人们不理解他,但若干年后人们会公正评价他。

谢晋没有过时,也不会过时。他的影片不会使观众失望,观众对他作品的热情将一如既往地持续下去。

我想对谢导说:

感谢谢晋导演对我的信任,感谢他在新闻工作上对我的支持。

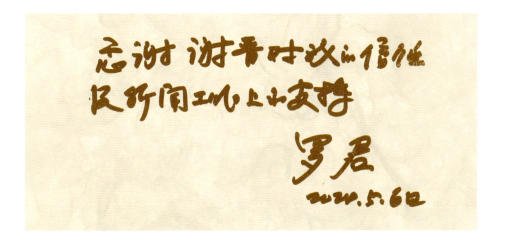

两次合作

我和谢晋导演的

吕其明

作曲家

"七一勋章"获得者

担任谢晋导演影片《水乡的春天》《黄宝妹》作曲

代表作：《红旗颂》《使命》《弹起我心爱的土琵琶》等

我第一次与谢导见面时，他才27岁，身材高大的模样，性格开朗、充满激情，给我留下了深刻印象，我们很快建立了良好的合作关系。到摄制组后，我的第一件事是研读分镜头剧本和导演阐述，并和谢导交换意见，听取他对音乐的要求。在着手创作音乐前，我向他阐述了对全片的音乐设计理念，与他达成了一致的看法。在创作过程中，我会根据成片的剪辑节奏进行适当调整，确保音乐与影像相得益彰。整个流程是一次深入而充实的合作经验，我感到非常高兴，很有收获。

《水乡的春天》海报

第一次读到《水乡的春天》的剧本时，我被故事主角吉春林的爱乡之情深深吸引。我与谢导一起讨论了如何使音乐与影片情感协调，如何使音乐与影片的节奏和叙事相契合，这对于整个电影配乐的成功非常关键。《水乡的春天》的音乐风格融合了中国传统音乐和民族元素。我创作了一首《想起哥儿该回乡》的女声独唱，以反映电影中水乡生活的美丽和温情，充满了生气与和谐，增强了这部影片的艺术感染力。

1958年，在大炼钢铁的时期，厂里拍摄了多部艺术性纪录片，其中两部《黄宝妹》和《大风浪中的小故事》均由谢晋担任导演，我任作曲。因为在那个时代是边炼钢、边拍摄、边作曲，在这种情况下，好像没有同谢晋导演进行过交流，在看了样片后我匆忙作曲录音完成任务。

由于《黄宝妹》诞生于特别的历史时期，加上当时艺术性纪录片这种电影形式是一种前所未有的探索尝试，这部影片的音乐创作，使我积累了不同品种创作的宝贵经验。

我想对谢导说：

谢导，您离开我们已经15年了，但您的作品永远在我们心中，您为中国电影留下了不可磨灭的印记。您坚持守正、奋勇前行，为党、为人民、为电影奉献了一生。我们为您骄傲和自豪。今年是您的百年诞辰，我们缅怀您，向您致敬，我们上影人要将您的人品、艺德、敬业奉献的精神一代一代传承下去，为电影事业的发展再创辉煌。

我太喜欢听他讲故事了

马可·穆勒
电影制片人、电影史学教授、策展人、影评人

我接触谢晋导演在1979年，看他的电影却更早。我1975年来中国读硕士，那个时候叫进修生。当时开始关注谢晋导演的电影，但是不知道是他的电影，因为影片的片头字幕不写导演名字，写集体创作。

　　1977年，我在南京的一个体育场看了《红色娘子军》，我开始觉得我们对中国电影的历史一无所知。谢晋导演一定是一个非常懂电影文化的导演，他一定看了许多苏联20世纪三四十年代的电影，也看了很多好莱坞经典影片。从那天晚上开始，我们觉得应该进一步想办法去研究谢晋这个导演。那天晚上还发生了一件趣事儿，我和我的前妻杜阿梅（之后也是谢晋导演的好朋友）从体育场出来后，开始特别激烈地谈论这部电影，我们骑着自行车回学校，那个看自行车的老太太，一看我们那么激烈地辩论，以为我们在吵架。那个时候我的胡子很长，其实杜阿梅比我还大一岁，那个老太太说你的女儿太漂亮了，你不要凶你的女儿。谢晋导演特别喜欢这个故事，之后每次谢晋导演向他人介绍我，都会讲这个故事。

　　1979年底，我向电影局提要求，希望和谢晋见面。他们大概是1980年春节后就批准了，让我在北京电影制片厂跟他见面聊，那次我聊得特别开心，我跟他说："因为我正在做大规模的回顾展，考虑做您的个人作品展。"

　　1981年我获得电影局批准，做谢晋个人作品展。1982年首届都灵电影节上，推出了中国电影回顾展，前来参加活动的媒体大概有1300家，这是第一次外国评论家可以开始探索各个时代的中国电影。回顾展上观众投票评选得票最高的是谢晋导演的影片《舞台姐妹》《天云山传奇》《女篮5号》。

　　可惜的是，这次回顾展谢晋本人没有来，我和杜阿梅就觉得我们应该再次组织一次个人作品展，让谢晋亲自参加。我们想办法在法国南特三大洲电影节，做他的第二次个人作品展，这一次他参加了。媒体在接触他之后，觉得这个导演和他们之前接触到的中国导演很不一样，不仅因为他的文化水平特别高，而且他们觉得他和媒体沟通特别热情，和别人不一样。

　　都灵回顾展结束后，我担任佩萨罗电影节的总监，那个时候每次谢晋有新电影，我都会拿到欧洲去放映，《牧马人》《高山下的花环》《芙蓉镇》都是我做的欧洲首映。尽管一些国外观众不太理解谢晋故事中的某些情节或是故事发生的社会环境，但也会被他的电影所打动。从20世纪70年代末开始，他对传统的情节剧做了很多创新，此外他又擅长用画面与音乐讲故事。我一直觉得他是最善于塑造电影中的女性形象的

海上电影之夜，左起：李安、马可·穆勒、秦怡、谢晋、任仲伦（任仲伦提供）

中国导演，在他的电影中有很多非常经典的女性形象，他通过女性形象深刻地揭示了社会矛盾，也吸引了很多国外观众。

在我代表《电影手册》同来到南特的谢晋做了第一次正式专访后，我和谢晋导演就非常熟识了。我们后来经常会在上海见面，只要见面我们就会在谢晋导演最喜欢的上海西区老字号餐厅老吉士一起吃饭。他每次会带一瓶他家里存的50年女儿红，我们一边喝一边谈。我就跟他说，我可以告诉别人你是我的老师。因为我在筹备大规模回顾展的时候，关于突出的导演人选，我会经常征求他的意见，我还经常和他聊一些老导演、老演员。我们两个人都非常喜欢一位上海导演叫石挥。我每次和他一起吃饭，仿佛是听了一堂课，我太喜欢听他讲故事了，听他分享自己的经验和生活。我们也会专门去分析一些电影运动。

1987年谢晋导演和我说他在筹备电影《最后的贵族》，打算去意大利威尼斯拍一部分，问我可不可以帮忙安排。当时威尼斯电影节的总监叫比拉吉（Guglielmo Biraghi），我和他说有一个我非常喜欢的中国导演叫谢晋，你要不要看他的电影。他看了谢晋导演的《红色娘子军》《舞台姐妹》后，也觉得谢晋是个好导演，他觉得我们一定要想办法帮忙。在威尼斯拍完之后，谢晋和潘虹就来到了罗马，比拉吉请他们吃饭，在比拉吉家里，比拉吉问谢晋明年威尼斯影展要不要来当评委。正是因为评委会中有谢晋导演，侯孝贤的《悲情城市》获得了金狮奖，这也是威尼斯电影节历史上第一次有华语电影获得金狮奖。

我认为谢晋导演影响了第五代和第六代导演，为中国电影增添了新的内容和形式，他并不是一个保守的艺术家。四年前王小帅导演的电影《地久天长》入围第69届柏林国际电影节主竞赛单元，我和他说你们一直批判谢晋电影，你现在终于拍了一部谢晋式电影。

我一直和我的好多第五代和第六代的导演朋友争论，我觉得就像是你小时候会对父辈的东西产生叛逆心理，但终有一天你会对父辈所喜爱的东西重新评价。

我想对谢导说：

谢老，我真的觉得太可惜，你走得那么快，我还有很多话要和你说，我还希望听你的很多故事。你的每部电影我都看了好几遍。我经常将你的影片放给我的学生们看，因为每次趁着这个机会我自己也能再看一次。我每次看《舞台姐妹》就会联想起你给我讲的很多你在绍兴的童年故事。

我太想念你了。

演员的活像捏泥塑，
要慢慢成形

濮存昕

演员

主演谢晋导演影片《最后的贵族》《清凉寺钟声》

代表作：《最后的贵族》《清凉寺钟声》《鲁迅》等

《清凉寺钟声》工作照（赵荣提供）

我是看谢导的电影长大的，后来谢导又把我拉到了电影界，是他把我真正地带入电影圈，而且一上来就演主角，实现了我的电影梦。

1983年或1984年，谢导要筹拍梁信先生的《赤壁大战》，他先邀请了我们剧院的院长于是之先生出演曹操，然后他听说空政话剧团有一个演员刚演过周瑜，就是我，于是就找上门来了。没过多久，《赤壁大战》的筹备停滞了，我自然也就没收到任何音讯。

没过几年，肖雄从上海打长途电话过来，说小濮你到上海来一趟，谢导要拍大片了，你来试镜头，那是1988年初。后来我没去，因为我那时没钱买飞机票，而且当时买飞机票是件不容易的事，在此之前买飞机票都得有介绍信才行。没想到谢导专门到北京找我来了，而且直奔我们家，肖雄和他一块来的。谢导说，你从剧本中选三个片段做小品，你自己创作自己想，三天以后我来。那天导演就把《最后的贵族》剧本给我，说三天以后要交作业的。三天后，我根据自己的大概想象做了三个小品，最后谢导挺满意的，说："好，可塑。"后来，我就很快到了上海，体验生活，做小品，写人物传记，还学习开车。

电影不是使劲就能干好的活。就跟唐代孙过庭说的一样，"同自然之妙，非力运能成"，不是使劲的事。谢导培养演员就像捏橡皮泥、捏泥塑，就·下一下捏，然后慢慢地成形。我是在美国拍摄的后期阶段，慢慢地沉下来劲了，也不风风火火了。谢导肯定能看到演员身上的不足，但是他如果欣赏你的某些地方的时候，他就会给予机会慢慢让你进步。

他知道我是一个自尊心有点强的演员，所以他从来没有对我说过重话。他喜欢我，以至于要给我改名字。他说："濮存昕不好听，你要当明星的话名字要一下子能上口的。你知道你的濮存昕在我们上海话里怎么叫吗？叫不称心，不称心不好，要改。"我说："那改什么？"他说："你看你父亲叫苏民，用你父亲苏的姓，用你昕的名，你叫苏昕。"因为我父亲叫濮思荀，参加革命就用了他的笔名苏民，苏醒人民，所以谢导就用了这个"苏"字。

后来在记者发布会上发布了，我们的男主角叫苏昕。我听着有点别扭，我就写信告诉父亲。我父亲不答应了，不行，怎么能改名字，你以后叫濮存昕还是叫苏昕。我父亲也挺直率的，他说谢晋说你的名字不好听，难道他的名字好听吗？我只好告诉谢导说父亲不同意改名，还把父亲的信给谢导看了。谢导看完就哈哈大笑，没有

《清凉寺钟声》剧照

《最后的贵族》工作照
中间戴蓝色帽子的是谢晋导演（卢俊福提供）

《最后的贵族》剧照

任何不开心。后来拍《鸦片战争》的时候，他还把我父亲请来演戏，他们俩小酒喝着聊得很开心。谢导是非常豁达的，对于生活中这些世俗之事他并不在乎。对他来说最重要的是镜头，是表演，他在谈表演的时候总是眉飞色舞。在《最后的贵族》首映式上，一大群记者围着我，在记者和镜头的缝隙里，我看到谢导抽着烟坐在那儿用欣赏的目光看着我。

我接受完采访后，肖雄告诉我，小濮啊，谢导夸你了。我说夸什么了？谢导说又出了一个好演员。又出了一个好演员，就这一句话。这句话我记得太清楚了，我兴奋了很多日子。没过几天，谢导联系我说，小濮啊，我马上就要拍下一个电影了，你演男主角。他告诉我，打算拍李准先生的《清凉寺钟声》，出演和尚你最合适。

谢导对我委以重任，连着让我参加了他的两部作品，就是他对我的提携。谢导带领我的这几年，是我所有进步的一个开端，是个起始。我们这些跟谢导合作过的演员，有机会碰到一起的时候都要谈谈，都会对谢导有一种感恩之情。

中国电影，因为有谢晋，何

其有幸。中国的电影观众因为能看到谢晋导演的电影，何其有幸。我是看着他电影长大、成长起来的，而且我不单是他电影的观众，还成了他电影里的演员，何其有幸。我们这些演员因为谢晋导演的栽培、提携、呵护，何其有幸。我们永远不会忘记谢晋导演，我们纪念他、学习他的创作精神。我们要做像谢晋导演这样的人，就是那股飞蛾扑火般的干劲，想尽办法克服万难。谢导他是在用生命来拍摄电影，同时他也帮助演员去完成了那些不可能的事情。

我想对谢导说：

　　谢导离开我们这么多年了，在他百年诞辰时，我们纪念他、想念他。可是我分明觉得这些清晰的记忆这么多年来从来没有忘记。其实我们还和他在一起，我们的生命是受过他培养的，所以说我们从来没有忘记过谢导。

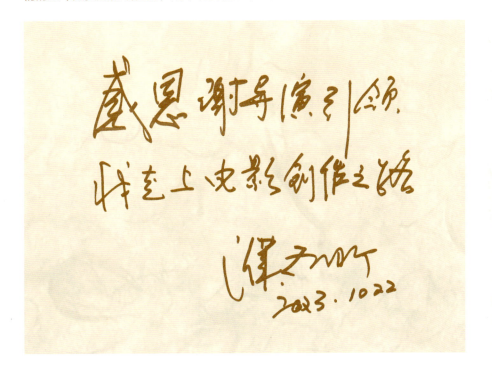

谢导的大将精神

齐大刚

执行导演

1984年任谢晋导演影片《高山下的花环》场记

2000年任谢晋导演影片《女足9号》副导演

《女足9号》时与谢导的合影及谢导的签名

1982年，我到上海电影制片厂，有幸被分配到第三创作室，谢晋导演是第三创作室的导演，开会时我们坐在一起，那时我们聊天比较多。谢导后来拍摄《高山下的花环》时，我也在云南，在梁廷铎导演《神奇的剑塔》剧组。之后我收到厂里的调令，将我调去了《高山下的花环》剧组。

《高山下的花环》导演组，一共四个人。导演是谢晋，执行导演也就是第一副导演是武珍年，唐洪根和我是场记。我和唐洪根两个人的具体分工是：我负责服装、化妆，他负责现场群众。拍摄现场有三台机器，所以我们必须把场记单记清楚。我们每天都会有一张详细的图表，其中包括今天要拍摄的内容、演员调度、场景氛围、群众人数和服装、化妆安排等。这张表做好之后，我们会找谢导和武导签字，签字后绝对是按照表格执行拍摄。

当时我们设计每一个战士都有五件衣服，每一件衣服代表了一个阶段。战争一开始，战士们穿着新的军装，之后第一个阶段，为了模拟战士们锻炼留下的汗渍，我们要用盐水浇衣服；第二阶段因为战士们进入阵地后，无法清洗衣物，为了达到效果，我们用碱水浇衣服，盐和碱出来的效果是不同的，用碱浇过的衣服会变脆，很容易裂开，与人为地用剪刀剪开不同；第三个阶段是用火烤衣服，将衣服烤焦但不烤破；第四个阶段是战士已经历过战争了，衣服变得破烂，因此我们需要用火烧衣服来表现；第五个阶段战士自己负伤或是救过伤员，于是我们需要用"血"和碳粉做旧衣服。哪一件衣服代表了哪个阶段，谢晋导演有着明确的规定。对于这些细节，谢晋导演前期非常关心，多次去加工现场查看，不行的就返工，重新再做。我们还请了真正有过战争经历的战士来判断和他们当时所穿的衣服是否相似，他们说就是这样的。于是我们就按照这个标准来做。

谢导能够及时把握现场，看到演员们现场的情绪。有一场戏是战士金小柱因被炸断双腿，躺在战地医院的病床上。当时我们接到了一批群众演员，是昆明军区总院的军医和护士。他们全都是上过战场的，看到我们工作人员将一些"缺胳膊少腿"的受伤的战士从卡车上运下来，从担架上扛下来的时候，没想到所有的医生很自觉地戴上了红十字臂章，我们都没有和他们说这场戏他们要干什么，他们一下子就投入进去了。他们直接就打开了背的药箱，纱布一下就散开了，非常专业地给"伤员"包扎、擦汗，忙而不乱。好多护士都是哭着拿着脸盆、拿着钢盔，用水在给"伤员"擦拭，尽管那些战士受的伤都是化妆的妆效，但伤痕就像真的一样。谢晋导演在旁边看到这个景象，还没有等场景完全布置完成，就直接下令开机拍摄。我们当时的摄影师是朱永德，在拍的时候不断地在提醒摄影助理："给我拿纸巾，给我拿纸巾。"边上的摄影助理就问："拿纸巾干什么？""擦目镜，擦目镜。"当时现场有四个摄影，没有一个摄影是不流泪的，都在擦目镜。

拍战争戏非常辛苦。有一次我们在拍摄的时候，深入到一片林区，里面是没有路的。我们走了几个小时，把器材搬进去以后，我们的后勤和部队的后勤没上来。我们早上四点多出发，十点进入拍摄，拍到十二点钟的时候，真是又闷又热，那里也没有能喝的水。部队里的战士就说前面有一片甘蔗林，他们去砍甘蔗，之后把砍好的甘蔗送给摄制组。当时现场的导演组和摄影组等主要的部门开会，演员和配合我们演戏的人在现场是最主要的，于是我们决定将甘蔗给演员和配合我们的战士吃。谢导和制片主任汤丽绚下达命令说："所有年轻人能熬的全部熬着，不能吃，留下来给年纪大的吃。"谢晋导演就是年纪大的，但他认为他能够熬，并且说："你们两个场记一直前后跑，应该给你们吃。"我们就说我们吃不了，我们怎么可以吃呢。最后谢导说将工作组很多工作人员省下来的吃的归拢，都送到部队去。因为部队比我们出发早，他们还有15公斤的行李在身上，再加上部队的战士年轻，消耗大，应该优先考虑让他们不挨饿。

谢晋导演教会了我很多东西，包括如何挑选演员，场面调度如何实现等，他的风度和他的大将精神令我怀念。

我想对谢导说：

感恩您留给我们的伟大精神财富、理想和信念。

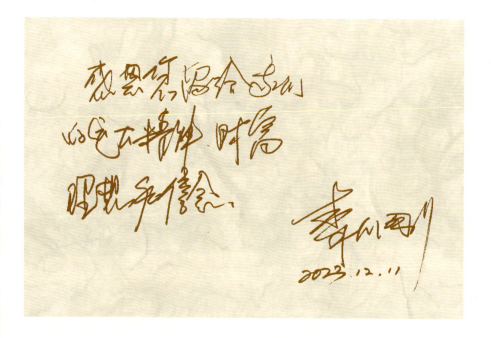

他是民族精神的守护者

曲春景
上海大学上海电影学院教授

谢导的电影总能触碰到我们内心深处某种很柔软的地方，很感人。谢导对中国的现实表达非常真切，因为他自己就生活在那个时代。他对知识分子的表现、对那个时代的反思等表达符合我们中国传统文化，大家都容易接受，而且特别喜欢看。

在20世纪80年代末兴起的意识形态电影批评潮流中，谢晋电影一度成为批评的对象。在当时的大环境下，中国知识分子迫切学习西方文化，一切来自西方的观念均被视为经典，只看重批评方法而无视其语境错位，将一种历经数千年积累的文化习惯和道德传统，设想为某个导演个人的政治倾向或意识形态操作。这种批评，明显体现出源自西方的批评理论在中国水土不服。其实在这个世界范围内，不管是西方文明也好，东方文明也罢，每个国家的民族文化应该是平等的。无论如何，我们都不能否定自己的传统文化。每个民族文化都有自己的特点，我们要尊重不同的民族文化特色。

谢导的电影表现的是数千年来中国传统文化的核心精神。谢导对国家和人民充满情怀，有着特别让人敬畏的艺术担当，他是我们民族文化精神的守护者。

谢晋电影中的小人物身上呈现出的那种责任感，那种超越个人自我的精神追求，其实就是中国人自强不息的一个代表和缩影。谢晋的电影里经常运用一种特殊的修辞策略，这种修辞策略的巧妙在于把一个政治故事转换为一个道德故事，用道德意义上的颂扬和贬斥来完成政治上的颂扬和贬斥。把政治话语转换为伦理话语，然后再转成情感话语，通过这种转换，谢导巧妙地把我们内在的文化精神传递给老百姓。

我想对谢导说：

谢晋导演，您曾经是我们的院长，您对电影的热情，您对我们民族文化精神的守护，让我这个后辈非常感动。我们应该向您学习，向您致敬。

谢晋导演我们怀念您。怀念您对中国文化精神的持守。怀念您用电影化育年轻观众对美好心灵的追求！

曲春景 23.12.2

饶曙光
中国电影评论学会会长、中国电影评论学会理事、北京国际电影节民族电影展副主席
中国电影家协会原秘书长

我最初是在电影资料馆举办谢晋电影展映的时候见过谢晋导演，在参加一些会议的时候也见过他。谢晋是大导演，我们只是远远地看着他，但也能感觉到谢导是一个非常谦和的人，对人也非常友好。谢晋是一个非常豪放的人，从性格上来讲，他就是一个艺术家的气质，能够与最普通的人交朋友，同时他也善于言谈，能够把他的思想传递给别人。

谢导的豪放在他的电影中也体现得淋漓尽致。因为谢导较为曲折和丰富的人生经历，所以他特别会讲故事。他对中国的传奇叙事有很多研究，呈现在谢晋电影当中的传奇性叙事主要表现为人物命运的一波三折。在《芙蓉镇》里我们就能看到他张扬的一面，比如他大胆地使用一些特写的镜头。还有《牧马人》当中，也能看到谢导对于一些极致生活状态的一种艺术性的审美表达，这种表达能够与观众达成最大限度的共情、共鸣、共振。所以谢晋的电影是最有观众的，他得到了最大观众群体的喜爱。

在谢晋导演百年诞辰之际，再重新观看与研究谢导电影的时候，仍然像初看时有很多的感受，更由于经历了岁月蹉跎与阅历增长，收获更多。谢晋电影能够启发人去思考，在思考的过程当中对历史、对人生、对审美都有更多的感悟、更多的获得感。

我个人在做研究的时候把谢导的创作经历分成三个阶段。第一个阶段就是在改革开放前，这一时期他的电影创作类型很丰富，《女篮5号》《舞台姐妹》和《红色娘子军》等影片都达到了相当高的艺术水平，同时包括诸如《大李小李和老李》这样的滑稽喜剧片，也达到了很高水准。在当时的时代语境与创作环境下，谢晋导演深入地研究了意大利新现实主义电影，他对《罗马，不设防的城市》《罗马11时》等影片都做过拉片式的读解，因此谢晋导演的电影语言可以说具有一定的超前性；或者说这些电影达到了时代的水平，与世界电影的发展保持同步。

第二个阶段即改革开放之后，谢导进入了创作的黄金期。从《高山下的花环》到《牧马人》《天云山传奇》《芙蓉镇》都代表了中国电影的最高水平。谢导的电影创作与时代的发展同步，他以电影的方式推动了中国社会的进步与发展，也促进了我们国家电影创作的繁荣。

随着时代的变化，他的创作也发生了一些改变。最能显著体现谢导创作转向的影片即《清凉寺钟声》，谢导希望从人道主义的角度去还原和展现历史。

谢晋创作的这三个阶段都有自己的代表性的作品，而且这些代表性的作品都有独特的艺术价值和审美价值。总体上来看，谢晋电影是与时代同步，能够反映人民的心声，能够坚持现实主义，能够继承中国电影传奇性的叙事模式，能够最大层面地吸引和感染观众的，因此谢晋电影的很多经验，在今天也特别有意义和价值，值得我们深入地研究和思考。

与第五代导演相比，谢晋是非常善于讲故事的。他能够把一个时代的故事或者个人的故事都讲得富有电影的质感，富有电影的悬念，能够有效地感染和吸引观众。电影作为表达思想的艺术，最重要的特性就是要与时代同步，反映人们的心声，这样才能够得到观众喜欢，所以我把它概括为谢晋电影的人民美学，或者说观众美学。

谢晋电影对于时代有深刻的反思。钟惦棐老先生说过一句话，"谢晋无时代，时代有谢晋"。应该说谢晋是中国电影的大师，在中国电影史上占据最重要的位置。并且随着时间的推移，我们将对谢晋电影的价值有更加全面和深刻的认识。谢晋的很多的电影都是中国电影史上的经典，未来也会被更多的人津津乐道。

我想对谢导说：

谢晋导演，我们怀念你，怀念你最好的方式就是让你的电影得到更有效的传播。作为一个理论批评工作者，我也希望能够进一步通过对你的电影的研究，让更多的年轻人了解你，喜欢你，让你的电影不断地传承传递下去，让你的电影精神永远成为中国发展的动力！

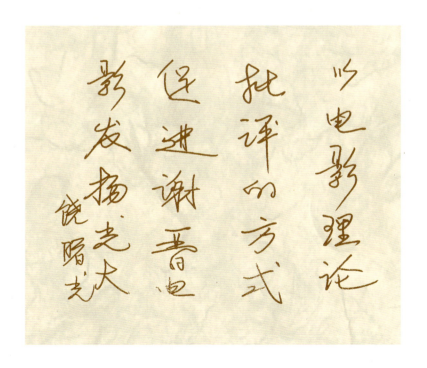

谢晋电影是一面旗帜

任仲伦
曾任中国电影家协会副主席、上海市文联副主席、上海电影家协会主席
上海电影（集团）有限公司原党委书记、董事长
代表作品：《东京审判》《2046》《攀登者》等

谢晋导演是一位电影大师，我对他充满了敬重。这种敬重和尊重源自两个方面：一方面是他创作了大量优秀的电影，一方面是谢导高尚的人格与人品。

我与谢导大概有这样几个阶段的接触。最早看他的电影是《女篮5号》《红色娘子军》《舞台姐妹》，那时我在学生阶段，当时觉得电影很精彩，讲述的故事很完整，电影所塑造的人物经历于我而言是新鲜的，因为我们这代人没有经历过谢导部分电影中呈现的时代。这个阶段主要是我作为学生在学校研究谢导的电影。

后来我到《文汇报》办《中国电影时报》，我和谢导的交流交往就变多了。因为我们经常可以看到谢晋拍摄的一些电影，改革开放时期拍的"反思三部曲"《天云山传奇》《牧马人》《芙蓉镇》，这些影片出来的时候我们都会举办一些研讨会，撰写相关文章推广和宣传。这一阶段实际上我通过对影片的认识，慢慢走进谢导的生活当中，可以充分感受到他对中国电影、中国社会、中国百姓的这样一种热爱和直率。他对电影就像炉火一样地燃烧，他不仅燃烧别人，也燃烧自己。

与谢导交往更多是我到上影工作以后，各方面都与他有交流。无论是创作的一些讨论，一些活动的参与，还是私下的一些交往，让我越来越坚定地相信谢晋是中国电影的一面旗帜，是我们学习的榜样。无论是他的作品创作、人格还是精神，都是这样。我到上影以后，他已经退休，离开了上影，但是他仍然在努力地创作作品，持续地推进电影的改革与探索。

有几件事情我至今想起来仍然记忆犹新。一个是纪念电影《红色娘子军》拍摄40周年，我组织了上影的一些年轻导演陪同他去海南。当时我印象深刻的是在去的路上，年轻人都在嘻嘻哈哈、说东道西，谢导一直在看书，还给我一本书，他说这本书是可以拍电影的。我一看是关于一名日本战俘回到日本以后写了一篇回忆录，忏悔自己在侵华战争中的种种行径，当时他是想拍成电影的。他给我书时还强调看完一定得还给他，我在还书的时候就看到他行李箱里面，一半装的都是书。

谢导更重要的特点是信赖主创者，由此我想到他有一个很好的习惯。他很愿意和最优秀的作家打磨剧本。"改革开放三部曲"当中，《天云山传奇》源于作家鲁彦周的作品，《牧马人》来自张贤亮的小说，《芙蓉镇》改编自古华的同名小说。这些电影都改编自大作家的代表作品，都有小说文本存在。谢导就在文学作品的基础上反复推敲剧本，有了好剧本以后，他自信地起用大量的新演员。

我问谢导，你怎么判断自己选择的演员。因为他选择的像丛珊、朱时茂这样的演员当时都是新人，他造就了包括陈冲在内的一大批杰出的电影表演艺术家。他说，他相信剧本的力量，也相信剧本塑造人物的力量。谢导的技巧或自信源自剧本成功创作以后，在选演员的时候就给予剧本塑造的人物以个性、思想与情感特质。找到演员之后，他就要千方百计地向演员的个性、天然的本性去靠。像谢晋这样的导演独具慧眼，能够去发现、处理好这两者之间的关系。

建立上海电影博物馆，最早提议的人是谢晋导演。那是2005年，我们正好一起去北京参加中国电影诞辰100周年纪念大会。谢导跟我说，电影100年了，上海电影最有理由、最有资格，也最应该做一个电影博物馆。若干年之后，上影有了一定发展后，就开始实现包括谢导在内的前辈的心愿。到2013年上海电影博物馆建立起来了，谢导这份对中国电影的情谊和热爱，我也是记忆深刻的。

我想对谢导说：

谢晋导演，今年是你的百年诞辰了。你那时候说，等你过世了，只要有人在三五年间还能记得你的电影，你就心满意足了。这么多年过去了，大家还记得你，还看着你的影片，你和你的电影永远是不朽的，我们怀念你！

芙蓉依然盛开

沈立德
电影美术师
1986年担任谢晋导演影片《芙蓉镇》副美术
代表作：《高考1977》《兰陵王》《詹天佑》等

1976年，我从上海戏剧学院毕业后，被分配到了上影美术科担任美术助理。1986年，我参加了谢晋导演的电影《芙蓉镇》的拍摄工作，担任副美术。

1985年夏天，我陪同谢导等主创人员去了湘西的吉首镇、怀化的黔城镇以及永顺县的王村镇。这三个村镇各有特点，谢导则更倾向于王村镇，主要是因为该镇有五华里的石板路，有孟洞河、溪水峰、吊脚楼等自然人文景观，而且街道回弯曲折，高低起伏，富有层次感。

但唯有一点，谢导觉得不太满意，就是在王村镇广场的南边有一栋60年代的建筑，挡住了整片远山与田野。那天，永顺县的县委书记听说谢晋导演到王村来勘景，特地赶到王村来。县委书记对谢导非常尊敬，见面的第一句话就说："谢导，你拍的《啊！摇篮》我看过，我就是那个年代的延安小孩！"两人一见如故，相谈甚欢。

机智的谢导也顺势提出了我们剧组的需求，想拆掉南边广场的建筑，但是由于剧组资金不足不能实现。谁料，县委书记立刻答应，并且说，这栋楼由于年代久远，已成为危楼，县政府本就打算拨款给当地镇政府，准备拆除这栋老楼。有了县委书记的大力支持，谢导心里的石头终于落了下来了。王村镇被确定为我们的拍摄地。

房子拆掉以后，由于南边本是农民的自留地，种了些大白菜和其他农作物，景观并不如想象中这么美观。根据原著小说的要求，芙蓉镇应该有芙蓉花。谢导就建议，

《芙蓉镇》美术组，左起：金绮芬、韩尚义、沈立德

是否能把这一片地改为荷塘，让美术组移植一些芙蓉花过来。县委书记也爽快答应了，并且立即行动，由镇政府出面跟每家每户协调，请他们把自留地的大白菜收割好以后，马上配合剧组种上荷花。在这个过程中，谢导的机智敏捷、亲力亲为，让我由衷地佩服。为了达到更好的艺术效果，他能尽一切力量、调动一切资源，让影片原汁原味地呈现出小说里的湘西地域风情特色。

此外，原来王村镇的街道也是比较冷落的，几乎没有商铺。为了与小说中的场景氛围相匹配，我们美术部门需要进行加工和改造。摄制组几乎看了街道上的每一间房，看了之后再作比较和安排。

像王秋赦的家，虽然涉及的戏份不多，但这个场景比较重要。我们画好了图纸之后，谢导也十分认可。虽说上影厂在置景方面技术过关，但谢导也担心，要达到木头陈旧、有年代感的效果比较困难。影片最后王秋赦疯了，为了表现动荡年代的彻底结束，他家的吊脚楼也要塌掉。如果我们美术组制作一个新的吊脚楼的话，成本会很高。后来谢导就提议，到附近买一栋吊脚楼移过来。湘西当地吊脚楼的价格不高，这样做既能保证房屋的质感，又能节约经费。

我们后来找到了一栋相似的吊脚楼，把所有的柱子和瓦片都编好号码，然后搬过来之后像拼积木一样一点点拼接、搭建起来。还有一些残缺的地方，我们美术组再进行了一点加工。事实证明，这样的确更符合剧情的年代感和当时的生活气息。

在我的印象当中，胡玉音做米豆腐的家是电影的主场景，这个场景也是根据湘西建筑特点设计的。这种"口字形"建筑的屋顶很奇怪，天井比北方的四合院小很多，可能只有五六平方米，而且四面的屋顶都向下倾斜到天井的檐口。通常我们在棚里搭景都是不搭顶的，因为很少有导演会拍屋顶。但我们美术部门认为，应该保留王村建筑这一地方特色，就建议谢导将内景的屋顶也搭出来，并且是用真的瓦片，而不是用塑料仿个造型。

谢导是一位非常会听取大家建议的导演，他不但采纳了我们的方案，还决定用一个俯拍镜头来拍这个场景，画面中间突出胡玉音在气韵氤氲的清晨磨米豆腐，一边唱着歌谣，一边细细的雨滴顺着屋檐滴落下来。最后这个画面，从美学角度来说，也达到了很好的艺术效果。

谢导的《芙蓉镇》剧组，是我有生以来工作最愉快的一个剧组。在现场，谢导会经常和大家打招呼，平易近人、和蔼可亲。有时候美术有好的想法，谢导也都会接受。这种"大家就是把戏要拍好"的团队精神,在谢导剧组里体现得最完满。这也是他人格的魅力和独到之处。

后来,我们上影厂拍另一部电影《少年雷锋》的时候,我又去过一次王村看外景。因为很多人看了《芙蓉镇》以后都去参观,就带动了当地的旅游经济,那个镇子已经变得热闹非凡了。但拍摄《芙蓉镇》留给小镇的规划格局还在,比如镇政府、凉亭、芙蓉等,现在都成了旅游景点。谢导确实给王村居民留下了一笔宝贵的财富。

我想对谢导说:

谢导,在你身上学到了许多在课堂上学不到的知识,使我在电影美术方面获得进步。

谢导,我永远想念你!

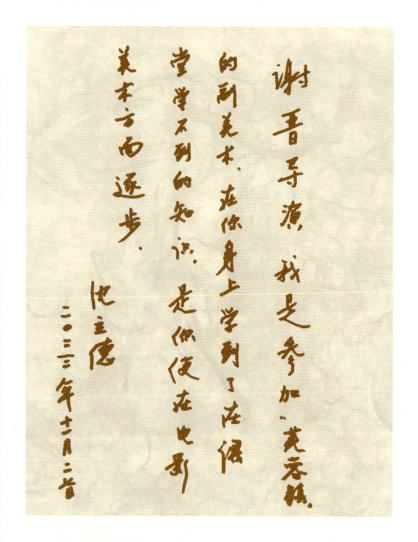

施建岚

演员

1981年参演谢晋导演影片《天云山传奇》

代表作：《渔岛怒潮》《天云山传奇》《雍正王朝》等

《天云山传奇》拍摄完毕合影

（中间一排左三仲星火，左四施建岚，左六谢晋，左七石维坚，左八王馥荔，左九黄蜀芹）

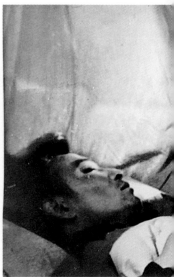

《天云山传奇》取景地吉林省通化夹皮沟　　　　　　　　　《天云山传奇》剧照

　　1975年，电影表演艺术家、作家黄宗英老师到我们（温州）乐清来。正好我们剧团（浙江省乐清县越剧团）在帮助农民"夏收夏种"，割稻插秧。我回到城里准备去吃饭时，在剧院门口碰到了县里领导陪着黄宗英老师准备去招待所，领导向她介绍了我。

　　出于提携后辈这种惜才之心，黄宗英老师让我也到招待所，给我出了个题目，让我表演一个小品。我表演得很投入，给黄宗英老师留下了深刻的印象。她回上海之后，就在电影界向张瑞芳老师和谢晋导演推荐了我。

　　1976年，长春电影制片厂要拍一部电影《新航线》，是反映远航海员生活的故事。当时万事俱备，只差一个演女船长李艳的演员，张瑞芳老师就推荐了我。当时剧组就住在上海的衡山宾馆。

　　那次谢晋导演正好在附近一个公园里拍电影，所以我就到公园里去拜见谢导。正好赶上他们拍摄的休息时间，谢导就给我出了一个题目，叫"找电影票"。我知道这其实是电影演员的基本功。我当时就想象自己先在房间里头找，结果没找到，又想是不是放在书本里？还是放在了枕头底下、床底下？电影快上映了我还没找到，心里很着急，就气得坐在了凳子上。我一坐下来，手一拍，突然发现电影票在口袋里的皮夹子里。终于找到电影票之后，我就兴高采烈地看电影去了。这个小品当时给谢晋导演留下了深刻的印象。

1980年5月，导演编剧在《天云山传奇》外景地安徽九华山合影
（左起：谢晋、施建岚、石维坚、鲁彦周）

1979年，谢晋导演要拍《啊！摇篮》，要让我来当女主角，还派了石晓华导演来接我。但当时我在国防科委政治部文工团工作，部队不同意我去拍电影。后来我在国防部的门口拦了张爱萍将军的车。张将军非常惜才，很爽快地答应了。我们拿着他写的"手谕"，第二天就到上海剧组里报到了。

这部电影原本叫《马背上的摇篮》，马是主要的道具。谢晋导演就让我们几个演员到无锡一个部队里学骑马、射击等动作。然而，命运之神故意地捉弄了我。那一次，我在前面骑着马慢慢悠悠地走着，张潮骑着马超过我往前奔，我的马也有了反应去追。但因为我是女同志，力量有限，拽了不久就从马脖子的位置摔了出去。我当时已经昏迷了，在朦胧中醒过来，看到谢晋导演，听到他对我说，你好好养伤，机会还会有的。后来他还经常给我来信，无微不至地关心我。1980年拍《天云山传奇》的时候，他就让我演了女主角冯晴岚。

谢晋导演对艺术一丝不苟，他给人的感觉既威严又细心，而且会很耐心地启发演员，令人感到十分可亲。比如他那会儿说我演得有点虚假、肤浅，没有升华，还有戏曲的味道，有表演中不能要的东西。他指导我说，没有台词的时候，一定要挖角色的内心独白，角色的感情自然就表现出来了。因为冯晴岚的岁数比较小，而我当时已经30多岁了，导演就教我观察生活，去看一些学生放学过马路怎么走，比如要拉着手还要勾肩搭背，找到了年轻感。

有时下大雨不能拍摄，大家就在家里休息看剧本。我们没有看见过水库塌了之后的情况，就想去实地考察一下。我们住在庙前旅馆，离公路很近，我就一个人到公路边看。正好山洪暴发，看见很多东西都被冲走了，我就在雨中大喊。通过这次切身感受，我后来拍三个特写的时候就经受住了考验。所以说，艺术来源于生活。

谢导也很注重用细节来塑造人物。演到冯晴岚之死的时候，他特意要求管服装的工作人员准备了两件背心、两件棉衣和两副眼镜。冯晴岚年轻时候穿戴的衣服、眼镜都是好的，但后来因为小学教员工资收入很低，家里很贫穷，穿来穿去就只有一件衣服，所以应该是非常破旧的。于是谢导就拿蜡烛把眼镜熏黄了，又用石头把棉衣磨出洞来，做了褪色处理。

在我演冯晴岚之死的时候，要拍三个大特写，谢晋导演给了我很大启发。他让我回忆我当时从马上摔下来昏迷的那段经历，找到人昏过去在生与死边缘的感觉。这就叫作借鉴感情，把真实经历的感情挪到表演中来。

《天云山传奇》公演之后观众的反响很大。我享受了这份荣誉，也在这个过程中增长了见识，弥补了我没上电影学院的遗憾。谢导的指导和启发拓宽了我的戏路，为我后来塑造不同的角色打下了基础。

我想对谢导说：

您虽然离开我们16年了，但您的音容笑貌永远铭刻在我的心里。我的从艺之路非常坎坷，但是碰到您以后就顺畅起来了。师恩永难忘！

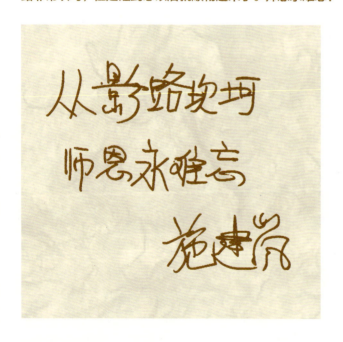

石川

上海戏剧学院教授、策展人

曾长期担任谢晋导演教学助理

上海谢晋电影艺术基金会理事

谢导与石川（右）合影

1995年，时任上海大学校长的钱伟长院士在学校成立了上海大学影视艺术技术学院。当时他想要请一位电影界重量级的人物来担任影视艺术技术学院院长的职务。谢晋导演是首选。谢导担任院长以后，我们开始有了一些接触，比如说开学典礼、学校活动等场合，我们坐在台下，谢导在台上。

我们开始私人交往是在1997年的春天。那时候《鸦片战争》已经拍摄结束，进入了后期阶段，谢导相比拍摄阶段会闲一些。当时从美国来了两位做文化研究的学者，他们在报纸上看到电影《鸦片战争》的消息，对这部影片非常感兴趣，想了解今天的中国人如何去看待100多年前的那场战争。他们向上海大学的校领导提出采访谢晋导演。学校领导非常支持这件事。我记得那天是在上海大学的乐乎楼安排他们会面，我给他们翻译，那次会面大概有两小时。

谢导那天对我的工作应该还是比较满意的，因此我开始在学院和谢导之间扮演联络人的角色。

我认识谢晋导演时，他已经73岁了，性格就像个老顽童。我现在回忆起来当年和谢导相处，就觉得非常快乐。我们小辈儿拿他开玩笑，他也喜欢逗我们。他的性格是

谢导生日宴给谢导和徐大雯老师敬酒

非常积极正面的，非常乐观。他在讨论问题时也有很严肃的时候，但给我印象最深的还是他童趣快乐的一面。

谢晋导演一生所拍的电影作品连起来就是一部中国近代史，这与他那一代人的成长经历有关。他成长于一个充满忧患的动荡年代，在上海上学时就遭遇了九一八事变、一•二八事变。一•二八事变后，上海再也容不下一张平静的书桌。那时候谢导的父亲担心一家人的安危，将他们母子送回了家乡，1937年谢导进入上虞春晖中学读了一年的初中课程，1938年秋转学至上海浦东中学。

80年代他在日本曾经做过题为《我眼中的日本》的演讲，其中就提到日本这个民族给中华民族带来的灾难对他们这代人是刻骨铭心的。他经常讲到，他从中学开始辗转多地求学，生活动荡不安。这样的生活经历使他养成了家国一体的意识；位卑未敢忘忧国及国家兴亡、匹夫有责的爱国信念。谢晋导演的光影经典蕴藏着一部风云激荡的中国近代史，这还与他个人的爱好紧密相关。他是一个历史控，也是一个地理控。他书房里的书架上，大部分都是历史书，他对中国的历史地理文化充满兴趣。谢导出门总是带个很重的大包，里面装着各种各样的东西，有他旅途上用的小闹钟，有他喝水的杯子、各种文件等，其中不变的是，一定会有一份中国地图。

谢导有一个习惯，只要到一个他没去过的地方，他就会跟当地人聊，这个地方历史上有没有出过什么历史名人啊？发生过哪些重大的历史事件啊？李準就说他关心这些事就像关心自己的家事一样。这让我不禁想起我们课本上学过题于东林书院的对联"风声雨声读书声，声声入耳；家事国事天下事，事事关心"。深厚的家国情怀内化为了他的个性特点及文化偏好。在电影选题时，他会对历史的重大题材特别敏感，近代史上的重大历史阶段在他的片子里都能找到对应。作为电影导演，这是非常与众不同的文化个性。

谢导曾经说过他要死在拍片现场。那时候他的好朋友香港导演李翰祥因心脏病在片场猝死。当时我们还在组织语言，想用比较温和的语言告诉他，结果他自己在媒体上知晓了。然后谢导说："我以后也要像他一样，不要死在病床上，也不要死在家里，我要死在片场。"电影就是他的生命，他为电影而生，为电影而死。他们那代人强大的精神感召力非常崇高，值得我们尊敬。

谢晋去世以后很长一段时间，他的东西都是我在负责收集，把它们归拢在一块儿，陆陆续续收集了很多。上海电影博物馆在筹建时，我就想，我要把这些东西都拿到电影博物馆，因为博物馆是它们最好的归宿，有专人保管整理。当时的上影领导非常支持，在A座的八楼腾出了一间屋子存放它们。当时一共拉来了17个纸箱子，后来电影博物馆里举办了两次谢晋展，很多展品都是那一次拉过来的，有他公司办公室里的一些物品，还有很多服装道具等。我有的时候觉得我有一种使命感，他的家人和后人没有可能做这件事情，但是这件事一定要有人来做，每当想到这个时候，都会感受到身后有一双无形的手在推着我向前走。

我想对谢导说：

谢导生前可能有很多未竟的心愿，谢导您放心，我们会千方百计地替您完成心愿。

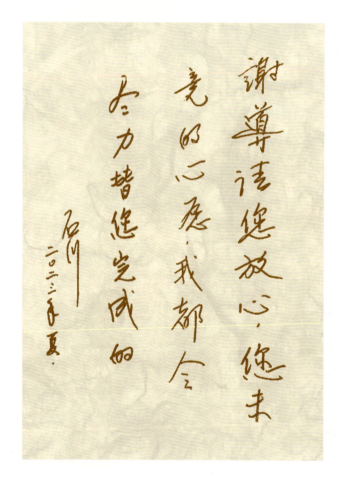

谢晋是我前行的「灯塔」

石晓华
导演，谢晋女弟子之一
与谢晋导演合作《啊！摇篮》《磐石湾》等电影
代表作品：《啊！摇篮》《泉水叮咚》《儿女情长》等

谢晋恒通第一届学生毕业作品男生主演《军人梦》由石晓华执导，谢晋前来军营探班（女生主演的《女儿谷》由谢晋长子谢衍执导）

90年代上影厂活动期间合影，左二石晓华，左三谢晋

2003年谢导八十大寿庆祝活动与女弟子们合影，左起武珍年、鲍芝芳、谢晋、石晓华

我开始接触谢导是因为我的老师颜碧丽（演员、导演）。她和谢导在一个剧组工作，较为熟识。我当时在浦东白莲泾的一个化工厂劳动，非常辛苦。颜老师就去跟谢导反映了，最终就由谢导出面去跟工宣队反映，说把我从工厂接出来当个场记，就这样我才跟谢导第一次有交集。

谢导在各方面都给予了我非常大的帮助。其一是他对艺术的不断创新与探索影响了我。我跟他一起创作的每部戏，他都在不断地摸索与创新。他明确地要求我也要有新的想法，从影片的构思和风格再到具体每场戏，能不能给到他五个新的处理方法。这就逼迫我们不断想出新点子，在促进电影艺术发展的同时也提升了自身的能力。比如翻拍京剧《磐石湾》的时候，他提出如何将京剧程式化的舞台动作与电影语言相结合，包括怎么处理实景与布景的关系。我印象最深的一场戏是特务穿着水鬼的衣服上岸的场景，我跟谢导说，能不能在处理上虚化一些，比如在海边礁石堆旁边放置水鬼穿着的衣服，然后拍摄沙滩上有一行脚印渐渐往村子里走去这样一个场景。谢导马上说这个好，就用你的点子。谢导会采纳每个人提出来的好点子，但同时也逼迫我们不断地思考。

其二是谢导教育我们做导演需

要集思广益，用人所长，在选择剧本上要谨慎。谢导跟我聊天的时候曾问我什么是导演，我回答，导演是三军统帅。谢导继续问我，如果导演高高在上做三军统帅的话，怎么去联系电影的各个部门呢？谢导说"导演就是海绵"，因为电影是各个部门集体智慧凝聚起来的艺术，所以导演需要把各个部门的好的意见和好的想法吸收进来，化成自己的内容，这样才能出一个好的电影作品。而且剧本作为电影的基础，是需要谨慎选择的，谢导认为一个剧本没有五个打动人的地方是拍不好的，只有一两个打动人的地方是不够的，如果能够有三个打动你的地方就要想办法再补充。比方说《啊！摇篮》，一个不被人看好的普通剧本被他拍得感人至深。

其三是谢导精益求精，严格把握拍片的细节与质量。他一直跟我们讲："一个导演，拍戏的时候就像你双手捧水，手缝儿不能开，你手缝儿开一点，这流一点那流一点，质量就流光了。"谢导的一个很经典的故事就是"一个扣子"。拍《啊！摇篮》的时候军装上面钉的全部是塑料扣子，服装师认为这个不需要拍大特写，观众也看不出来。谢导认为不行，一定要做旧，才能表现强烈的时代感，因为外景地是一个小县城，所以大家就到河边去用石头去磨扣子。就是这么一颗扣子，他都要求得那么精益求精，小的地方出错，观众就会出戏。

谢导对我们这些后辈既严格要求，在生活的各方面也很关心我们。跟他在一起工作基本是没日没夜的，连星期天都要到他家去讨论、修改剧本。他叫我们到他家去改剧本的时候，知道我是集体宿舍里出来的，不会烧饭做菜，他总会烧些绍兴的特色菜给我们吃。我生孩子以后，忙于工作只能把儿子带在身边。有一次配音，我带着儿子就在后台，没想到在录制的过程中我儿子咳嗽了一声，所有人都停下来看我们。我吓出一身冷汗，因为我当时还属于被借来的，这样会影响工作了。我赶紧把儿子叫出去准备骂他，谢导赶出来说，你不要急，小孩儿不懂事，你就带他在外面花园走走，我来顶着。我本来心都提起来了，谢导一说我又安心了一些，后来我就带着儿子在外面，谢导等于帮我顶了一天的班。他知道我一个女同志，父母亲、公婆都在农村不在上海，他能够帮助我的地方，都尽量地照顾我。

谢导不仅是对我们这样耐心，他对待年轻的学生亦是如此。当年谢晋恒通学校第一届学生毕业，他带着女生们拍《女儿谷》，我给男孩拍一部戏叫《军人梦》。拍戏的时候演员总是不到位，我就有点着急。等谢导来探班的时候，学生就给他告状，说我太凶了。谢导就把我拉到一边，拍拍我的肩膀，石晓华，他们都是小孩，你要对他们宽容点，他们不是很懂的，学校里没有全部学会，你要慢慢地耐心地教，不好凶他们的。

　　所以谢导这一生是真的非常爱护自己的演员、剧组的工作人员还有学生后辈。他不仅在艺术上非常执着，影片里也充斥着他满腔的家国情怀，体现了他对国家、对人民的强烈的责任感，这真的是值得我们后辈好好学习的可贵品质。

我想对谢导说：

　　谢老师，您曾经说过"金杯、银杯，不如群众的口碑"，这句话我永远铭记在心。

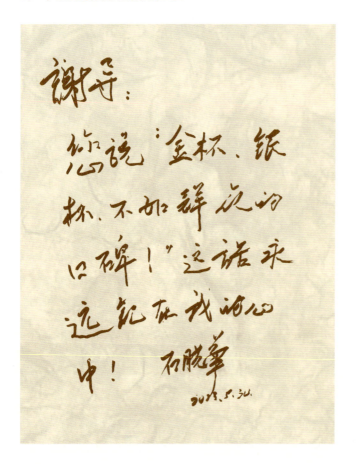

向心力源自
谢导个人魅力

斯琴高娃

演员

主演谢晋导演影片《高山下的花环》《老人与狗》

代表作：《高山下的花环》《骆驼祥子》《老人与狗》等

《老人与狗》拍摄现场（斯琴高娃和谢晋）（赵荣提供）

在童年的时候，像《女篮5号》这些谢晋导演的电影我们都看过，但是那个时候看不太懂，只是觉得漂亮，好看！到20世纪80年代，我们有机会可以进一步走近谢晋导演，慢慢感受就有所不同了。

谢晋导演拍《芙蓉镇》的时候，他想让我在影片中饰演一位生了很多孩子的泼辣型中年妇女这个角色，因为我演过"虎妞"，还有就是《许茂和他的女儿们》里四川人之类的泼辣角色，当时我就不肯接受他的邀请。他说："我请你喝酒"，我说："那也不肯"，因为我觉得我难以突破自己。后来，谢导接了《高山下的花环》这个本子，他又邀请我了，但是他说戏少，我说："不怕戏少，我觉得值得跟您合作这部戏。"我钦佩他，仰慕他，看了他那么多的影片之后，是真的希望能够跟他合作。在《高山下的花环》中，我饰演的角色叫杨改花，何伟饰演我的丈夫，是影片中壮烈牺牲的战斗英雄靳开来，我是为了领军功章，到老山前线，就这么一点点戏份，但特别好——给我改型了。

这个人物跟我过去拍过的角色截然不同，能够区分开来，这是让我非常高兴的事情，更重要的是我能够从谢晋导演那里偷学到一点东西，因为他实在是太特别了，是中国电影史上不可多得的一位德艺双馨的伟大艺术家。他热爱这片土地、这片蓝

《高山下的花环》工作照，前排左一斯琴高娃，后排左二谢晋

天、这一草一木，他是个爱憎分明的人。如果我真的学到了东西，那就是我的一种福分。可以这么说，角色不在于大小，自己能有所提升就好。

那一年评奖的时候，电影学院这些优秀的学生们聊到我这个角色，都给予了很高的评价。我挺高兴的，说明我还能够这样演。一个演员就是通过各种各样的造型，进入每个角色当中，走进她的心，然后呈现给我们的观众，这就是我作为演员的目的。

谢晋导演非常有凝聚力。在老山前线拍戏的时候，当地的农民全都进了山底下挖好的防空洞里，只有我们《高山下的花环》剧组的大车，在盘山公路上行进着，车上没有一个人带着不好的情绪，没有一个人说要请假回家，这是不是就叫作凝聚力？只有他才有这个凝聚力。当拍摄我领军功章那场戏的时候，我们走了一段很长又危险的路。吕晓禾和唐国强在戏里攻打的那座山，在拍完之后立马就被轰炸了，幸亏他们及时地拍完撤离了。这个时候，大家都有一点胆战心惊的，觉得好险。我觉得，只有谢晋导演能够拥有这样一种勇气和魄力，所以我们在他的指导下每拍一部戏，不管是大角色、小角色，我们都很感激，很感动，他的人格魅力使得我们每个人对他都充满敬意，这种感觉根本无法去用言语形容。

谢导会时常启发你，我也时常感慨，他怎么会有这么大的本事？在有幸跟了《高山下的花环》剧组之后的两三年间，我又和谢导合作拍了影片《老人与狗》，片中我跟谢添老师饰演一对，合作非常愉快。我演的人物是个从外乡过来的讨饭的。我说："导演你能不能同意我说点内蒙古家乡那边的后山话，我说给你听听"，他笑得够呛，说："你不要说得那么土好不好，南方观众听不懂。"

我们合作得非常愉快。他非常耿直，从不隐瞒什么，能够做到很直率地面对事情，敢于批评。他很坚强，很少去讲述他家里的事，也绝对不会把生活中的痛苦带到工作当中来。

那时用胶片拍戏，胶片很贵，但谢晋导演并不在乎时间问题，反正都是一年拍一部戏。在拍摄《老人与狗》的时候，节奏是比较松弛的。在《老人与狗》中我饰演的角色是一个老太太，谢导从黄河边上拿了一大堆黄土，和水一起和，然后倒在我头上，真的每一次都好像洗头染头发一样，然后拍完之后再洗掉，所以这个人物是这么完成的。最后我头发已经是稀稀拉拉了，就变成现在这样，那也得干！人必须要实打实的，不要去弄虚作假。

在现场，谢晋导演会跟你进行充分的交流，只要你把握住了这个人物，他就任你发挥。我觉得很多演员在遇上好的导演之后，会由衷地进入你自己的创作当中去，能互相成就，这是一个共同努力的结果。

谢晋导演是有功之臣，他是中国电影的一个引路人！随着我们时代的发展，中国艺术的繁荣，他的作品也随之生根发芽、开花结果。能有幸跟谢晋导演连续合作两部戏，我觉得已经很知足了。他的艺术成就无法磨灭，他拍的就是普通人的日常，展现得极其准确，极其生动，极其耐看。他与每个时代的普通老百姓同呼吸共患难，我们都应该敬仰他。

我想对谢导说：

希望中国电影能够越来越好，越来越精彩，能够跟任何一个国家优秀的片子去媲美，而且做到后继有人。虽然我年纪大了，不能再演主角，但还可以演配角，做点自己力所能及的事情也未尝不可。

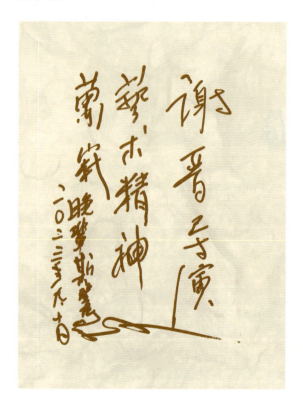

孙渝烽
上海电影译制厂配音演员、译制导演、上影演员剧团原演员
1984年参演谢晋导演影片《秋瑾》
代表作：《南昌起义》《楚天风云》（演员）、《望乡》（译制）等

《秋瑾》剧组合影
（第一排右一于是之，第二排中李秀明、右一丛珊，第三排左一孙渝烽、右一鲍芝芳）

我跟谢导只合作了一部戏，就是1982年拍的电影《秋瑾》。此前我从演员剧团到了干校，后又被借调到上海电影译制片厂。因为搞译制片需要查资料，我就经常去上海电影局资料馆，通过在资料馆工作的徐大雯认识了谢导。1982年，听说谢导要拍《秋瑾》，我就跟徐桑楚老厂长说，这个戏能不能让我参加一下，拍完这部电影我就集中精力搞译制片了。

从整个创作气氛来讲，我真切地感受到了谢导的敬业精神。在绍兴拍戏的时候，我跟饰演知府大人的于是之老师住在一个屋，就在谢导房间对面。他每天晚上改剧本到深夜，经常是我们晚上起夜才看见他熄灯，一般都到了两三点钟之后，所以我们笑称他"谢三点"。

谢导拍戏在细节上非常严谨、认真。我记得有一次拍一个大场面的戏，是巡抚要来抓秋瑾，我跟秋瑾躲在一个房间里，透过一个玻璃窗看向外面。我们当时演的是清朝人，要将头发盘在头顶上。那天我盘好头、化完妆，谢导看见了就把我叫回去，说今天是拍全景问题不大，但明后天的近景要我剃一剃头。他说，刮过以后头皮这里应该是发青的，剃和不剃其实大不一样。还有镜头的位置，现场的调度，演员的进出场，等等，他都清清楚楚。他对演员的要求也十分严格，只要眼神不对，他就会马上提出来。

我看过谢导很多戏，比如《牧马人》《芙蓉镇》《天云山传奇》《舞台姐妹》等。他的电影有一个非常突出的特点，就是始终和我们的时代紧密结合，而且人物身上都充分地显示出时代的气质，展现当时的人们对生活的向往和追求。他传承了中国电影中优秀的东西：一是现实主义创作手法；二是中国文艺讲究的"大团圆"，也就是好人有好报。谢导拍的电影很多都是小说改编的。他认为作家在创作的时候已经下过生活，收集了很多素材，摸到了人物的感情，所以通过小说改编能更好地理解作品。他房间的床头边有各种各样的杂志，每天除了正常的工作，他就挑好的小说看。

谢导从南京国立剧专毕业以后就参加电影厂工作了。新中国成立以后，他先是做副导演，后来自己独立拍电影。20世纪80年代，美国有一部大片叫《现代启示录》，拍得相当成功。1982年的一天，谢导到译制片厂，说他想看一看国外导演蒙太奇的剪接、转换的方式，而且《现代启示录》的转换很多都是夜景，非常值得借鉴。后来我听译制片厂的老同志回忆，谢导在五六十年代时就经常到译制片厂来拉片学习。谢晋导演曾说，50年代他看到苏联的《列宁在1918》那些电影以后，觉得电影的感染力非常强，于是也想要拍出好电影，用艺术形象去感染观众。

大概是90年代，美国大学请他去讲学，他的影片还在美国开了影展，美国人也喜欢他的片子。回来以后，谢导在文艺会堂做了一次非常精彩的报告，讲了美国观众对中国电影的一些感受。他说，实际上美国观众非常喜欢看中国电影，但因为对我们的国情不了解，所以会提出很多问题。比如他们看了《天云山传奇》之后，提出来一个问题：王馥荔演的宋薇和仲星火演的吴遥的夫妻感情这么别扭，为什么不离婚？离婚之后两个人都可以干各自的事，为何非要强扭在一起？这就是美国人的观点。谢导说，我们的电影应该走出去，让更多国外观众了解中国文化，从而更能欣赏中国电影。

谢导做报告的时候还说，他曾托朋友去了解过，中国电影要进入美国的电影市场，首先要付2000万美元的宣传费，而他所有片子的费用加起来大概也没有这么多。那时候这方面经费比较少，中国电影要走出去比较困难。把中国电影传播出去，让世界更了解中国，是谢导的一个心愿。

我想对谢导说：

谢导，您把一生的心血都奉献给了中国电影事业！您放心，中国电影一定会大踏步地走向世界，让全世界了解中华民族！

我写信给谢导毛遂自荐

唐国强
演员
1984年主演谢晋执导影片《高山下的花环》
代表作：《小花》《高山下的花环》《长征》等

我认识谢晋导演是在1983年，拍《高山下的花环》。当时我拍完朱今明导演的《孔雀公主》后，就被说成是"奶油小生"，一度没有戏演。"奶油小生"当时实际上是指漂亮脸蛋加不会演戏，所以我感到相当委屈。

当我看到李存葆的小说《高山下的花环》在《十月》上发表，我觉得我很适合去演赵蒙生，后来一问人家说山东开始拍电视剧了，说我是"奶油小生"不能演。

我能出演电影版《高山下的花环》里的赵蒙生，应该要感谢李秀明，李秀明是我唯一合作过两次的女演员。当时正好她被借到谢晋组里出演《秋瑾》，有一场戏她正跪在那儿说台词，中间停下来补光的时候，她突然间说："谢导你就用唐国强吧。"谢导说："行，你先把这戏拍完再说。"后来她拍完戏回到北京，就跟我说："我跟谢导都讲了，你自己得有个态度。"

我就写了一封信给谢导，后来大家都说这叫毛遂自荐。我当时说，我拍了这么多年的电影，如今遇到了这么一个特殊的时期，我不自信了，我特别希望能有一个导师像园丁一样，给我这棵长了很多分叉的树修剪一下，看看是不是这块料了。如果说确实再往下演戏很难的话，我就改行，我也走走您的路，因为我知道谢导最初是学表演的。谢导当时也没有给我回复，我就想大导演可能太忙了。

之后我突然接到通知，谢晋导演准备让我演《高山下的花环》里的赵蒙生，我特别兴奋。我记得当时摄制组还在北京，还没去上海。一进摄制组，演员都到齐了，谢导就开大会，会上说："小唐给我写了一封信，这次准备背水一战。"我当时汗都出来了。谢导真是个精通心理学的导演，他抓住你的心理给你重重一击。我和谢导说："你把我逼上梁山了，我没有退路了，只有往前走。"

《高山下的花环》剧照，右二为唐国强

　　我觉得谢导是一个非常聪明的导演。我进入摄制组，是由副导演武珍年带着我们排小品。通过排练小品，演员可以捕捉很多人物特点，靠近人物。谢导会要求演员写分场设想，每一场戏怎么想的，要如何把设想实现，这就逼着演员去琢磨怎么去把它表现出来，这就等于在帮导演分镜头，他就不用给每个人都做分镜头。对谢导来说，他能够站在更高的层次上，有所取舍。

　　当时我们剧组是三机拍摄，第一摄影是卢俊福，第二摄影是朱永德，第三摄影是沈杰。我就问谢导说："您为什么用这样三位摄影师呢？"他回答道："卢俊福本身就可以当导演，我让他把控主机，朱永德是中年摄影师，他有一些新的想法，我把卢俊福和朱永德联合起来用，他们互相补充。沈杰是纪录片摄影，他可以滚在地上爬着拍，这样拍摄战场的流动性就产生了。"

　　拍完戏之后，我们在现场回头看样片，看完了样片谢导说："你们看完之后，有什么想法需要保留，去跟剪接讲。"因为是三机位，大家就跑到剪接那儿说："我那地方有个小动作，注意给我留一下。"剪辑师也投入进来了，他不是按照自己的想法去剪，他也参考了别人的意见，等到回到棚里剪的时候，基本上该有的都不会漏了，最后就是谢导作为导演进行最后的取舍。

　　我和谢导合作《高山下的花环》，是唯一的一次合作。这次合作让我知道了，要想成为一名好演员该如何下功夫。不要以为大致差不多就可以了。每一场一定要有分场设想，你下了多少功夫，最后就能得多少收获。我后来看《高山下的花环》中自己的表演，我觉得我的劲就使大了，每一场戏都想把它表现得很足，结果剪接起来看反而有点过。梁三喜没有更多地使劲，他表演痕迹很淡，反倒让人感到很舒服。创作到今天，我知道哪些时候我是演"过"了，我应该怎么去演，这就是有所得。

谢导演给予了我深刻的启示，他这一生都在追求，一生都在忙碌。他把自己的生命完全投入电影事业中去，没有退休这一说。谢晋导演是我们的榜样，作为演员我也会尽自己的努力去坚持创作，不荒废自己的时光。

我想对谢导说：

> 谢导，您好，我是您的学生，也是受益人。虽然我们只有一次合作，但是我对"舍得"这两个字有了更深的了解。有一个诗人曾经写道："有的人活着，他已经死了；有的人死了，他还活着。"您永远活在我们心中。

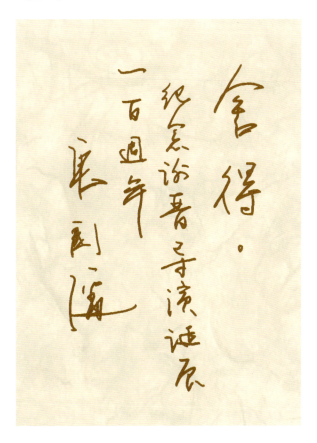

触摸角色的灵魂

佟瑞欣

演员

上影演员剧团团长、上海电影表演艺术协会会长

主演谢晋导演电视剧《三言二拍》系列之《重会珍珠衫》

代表作：《梅花三弄》《弘一大师》《大宅门2》等

2023年受邀担任谢晋家乡谢塘电影博物馆形象大使时参观谢晋谢塘电影博物馆

我和大多数电影人或者观众一样，都是从谢导的作品开始认识谢导的。我看过谢导的太多电影了，《红色娘子军》《舞台姐妹》《牧马人》《天云山传奇》《秋瑾》《高山下的花环》，可以说他的每一部电影我们都一定会去看的。

　　后来我同谢导在同一个单位工作，1992年我接到一个电话，说谢晋导演想请我到他公司去一下，他要跟我聊一聊。那时候我正在创作迷茫当中，自从我拍了《梅花三弄之鬼丈夫》后就被人说成琼瑶小生，但我感觉在创作上不应该仅仅停留在这样的一个状态当中。谢晋导演的这个邀请对我来说，是非常重要的。

　　到了他的公司，是谢导邀请我出演电视剧《三言二拍》系列之《重会珍珠衫》的男一号，如果是邀请我出演一部电影，我想我会更满足更开心，因为每个演员都期待能在谢晋导演的电影作品中有所呈现。

　　那天我们谈到了接下来的创作，其实我有点忐忑。我说："我没有拍过古装戏。"他说："没问题，你条件这么好，可以演古装戏，你都可以去塑造。"在跟他交谈的过程当中，你会感受到你什么都可以演，你真的什么角色都可以去塑造，他会给你这种自信。

　　在拍摄之前，我问过导演我需要为蒋兴哥这个角色做哪些准备，谢晋导演说："这是一个历史戏，你没有办法去深入生活、体验生活，你除了看剧本，可以多看一些优秀的经典的中国戏曲电影，或者我们以前拍的电影。"

　　其实跟谢晋导演在一起创作当中，他很少具体地抠一个问题，他不会具体说这个书摆在哪儿，演员这句话回头的时候要怎么说。在拍戏时你会发现导演很少在现场给我们喊话或告诉我们要干什么。但有的时候我们也会担心，当发现导演安静的时候，我觉得可能是我们有问题了。因为谢导不说话的时候，给我的感觉可能是他在思考我们的问题应该怎么解决。

　　谢导没有具体地告诉我要做什么，但更多的是给予我们很多启发。比如他说你们不要一说话就不动了，可以边说边走，把你的调度完成，把你的任务完成。现在我会碰到很多演员一说话的时候就不动了，他要把话说完了，再去喝水。我跟他们的合作当中，也许我就是边倒水，边把我们要表达的情感和人物关系呈现出来。我觉得谢导给我的这些点滴启发，其实一直影响到我后来的创作。

　　谢导一直希望演员更早地走进人物。因为演员更早地贴近人物，在镜头面前塑造角色的时候就更放松。演员放松了，人物要呈现的东西就更自然了。拍摄期间我们每天都会坐在一起对词。那个时代叫"掌握"，我们会像排练一样，现场走一遍，有问题直接说出来。然后导演会根据演员不同的特质，用不同的方法指导。我觉得他的方法是多样且灵活的，这些方法让我们创作者越来越放松，越来越自信地走进要塑造的人物。

谢晋导演能够发现并挖掘演员身上的潜能。通过跟谢晋导演的交流，我发觉当我们深入人物的时候，需要深切地走进要塑造的人物的精神世界，他的灵魂。这个时候，演员就触摸到了那个时代他要塑造的人，这点很关键。谢导一直强调要触摸灵魂，我们艺术塑造的就是灵魂。

我跟谢晋导演的这次合作，对我最重要的影响不仅仅是与他合作演了《三言二拍》系列之《重会珍珠衫》的蒋兴哥，而是因此我在选择创作道路上有了调整。就像突然找到了创作的源泉，蒋兴哥就像一根火柴，点亮了我创作的一条道路。谢晋导演对于我的创作生涯起到了引领作用。

我想对谢导说：

　　谢晋导演，我永远会记住您在创作时所呈现出来的思想火花，您的激情澎湃也会影响着我一生的电影创作之路，影响着上海一代又一代的电影人，上海电影因为有您感到幸福，中国电影因为有您感到幸福。

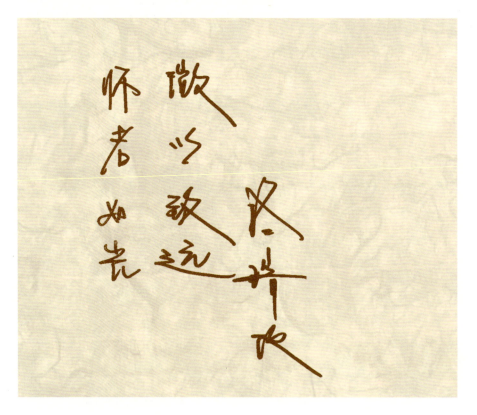

汪天云
编剧
上海电影（集团）有限公司原副总裁
主要作品：《第一诱惑》《开天辟地》等

汪天云（左）与谢晋（右）在《鸦片战争》映后的媒体交流会上

有专家说谢晋一生几乎一直在燃烧，这让我想起15年前余秋雨的一句话，他说认识谢晋，就认识了一个时代。这句话包含着两层意思，一是谢晋不只属于某一部电影或某一个生产单位，他属于时代；二是指他所处的时代是把苦难变成动力的了不起的时代，而谢晋也成了第三代导演的代表人物。今天我们纪念谢晋百年，不仅是观看他的影片，更多的是要学习谢晋的精神。

他进入电影行业的时候是非常艰难的，但是他的整个生命似乎就为电影而燃烧，一个导演能够接连不断地创作那么多的好电影，这在新中国的电影史上是很罕见的。

我们应该从什么角度来认识谢晋呢？首先我觉得最应该向他学习和永远纪念的就是他的风格和意志。他的每部电影都是一个或悲壮或动人的故事，不会那么简单平淡，他在电影创作过程当中总是赋予了故事非常深刻的哲理，他的生命观与世界观是能够深深打动广大观众的。我记得当时《高山下的花环》到我们学校（上海师范大学）放映，谢导问我们看这部电影的感触，我说我们班很多同学都哭了，但我还没有哭，他就觉得那还不够。他认为电影感动人的程度是要让所有人都有代入感。他不像一般的导演，他非常感性地关注着观众点点滴滴的感受。

后来我再一次看这部电影的时候，我自己也吃惊了。过了那么多年我发觉谢导竟然想得那么远那么深。他写了很多爱国主义的情感，这种情感小到一个士兵，大到一位军长。他还刻画了军队反腐，并且融入了他的生死观与人生观。这样的创作观念也融入了谢导其他所有的电影中。谢晋是一个能把苦难变成动力和创意的人，但这种苦不是仅仅停留在牢骚和一种简单的批判上，他把它置于一个比较深刻的人生哲理上。这使得他的电影永远不过时。

其次，我们也要关注谢导的创新精神。我们年轻的时候也有过一个关于"谢晋模式"的讨论。我们那时候比较狭隘，总觉得这样的探讨是好的。其实我在这里要讲谢晋的创新性也是超越常人的。最典型的是他的演员都是他亲自甄选的，像祝希娟她们一讲到谢晋就会说"没有谢晋就没有我"这句话，不管是陈冲还是张瑜这些演员，她们踏入电影圈，谢晋导演确实功不可没。谢导不会要求新人演员有怎样的经历或者智慧，需要达到多高的水平，而是选择一个演员后告知其某部电影中有合适的角色，这本身就是一种创作。所以有人说谢晋是一把卷笔刀，他用这支笔在银幕上画的时候，因为有这把卷笔刀，它就使得所有的元素都像笔尖一样，变得尖锐，变得深刻，变得难忘，更变得五彩斑斓。

像《芙蓉镇》这样的作品，在创作过程中剧组经历了太多次讨论，谢导想要呈现的内容最终也都全然体现了，这就是他对历史的认识和对电影的把控能力。他对整个社会的进展有很多思考，这体现了谢晋思想艺术的深邃，这种深邃最终也使他的电影至今让人觉得震撼。

最后，我们需要传承谢导电影中所呈现出来的文学性。这个特点跟张骏祥老师也是一脉相承——他们都非常重视电影的文学性。回过头看谢晋电影，都是从非常好的文学作品改编过来的。谢导在创作时不会极度地追求纯粹的镜头感或画面感这些虚无的东西，他之后的几代导演都曾有过这样的误区，谢晋没有。由于谢导对所有作品的文学性要求极高，他在创作时几乎不会放过任何一个细节，而且他对文学的掌控能力特别强，所以他的剧本改编亦贴合原著与现实。

基于此，我们很多人都觉得这个时代少不了谢晋。所以我觉得谢晋电影艺术基金会应该像茅盾文学奖一样受重视。谢晋在电影上的贡献绝不亚于茅盾在文学上的贡献，茅盾文学奖现在出了很多具有思想深度的好作品，我们电影应该也这样。谢晋电影艺术基金会组织拍摄《百年谢晋》这样一个策划创意，是一次非常好的深呼吸，让人们重温在中国电影发展历程中，谢晋所作出的无法取代的贡献。

谢导在拍电影的时候不会特别关注票房如何，他更注重这部电影有多少内容被关注了，观众看了以后是否会对民族文化觉悟有整体的提高等，在这点上谢晋作为民族艺术家当之无愧。我觉得谢晋的作用不仅是推进了上影的电影，也推进了中国的电影，推进了世界的电影。

我想对谢导说：

请谢导相信，您的电影，您的艺术贡献，一定后继有人。

手捧一碗水 艺术创作就像

王馥荔

演员

1980年主演谢晋导演影片《天云山传奇》

代表作：《天云山传奇》《咱们的牛百岁》《日出》等

2023年上虞百年谢晋纪念活动留影

我年轻的时候就看过谢晋导演的作品，如《红色娘子军》《舞台姐妹》《女篮5号》等。我都很喜欢。它们各有风格，激动人心，又很震撼。所以，我知道谢晋是一位伟大的导演，但是，我从没想过能跟他一起拍戏。

每次见到谢晋导演都是在上影厂的院子里，但我不敢跟他打招呼，因为他一直都是处于很忙碌的状态。1979年，《绿海天涯》后期录音阶段时，我与谢晋导演在餐厅门口偶遇了，他约我看一个剧本，当时我激动得不得了。后来在看剧本的时候也是越看越激动，无论是剧本的深度还是人物的个性，都是独一无二的，令人激情满怀地想赶紧投入进去。

我曾拍过《金光大道》《绿海天涯》，人物的个性与定位都是善解人意的柔美女性角色。看了《天云山传奇》剧本后，我猜想谢导是让我演跟我以往的角色更加贴近的冯晴岚。但是谢导却说："我知道冯晴岚比较贴近你以往的角色，你在饰演的时候会更方便一些，也更能驾轻就熟一些，但是作为一个好演员，要给自己找难题。"他的这句话对我今后创作产生了特别大的影响。他说："我知道剧本中宋薇角色是很不好演的，但是如果能将她的深度、她的复杂性、她的真实性塑造好了，那对自己的表演真的是一个突破，一个提高。我选来选去还是想让你演宋薇，虽然难度很大，但是我相信你能塑造好。"谢导是非常信任我的，但宋薇这个角色复杂程度很高，需要从青春单纯的少女转变为中年沧桑的妇女。但就是对这个角色的塑造，一下子提升了我的表演水准，为我今后的演技突破打下了基础。

谢导在我对整个角色的塑造过程中给了我太多的指导与启发，使我终身受用。我饰演宋薇的那段时间，他就要求我们每个人都要投入到角色当中去，从生活当中无限贴近人物。他说，虽然我知道你们没有地方去体验生活，但是你可以从剧本中，从鲁彦周老师的原著中，从以往听说的故事中，去找到角色的影子，就看你们用不用心去寻找了。同时改变自己的生活习惯，要根据人物的习惯来走。他总是鼓励我，叫我自信，提醒我要时时刻刻进入角色，相信我就是年轻时代或者老年时期的宋薇，而且走路、表情、动作要尽量地用宋薇的感觉去做，感受她，适应她，成为她。所以演员体验生活，体验角色内心的变化，对角色和影片整体的基调把控起到至关重要的影响。

谢晋导演是一个特别有权威性的导演。每场戏的效果要达到什么高度，他心中都有数，而且对每场戏都有他的想法，关于灯光的使用、氛围的描绘、演员的节奏，等等，他都会具体给我们提要求。他虽然有自己的设想，但是一旦发现了我们有新的闪光点，他会马上采纳，然后在开拍之前各部门再走一遍戏，只有不断地走戏才会发

1981年《天云山传奇》获金鸡奖后剧组成员合影（王馥荔提供）

1998年谢导从艺50周年，左起：李媛媛、麦文燕、王馥荔、谢晋、朱时茂（王馥荔提供）

《天云山传奇》海报

现一些细节。他会把每个演员无意中作出的反应抓住，希望演员能够有多种备用方案供他参考，挑选其中最精华的部分，有时候他甚至现场推翻他原来的分镜头剧本。

那个时候大家都有现场围观的习惯，特别是对手的戏也需要了解。我本来想去看冯晴岚的一场重头戏，但谢导却让我准备好第二天宋薇的重场戏。我就自己琢磨了整整一天，一个人在会议室里走了好几套方案。晚上他们回来后，我就把戏走了一遍。看完谢导说要改分镜头剧本，把四个镜头改成一个长镜头。这个难度很大，我既要配合好各个部门的走位需求，又要时刻把控自身表演情绪上的新鲜感。最后我们很顺利地一条就过了，一气呵成地完成了长镜头，我的情绪也通通被镜头捕捉到了。到现在我想到这场戏，想到大家配合的场景依旧还是很激动。

谢晋导演是一个经历过很多事情的人，他又善于观察生活，他家庭的不幸，他对家人的热爱，对孩子的热爱，在他的作品里都能体现出来，所以，谢晋导演拍煽情戏、感情戏是最有感染力的。谢导不光对自己的孩子，对别的孩子也疼爱。在《天云山传奇》拍到内景宋薇与吴遥的重场戏的时候，我接到了家里的来信，之前在外景的时候，两岁多的孩子生病发烧得了肺炎，我又不能照顾他，所以很想念孩子，就躲到搭的布景后面流眼泪。谢导知道后就让我先生和妈妈带孩子到厂里来，安排他们住在招待所楼上。那天夜里11点多，我跑到房间一下就愣住了，没想到谢晋导演带着牛犇老师在看望我妈妈和孩子。这么大的导演，他那么多事情，家又很远，还要踩自行车回家，他却还如此关心演员，所以我非常感动。到拍吴遥打宋薇这场大戏的时候，他又临时调整了方案，把这场戏调整到了下午，就是我家人回家了以后再拍这场戏，为的是让我踏踏实实地静下心来，把这场戏拍好。这就证明谢导是心很细的人，是很重感情的一个人，这是让我铭记一生的。

谢导曾经对我说："我们艺术创作就像捧着一碗水，一点都别让它漏了，得仔细地捧着它。你要这儿漏一点，那儿漏一点，你当时不觉得什么，等到完成了以后，你就没剩下什么了。"对于角色，如果我没有塑造好，那是我的个人水平问题，但是如果是因为大意而漏掉了什么，那就是我对不起谢晋导演。

谢导深爱着我们的祖国，深爱着电影艺术，深爱着广大的观众，更深爱着他的家乡、他的家人，他的一生是如此的丰富多彩，以至于我总会感慨谢晋导演的作品是那么有力度，那么有情感，那么振奋人心。当我们怀念谢晋导演的时候，更重要的是要记住他在艺术创作中的成就和对我们的启迪。

我想对谢导说：

尊敬的谢晋导演，2023年是您100周年诞辰，非常想念您！您对我们在创作当中的每一次帮助，每一次指导，每一次启发，我都牢牢地记在心里，用到我今后的创作当中去。您教导我的这些金句，丰富了我一生的创作，我告诉青年演员，告诉我的孩子，让他们也要这样做下去，传承下去。我们永远怀念您！

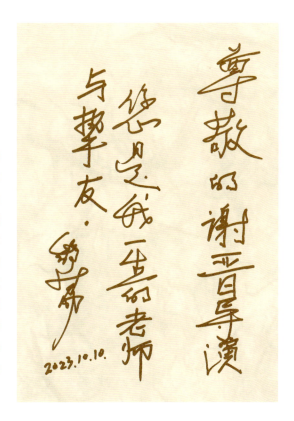

追随谢晋脚步

王健儿

上海电影（集团）有限公司原党委书记、董事长

20世纪80年代初，我开始接触到谢晋导演的电影。自从谢导的《天云山传奇》《牧马人》，特别是《芙蓉镇》问世之后，我就一直关注他的作品，也从此被他导演的作品所深深地吸引。

来到上影工作之后，有更多的机会接触到谢晋导演曾经的同事、伙伴以及他的家人，对谢导也有了更深的了解。我始终抱着一种崇敬之心，也带着一份怀念之情去做好与谢导相关的每一件事情。特别是2023年正值谢晋导演百年诞辰，在上级领导和社会各界的关心支持下，我和同事们从年初开始就认真谋划，精心组织，希望把百年诞辰纪念活动搞好，让谢导的精神进一步传承与弘扬，更好地激励每一位上影人，也回馈所有喜爱他电影的广大观众。

从5月起，上影集团、上海谢晋电影艺术基金会牵头发起纪念谢晋导演诞辰百年系列活动，包括组织拍摄口述实录系列纪录片《百年谢晋》，推出"谢晋电影艺术纪念邮册"，举办"赤子之心——谢晋诞辰百年纪念特展"和"谢晋诞辰百年纪念影展"全国巡展活动，以及在第25届上海国际电影节期间，主办"时代巨匠百年回首"纪念论坛，在"致敬大师"单元进行谢晋导演影片回顾展，等等。

值得一提的是在2023年电影节期间，焕然一新的上海影城首场论坛迎来了一位"特殊嘉宾"，那是上影年轻人用AI技术"复活"的"谢晋导演"，邀请"他"在开幕论坛上做了热情洋溢的致辞。谢导在"致辞"中特别希望今天的电影人朝着科技创新的方向再迈出一步。我想这是上影文化传承的一种新表达，也是年轻人以此来表达对谢导的那份深深的怀念吧！

在上影70多年的奋斗历程中，上影文化在不断地积淀与丰富。2020年12月，在上影集团召开的第一届党代会上正式提出了二十四字的"上影精神"：以初心担使命，以匠心求卓越，以开放促合作，以创新谋未来。

回顾谢晋导演的一生，我认为恰好是对"上影精神"的诠释。

谢晋导演的一生是"坚守初心"的一生。他一生拍摄了36部影片，以"改革开放三部曲"等力作聚焦中国最为关键的历史时刻，在时代风云变幻中依然坚守着初心。"助推思想解放、拨乱反正的电影艺术家"——是党中央、国务院在庆祝改革开放40周年大会上授予他"改革先锋"称号时，对他一生投身文艺、坚守初心作出的最好评价。

谢晋导演的一生是"匠心可鉴"的一生。谢导曾说："我每导演一部影片，都是我一次生命的燃烧。"在多年创作生涯中，他精雕细琢乐此不疲，对每一个细节都不放过，对每一件道具都那么"顶真"，比如拍摄《啊！摇篮》时，他发现八路军军服的纽扣锃亮，就要求连夜重做。

谢晋导演的一生是"开明开放"的一生。早在20世纪80年代，谢晋导演就提出要"办个中国人自己的电影节"，并为此不遗余力地倡议奔走。三十年来的实践证明，谢晋导演这一代电影人共同创立的上海国际电影节，成功架起了中外文化交流合作的桥梁，也撑起了中国电影走向世界的舞台。谢晋导演的一生是"创新不止"的一生。

谢晋导演一生执导影片风格样式之丰富，在迄今为止的中国电影史上绝无仅有，直至晚年他还在研究新作。他曾说过："经验不要变成包袱。我很欣赏毕加索的名言——我讨厌抄袭自己。"

习近平总书记指出："文艺是时代前进的号角，最能代表一个时代的风貌，最能引领一个时代的风气。"我想，这句话也是谢晋导演艺术人生的真实写照，在谢晋导演诞辰百年的今天用来纪念他最为合适。

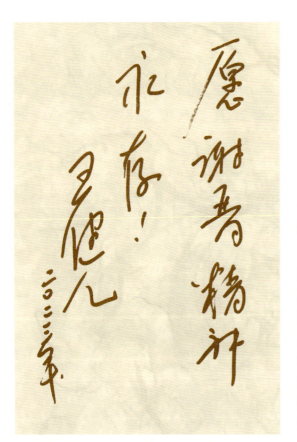

愿谢晋精神永存！
唐季礼
二三年

我想对谢导说：

正如谢晋导演所说，只有不断地让新鲜的血液注入，中国的电影行业才能永远拥有年轻的生命力。我们上影会不断地创造机会，为年轻电影人提供良好的创作环境，鼓励他们传承您的创作精神，共同谱写中国电影艺术事业的美好未来。

我永远是你的小弟

王玠文
原上虞区政协常委、上虞解放钟表店经理

1992年谢晋影视公司成立，谢晋与王玠文在谢晋办公室合影

1975年，谢晋在上虞拍电影《春苗》的时候，我们结识。他在春晖中学拍外景的时候，手表摔坏了。当地人就跟他推荐了我。当时我是钟表店经理，他就叫我来修。我把手表的玻璃换了一块新的，他很高兴，觉得修得很好。从此以后，我们两个人就结为朋友了，大家经常电话联系，他每次来上虞，都来找我，那时他五十出头，我们成了志同道合的朋友。

谢晋交朋友的原则，第一个是要正直、要走正路、要有知识。最难能可贵的就是他自己做人正气，对看不惯的事情，直言不讳，他就是这个性格。

有时候，谢晋打电话来，邀我到上海去，到他家去玩。我是钟表店经理，进货什么的，都要到上海去，我去的时候就到他家里转一转。他儿子谢衍，人非常好。他对自己的事业很负责、很认真，但就是身体不好，英年早逝。谢衍去世后，谢晋非常痛苦，这个是他最能干的、最聪明的儿子。谢衍的电影《女儿红》也是在上虞拍的，失去了谢衍，对他的打击非常大。

我印象很深，有一次我带谢晋到我堂兄弟家去做客，在路上，他看见一个小孩赤脚，没有穿鞋，他拿出钞票给那个孩子的妈妈，叫她去给小孩买双鞋，我记得是给了50块钱。实际上，谢晋他自己的钱也不多的，但是他的心地非常好。他自己非常节俭，出去总穿那一身西装，那一双鞋，平时在家里，他穿得更不讲究，因为他家里经济负担也重。后来，他年纪大了，但还要拍电影。我当时和他讲，你可以休息了，他却说还要拍好几个电影。他有雄心壮志，要拍电影，但是市场经济的形势，电影都要用钞票拍出来的。但即使为拍电影的资金发愁，他要拍电影的这个信心还是很足的。

我们是兄弟，谢晋叫我小弟，徐大雯老师也叫我小弟，谢衍叫我王叔，我们是一家人了。

我想对谢导说：

祝愿谢晋在天堂平安，不用像在世的时候那么劳碌，在天堂能够享福！

他为我们树立了一个典范

王童

导演

代表作：《香蕉天堂》《无言的山丘》《红柿子》等

第一届上海国际电影节最佳影片王童导演作品《无言的山丘》海报

当时上海第一届国际电影节国际评选委员会主席是谢晋导演，他希望《无言的山丘》能够参加电影节，也邀请了我参加，于是我第一届就来了。我五岁就离开了上海，五十岁又来到上海，非常感动，非常高兴。后来我的《无言的山丘》得了"最佳影片奖"，我想这部作品获奖的原因是影片中展现了人、历史与土地的关系。谢导比较喜欢我的原因，大概是因为我和他很相似，我们都非常热爱人民，都是在讲庶民文化，讲历史。电影最重要的还是讲人的故事，如果想讲一个民族史，或者讲人类的社会问题，就是厚重的电影，这样的电影很难拍，所以我觉得他就喜欢我这个感觉。

后来我们变成了朋友，他说："王童啊，我们差那么多岁，太晚见到你，太晚认识你。"我觉得我得到这么一个大师赏识，我应该继续努力了。他喜欢找我一起喝酒，喝酒的时候聊天，谈电影以外，就谈人生，谈做人的态度。他说做电影一辈子就好好做电影，说最好的故事给观众看，观众会得到很多启发的，每个国家都要有这种导演。谢导这一辈子尤其辛苦，但是他做到了，大家到今天还尊重他。人都会离开，但不朽的作品会永远留存。作品的背后就是人格的修为、品德、文学和艺术修养、美学、心理学、哲学思想的体现。我们看伟大的艺术家不是看一个简单的画面，这个画面后面有他的人生历程，这个是非常重要的。

和谢导接触，我觉得他是一个不存私念的人，他不自私。他希望年轻人能够有超越他的机会，所以他的卓越之处是造就人才。

谢导电影也看得多，他不仅仅是看，而是去研究它。他研究为什么《辛德勒名单》拍得那么好，为什么我们没办法拍。他看了好多电影，也认识许多国家的大导演。我和他切磋的时候，他就是探讨为什么我们做不到。他说以前也许是技术做不到，资金的问题、科技的问题，慢慢我们也有了这些以后，我们还是拍不好，这就是我们的责任了。

谢导八十几岁了还在拍电影，他对电影的热忱还在。他拍电影时并不是想着为中国电影作出艺术贡献的伟大抱负，如果想到这个抱负再去做，我觉得刻意。他就是觉得这个故事好，他要好好拍。很多伟大的事情都是不刻意的，但需要很用心地推动，艺术家都需要这一份热忱，他们就是要说、就是要画、就是要作曲，这样创作出来的才是真正的艺术，如果目标太明显的话，可能就分心了，就会去表演，去讨好，那是非常可怕的。

一提到谢晋，我脑海里就有和他相处的画面，我们快乐的画面、严肃的画面、谈论艺术的画面。看到谢导的为人和作品，我非常尊敬他，也非常感谢他。他给我开了一扇窗子，我们很多时候都是看日本或是其他国家的电影，也和很多日本的导演交流，但是谢导给我树立了一个中国伟大导演的典范。他的电影展现了软实力，不是震撼你，而是融化你。他在拍摄现场是领军的，但私底下却为人温和。你看他对孩子们的教育也是柔软的、温和的。这么多人纪念他，怀念他，因为他太善良，他不用批判的，而用善良的镜头语言串联故事。他的电影让观众感动，观众感动之后就会反思，这个力量非常大。

我想对谢导说：

　　想说的都放在心里了，心里想的他感应得到，信不信？我相信！

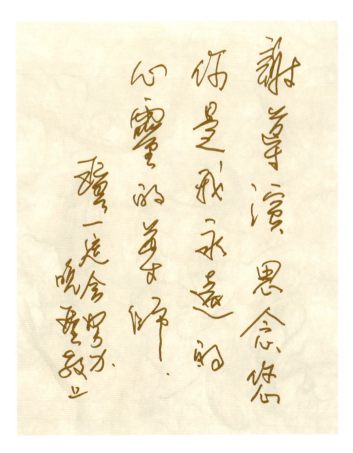

电影范式
心性现实主义的

王一川
北京师范大学文艺学研究中心教授
教育部2005年度长江学者特聘教授

我在上大三的时候第一次接触到了谢晋导演的电影，当时看了拍摄于1980年的《天云山传奇》。那时被这个电影故事打动，同学们展开了非常有趣的争论：到底宋薇和冯晴岚谁更理想？那个年代，人们非常需要通过这样一个动人的电影故事，将过去心里沉重的包袱轻轻甩开。所以说，这部电影实际上起到了四两拨千斤的重要作用，在一定程度上推动了中国社会告别过去，义无反顾地推进改革事业。

后来，我也看了谢导其他的影片，比如《红色娘子军》《女篮5号》《舞台姐妹》等，又陆陆续续地看了《牧马人》和《芙蓉镇》，都非常喜欢。他的影片与我年轻时代的学习、反思和提高，紧密关联在一起。

大家都说谢晋用的是现实主义方法，体现了现实主义精神，但其实，现实主义是外来的，它强调客观性、真实性、批判性、倾向性——这是我们所熟悉的现实主义原则。而谢晋的电影里不仅有这些，还有温暖的关怀、坚韧的持守，以及仁厚、容让、慈悲等种种品格。当时人们不知道这叫什么品格，一旦提到古代的东西，就会被认为是封建落后的。现在回头来看，谢晋其实率先将中国古代的心性论传统，与外来的现实主义精神融合起来。

谢晋电影强调以善润真，褒贬兼有——即好人虽好，但也有不足；坏人虽坏，却也有值得同情之处。可以说，谢晋综合了新中国既要追求自由，又要维护社会秩序；既要反抗，又要建立新的社会伦理道德的诉求。从而形成了一个更适合于中国社会和中国观众，有利于安定团结的范式。在这种范式下，谢导完成了他的"反思三部曲"这样的重要作品。

1986年提出的"谢晋模式"争论，批评者朱大可将谢晋电影归为"电影儒学"，在当时认为他是落后的、错误的、守旧的。因为我们都是从那个时候走过来的，看得不清楚。而如今我们拨乱反正，恰好看到了它的正面价值和积极意义，尤其是开拓性与创新性。

谢晋生前有鲜花和掌声，但是1986年的这场争论严重影响了他后期的创作。如果当时有人能够理直气壮地提出，谢晋是心性现实主义电影范式的伟大先驱，那该多好啊！在谢晋诞辰百年之际，我认为确实有必要进行历史的反转，并对他作出一个新的定位和评价。

作为中国电影的一位大师，谢晋的品格可以从很多方面来概括，但我认为，最关键的一点是他有主见又开放。有主见，就是指他一心一意要通过电影影像建构社会主义时代主体人格范型，他的主人公既有开拓性又有神圣性，这是其一。其二，与此同时，这些主人公也是稚嫩的，有不足和缺陷之处。其三，主人公大多会遇到神圣的帮手，比如像本是农奴的吴琼花在遭遇苦难之后逃脱，就由洪长青来给她当帮手。还有就是主体会历经坎坷，但所谓百炼成钢，生于忧患，死于安乐，主人公成长之后具备了现代君子式的人格。这些其实就是"谢晋模式"所包含的东西。今天回头看，就会发现是谢晋的主见，有意为社会主义时代主体打造一种人格范型。

同时，他又是大胆地向当时的现代派开放。首先是他敢于运用一些新浪潮的"意识流"手法，例如在《天云山传奇》中，女主人公宋薇非常悔恨当年听信了谣言，结果失去了自己的爱人，电影中表现她的反思时，就使用了意识流镜头。其次，谢晋有意无意地向中国古典心性论的传统开放，将古代文士或知识分子那种忍辱负重的人格，放置于现代社会主义主人公的人格构型之中，完成了中国电影向心性现实主义范式的转变。

当下，心性现实主义获得了更多样化的拓展，从知识精英人物到平民，从完整的英雄到普通人，比如影片《我不是药神》中的主人公程勇。我觉得这些都溯源于谢晋这样一座高山。清泉从山间流淌下来，正在灌溉着中国式心性现实主义的电影以及其他艺术。

我想对谢导说：

谢晋，中国式心性现实主义电影范式的伟大先驱者，将是不朽的。

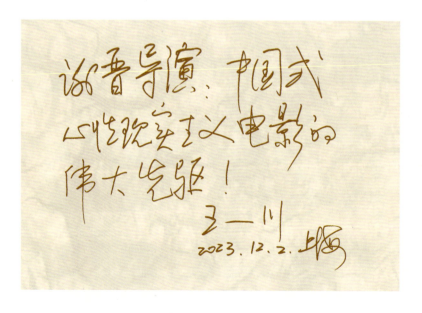

吴鹤沪
电影发行人
上海联和院线原副总经理、上海大光明电影院原总经理

谢导的一句话成了影片的宣传语

《鸦片战争》公映时与谢导合影

谢晋导演筹集社会资金拍了电影《鸦片战争》，这部电影需要赶在1997年6月发行，如何放好这部影片成了我们全国发行放映公司需要完成的工作要点。

我在上海召集各区负责电影宣传方面的人开会，专门讨论这个问题。当时电影发行联合宣传组虹口区的顾敏同志提出了一个方案，他说：我有一个建议，能不能连续放映影片100天，这样影响力就会很大。我听了也很高兴，就让他能不能再具体地落实到在哪家影院放映。顾敏就和区的相关领导汇报，最后确定了由国际电影院来承担这个放映任务。

这样的营销方式在当时是超出了常规的，消息很快传了出去。谢导知道了这个消息，就和我们说：曾经有部影片《渔光曲》在上海有放过100天的先例，如果我的影片也可以在上海放100天，我现在给你们一个承诺，在第100天我会亲自到这个影院来和看《鸦片战争》的观众见面对话。

影片正式上映是六月份，100天后正好国庆节刚过。从党的生日到国庆，国际电影院真的兑现了承诺。到了第100天，谢导也兑现承诺，来到了现场。这部影片在全国放映最后票房达到了7200万，现在我们票房过亿的影片好像很多，但那个时候还是胶片时代，还没有进入数字放映时代，观众对这部影片的喜爱可想而知。

谢晋导演和上海影城有着密切的联系。上海影城这样集多厅放映、会议、餐饮服务等多功能的影院以前并不多见，最早的影院都是单厅的。谢晋导演参加了戛纳电影节后，回来和领导提建议说，他参加国际电影节，许多国际电影人就集中在一个影院，里面有电影交易、电影放映、电影评比、电影论坛活动，并且戛纳电影节的电影宫在海边，晚上旁边还可以放映露天电影，街旁五星级的酒店住满了为电影节而来的人。我们上海也是国际大都市，应该要有一个这样的电影节。这个建议引起了上海领导的重视，之后就有了上海影城。上海国际电影节的第一届开幕式是在上海影城举办的，许多重大的电影活动，比如电影的首映、新闻发布会、观众见面会等也会选择在上海影城举行。

2006年8月15日，时任日本首相的小泉要参拜靖国神社。8月15日是日本战败的日子，时任首相要去参拜，我们国家从上到下都一致发出谴责的声音。正好我们上海电影制片厂帮助年轻导演高群书完成了一部讲述如何审判第二次世界大战日本战犯的影片《东京审判》。这部影片还没有定档期，我们就策划了一个活动，在小泉参拜的第二天，8月16日从早上九点到晚上九点，全上海13家影院在13个整点时间放映《东京审判》，邀请13种不同社会身份的观众前来观看，举办中小学生、老年新四军、工厂工人、学校老师专场等。

下午三时，我们在上海影城举办了一场上海一百位文化名人的专场，谢晋导演当然是我们首选的电影界的"老法师"人物。我们在影城六楼看完电影，在四楼开座谈会。会议还没开始，谢导看到我们就问："这是哪位导演拍摄的影片，今天来了没有？"我就指了指坐在旁边的高群书导演，给他们互相介绍认识。那时高群书导演还是新导演，谢导伸出大拇指讲："这个不得了啊，拍了一部这样的电影。"会议上，谢导就大声地说出："这是一部每一个中国人必须要看的电影。"他这一说，基本上点明了我们这个会议的主题。第二天有很多媒体报道都用了这句话作为标题，后来这句话被写在了电影宣传海报的最上面。谢晋导演非常有震撼力的一句话带动了这部影片在全国产生了一个良好的社会影响。

谢导不幸去世后，在他的追悼会上，许多与谢导合作过的明星都赶来和谢导进行最后的告别。许多上海市民还有外地民众也自发赶来参加谢导的追悼会。那天来的人数远远超出了我们的估计，我们感觉没有一个导演去世之后的追悼会能够有这样轰动的场面，这也证明了谢导拍过的那么多高质量的作品，实际上深深地印在了各个年龄段观众的脑海里，大家发自内心地敬佩和崇拜他。虽然谢导已经离我们而去，但是他的每一部影片都被影迷牢牢记住，谢导的在天之灵应该已经没有遗憾了。

我想对谢导说：

请谢导放心，你的接班人一波又一波地追随着你的思想、你的行动、你的行为准则，相信中国的电影在你的影响下还会越来越好。

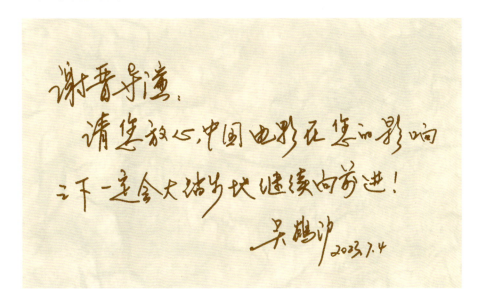

谢晋电影「谏果回甘」

吴思远
导演、出品人、制片人、监制
谢晋执导电影《鸦片战争》《女足9号》等的海外发行人
香港电影导演会首任会长

《女足9号》香港公映时合影（左起：吴思远、谢晋、伊春德、关宁、伍宇娟、李行）（伊春德提供）

20世纪90年代初，当时大陆、台湾和港澳地区的导演是没有联系的。所以1992年1月10日我们在香港成功举办了第一次"两岸三地导演会"。内地是由谢铁骊导演带团，谢晋导演也在这个团里，那是我第一次跟谢导见面。虽然我们过去没有见过面，但是我们感觉好像是几十年的老朋友重逢，一见如故。

　　在会上，每次谢晋导演做演讲的时候，大家都喜欢听，因为他讲得非常精彩。即使台下敲钟提醒他时间已到，他也不停，继续"口沫横飞"，他嗓门又大，但是大家都喜欢听。他讲话很直白，不讲一些冠冕堂皇的话。尤其在讲到一些好的外国经典或者中国经典作品时，简直精彩得不得了。

　　谢晋导演把所有的时间和精力都寄情在了电影工作上，很少有时间照顾家庭。他曾对我说，他最高兴的就是回家后阿四来开门。同时他对他的大儿子谢衍也寄予了很大的期待，所以后来谢衍的去世对他打击是非常大的。我觉得这是我认识他那么久以来，他所承受的最大的打击。

　　后来整个电影市场开始流行拍大片，谢晋却仍然喜欢有深度、有感觉地拍电影。我记得很清楚的是《老人与狗》这部影片，他当时找我说能不能帮忙发行。我知道像这样的片子，很难发行，但我还是答应了他。片子的确拍得好，但在当时的观影气氛下，观众并不喜欢看这种有深度、有思想的艺术片。《老人与狗》是谢添主演的，电影里有一句字幕后来去掉了，他跟我讲他很难过，我就安慰他。我讲作为一个艺术家，如果有一个目标想去坚持的话，你会碰到很多困难，但是就算碰到再多的困难，都要一一去克服。

　　当年他创建谢晋恒通明星学校，不是为了钱，他是觉得国内的电影学院不够。北京电影学院一年只招十几名新生，可外面喜欢电影的人实在是太多了。所以他就跟珠海的"恒通"地产公司一起创建了这个学校。开办的那天，我特地从香港过来，市里面领导都来了，我很受感动。谢导说："你什么时候有空来给他们上课？"我说："你不怕我乱讲话？"谢导说："不怕，你来给予他们不同的角度，不同的观点。"

　　他很开明，所以在大会上当我跟他唱反调时，他一点都不生气。因为他们这一套是做演员要流汗、流血、流泪，要体验生活。而轮到我讲话时，我就说做演员最重要的是要富有想象力，借助想象力，抓住人物的某种特点之后，你就会演得很好。

　　谢导是一个在电影界里面很特殊的人，我没有听说过有人批评他。做我们这一行，人们或多或少都会对你有些不同的意见，但大家唯独对他没有批评，都很佩服他。我们后来常常在电影活动中见面。我说："你年纪大了，能不能不要冲在第一线，做监制、顾问、策划都可以。"但他说："年纪大没问题，我就是一定要在第一线拍。"他这种精神令我们都很敬佩。当他去世后，我就觉得失去了一个好朋友。

电影是一种大众娱乐方式，它的娱乐性处在第一位置，观看后你很开心、很感动、很惊悚，这个都是电影的功能。但是除了它的娱乐功能之外，如果还能有一点启发，对人生的教育意义，对爱情的赞扬，或者对生命的态度，那就更高明了。谢导的电影每一部都有这个元素在里面，尤其是那几部伤痕文学改编的电影，如《芙蓉镇》的社会反响就很大。

每个人都有自己的局限性，时代也在不断更迭。电影进入商品化时代之后，观众静不下心来看电影，更喜欢看热闹，喜欢所谓的大片、大场面。那个时候的谢导有点力不从心，但我知道他决心把《鸦片战争》拍好。《鸦片战争》是大片、大场面，而且非常具有历史意义。他一直跟我商量，因为他自己感觉在把握市场那个方面比较欠缺。由于以前内地的电影都是制片厂负责摄制，拍了以后，统一发行，所以之前他不需要去烦恼发行的步骤，但是一旦电影商品化之后，这就是个很现实的问题。

现在回看谢晋的电影，尤其是商业化时代之前的电影，它里面的含金量就像一句成语叫谏果回甘。就是你在吃橄榄的时候不觉得什么，甚至有点苦涩，当你吃完将核丢掉时，嘴巴会慢慢甜起来的。他的电影就是这样，尤其是《舞台姐妹》《天云山传奇》《牧马人》《芙蓉镇》这几部影片，每一部电影都令人印象非常深刻。若干年以后，很多大片可能没人记得，但他的电影还是会有人探讨它的价值。

我想对谢导说：

谢晋导演是我的偶像，也是我最好的朋友。谢晋导演留下了杰出的电影，为中国电影留下了宝贵的财富。谢晋导演，永远活在观众的心中。

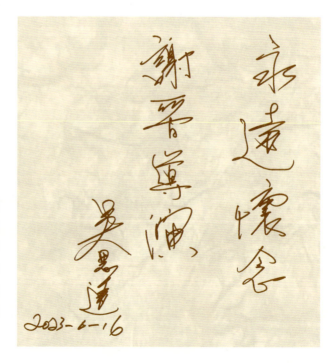

永远怀念

谢晋导演，

吴思远

2003-6-16

那个夏天永远难忘

吴天戈

导演

1992年担任谢晋导演影片《启明星》场记

代表作：《大捷》《像春天一样》《花样的年华》等

在我的印象中，谢晋导演人很豪爽，说话声音洪亮，尤其喜欢喝酒。大概是我上初中的时候，谢晋导演搬到了江宁路住，和我们家成了邻居。那时我父亲（吴贻弓导演）经常在晚饭后去找谢导，有时候我也会跟他们一起去散步。我父亲一直觉得挺遗憾的是，他不会喝酒，所以没有办法陪谢导喝。后来，谢晋导演担任了第一届上海国际电影节评委会的主席，因为工作需要和我父亲接触特别频繁。

1992年，厂里突然通知我去天津谢导的《启明星》剧组里报到。当时电影大概还剩10天的戏就杀青了，由于场记生病或其他原因，厂里就派我去接替场记的工作。

《启明星》中，有一些演员是智力障碍的孩子。在现场，谢导经常亲自为他们示范。他采用了最简单有效的方法——先把孩子们哄好，然后再手把手地教他们模仿每个动作，启发他们的表演。我觉得是因为他自己有家庭生活经历，跟孩子相处起来比旁人更得心应手。奇怪的是，因为谢导有点耳背，说话声音格外响亮，但这恰恰拉近了他和别人的距离，从而显得更有亲和力。

拍完《启明星》后摄制组就解散了，谢导唯独把我留了下来。当时他正在酝酿他的下一部电影，需要一个助手帮他调研、收集材料，协助他完成案头工作。我们两个人就住在天津一个工厂的招待所里，他就住在我斜对门的房间。一整个夏天，就我们两个人在那待了将近三个月。

20世纪60年代，日本女排的主教练大松博文应周恩来总理邀请来为中国女排执教。谢导想把这段故事搬上银幕，就给我安排了任务。前期我需要查阅许多资料，然后从天津到北京找当时女排的那些运动员。那个夏天，我就一直往返于天津的招待所与北京的国家体委和各体育相关单位。谢导会安排好我要采访的主题和内容，其实主要是去了解当时这些女排运动员和大松博文教练在一起训练生活、工作学习的情况，等等。他自己一边梳理我带回来的资料，一边联系他未来可能会选择的编剧人选。

我很佩服谢导这种严谨认真的创作精神。他花费了近三个月做筹备工作，其他的事情都不想，就先一门心思整理文献资料，而且事无巨细地开展调研。如果不是因为碰到问题，这个项目被搁置了，他可能会调研更长时间。况且那个时候条件没有现在好，招待所的房间没有空调，谢导整个夏天都开着房门伏案工作，每天就穿着白汗衫和大裤衩，拿着一把蒲扇进进出出，有时候还会喝点酒，一边想着他所喜爱的题材，特别自得其乐，也很耐得住寂寞。那个招待所是一栋二层的筒子楼，晚上我们时常坐在楼下乘凉、聊天，他那时就很少跟我谈工作，而是会闲聊几句家常。每天到饭点，我们就各自拿一个饭盆去食堂，他还会提一个酒瓶子，吃完饭我俩再一路走回来。我那时候年轻懵懂，也有些怯场，不敢跟他并排走，就走得略靠后一点。他有时候回头："人呢？"我应一声"在"，然后赶紧跟上，一起往回走。那实在是一个很安静美好的夏天，那些画面一直记在我的脑海里。

我曾经在海外给美国大学生讲中国电影美学和历史，放映了中国电影史上大概将近100部优秀作品，从最早的无声片开始，我事先没有透露过任何关于影片的信息。起先我猜测他们可能会看不懂，但并不是。最后，我请美国学生票选，第一名就是《芙蓉镇》，得到的分数远远高于第二名。谢晋导演的其他电影，如《牧马人》《天云山传奇》等，讲的都是人类共通的情感。影片中的所有人对待自己、他人和社会，都表现出一种向美、向善、向真的天性。我认为，全世界所有优秀的艺术作品，不管是什么样门类的艺术作品，能打动人的就是这种人类共通的情感。

如果有机会再次跟谢导对话，我希望能了解他创作"三部曲"《天云山传奇》《牧马人》和《芙蓉镇》的初衷。但再也没有这样的机会了，正如那句诗："当时只道是寻常"，我感到无比遗憾。

我想对谢导说：
秉承您内心所坚持的无比美好的愿望与信念，坚定地走向未来。
感恩您留给我们的伟大的精神财富、理想和信念！
想念您！

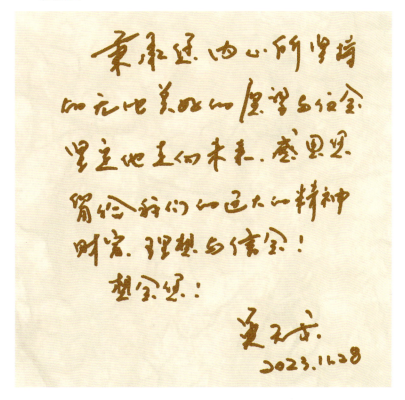

他像一颗星点亮了我

伍宇娟

演员

2000年主演谢晋导演影片《女足9号》

主要作品：《难忘的中学时光》《疯狂的代价》《龙年警官》等

2023年上虞百年谢晋纪念活动（左为伍宇娟，右为伊春德）

我小时候是唱花鼓戏的。十三四岁的时候，有一次我们演出结束后，就在舞台找一个角落打地铺睡觉。当时睡在我旁边的师姐告诉我，谢晋导演在全国招募演王昭君的演员。她觉得我外形条件不错，就建议我去试一试。我是在那个时候才第一次知道了谢晋是电影界的大导演。等我从中戏毕业之后，才有一个契机得偿所愿地见到了我的偶像谢导。当时是2000年，我突然接到了谢导的电影公司来电，得知他正要拍一部电影。电话中他们没有给我细说，只是表达觉得我比较合适，问我是否能到宾馆里见谢导一面。

《女足9号》剧照

见到谢晋导演的第一眼，他就确定地说："伍宇娟，你就是我的女主角。"初次见面就被谢导定为了《女足9号》的主角，于我而言实在是从天而降的喜讯。我还记得当时，谢导洪亮的声音萦绕着整个楼道，传得很远，非常有感染力。

谢导拍电影时会让演员去体验生活，在拍摄之前会花大量时间来训练演员对角色的感觉，我们拍《女足9号》的时候也是如此。我的角色比较特殊，她其实是一个母亲，在生完孩子之后重新被请回球队担任队长，带领女足那些十几岁的小球员们，而且跟我一起拍电影的许多孩子就是女足运动员，因此谢导对我们的要求是一样的，非常严格。

他安排我们到广东清远的足球训练基地训练了三四个月，跟当时国家队的女足9号孙雯一起同吃、同住、同训练。孙雯也教了我很多球技，包括一些基础的垫球、控球、过人之类的，给了我很大帮助。我花了大量时间去参加她们的训练，并且是按照国家队的要求，比如参加体能训练，后来我也达到了国家级体能测试的标准。虽然我以前有花鼓戏的功底，但是过去这么多年了，这个过程还是比较艰苦的。

这种训练对我后来演女足运动员有着莫大的助益，包括电影里的"倒挂金钩"，都是我自己踢的。只有状态真正进入那个角色里，这些不太可能的感觉才能实现。跟她们一起踢球和交流，我就感觉自己慢慢地长在这个角色里面，演出来的很多东西就变得非常自然。

谢导非常善于挖掘演员身上的特点，能够看到内在的东西，然后将它放大。我

拍摄《女足9号》前后苦练球技，在孙雯的指导下，伍宇娟亲自完成了倒挂金钩的拍摄

《女足9号》剧照（左二为伍宇娟）

《女足9号》片场，独自在球场上的谢导

想，可能是因为我有演花鼓戏的底蕴，谢导看到了我的个性以及很多潜在的东西，觉得让我演运动员比较合适。

他当时给我提的唯一的要求，是让我增加体重。当时他让我多吃，一开始我还有点排斥，自己觉得这个重量已经可以了，但他还嫌不够，说我还得再胖，让我晚上吃东西。所以，在我正常吃三餐之外，还给我加餐。有时候我会偷偷不吃，他就专门派了演员盯着我，晚上会给我熬猪蹄或者汤之类的。以致我拍这部戏时胖了18斤。

一路走来，我跟很多长辈更像是良师益友的关系。我从谢导身上学到很多的东西，习得了许多优秀的品质。比如，他总是把钱花在刀刃上，自己一件马甲穿得都磨边了还在继续穿，其实他根本就没有把物质方面的东西放在心上。但是，我们去体验生活的开销全都是谢导他个人筹备的。

谢导仿佛能了解、洞察到演员的所有细节，遇到一些事情或其他的一点小情绪，他都能敏锐地察觉到，并且可以深入地交流。谢导有个孩子有点智力障碍，但他跟我聊的却是不一样的感受。他跟我说，每一次他拍完戏或从外地回到家里，他那儿子第一件事就是打热水帮他洗脚。谢导说的时候，洋溢着非常幸福的感觉。

他自己一生当中经历了那么多磨难，包括他的家庭和孩子。可是他依然那样燃烧自己投入创作，也用强烈的感染力与生命力点燃别人，非常令人敬佩。好几次，我们剧组因为资金的问题被迫暂停拍摄，但是他依旧不放弃。那个时候他大概已经77岁了，每天还是这样管理着片场大大小小的事务，始终充满热情。我觉得他非常了不起。

后来他到北京参加政协会议，也会给我打电话，约着见面吃饭。不论是打电话还是见到他本人，也不论是在拍摄现场还是体验生活，每次他只要一出现，气氛马上就活跃起来了。我觉得他的胸怀非常宽广，仿佛可以包容所有的事情。于我而言，他就像是一颗流星，划过我的世界。也许他自己不知道，但我非常感激能遇见他这样一个伯乐，也非常珍惜这样的机会。

我想对谢导说：

谢导，能够在您身边度过将近八个月的时光，实在是三生有幸。

尽管这八个月对于人生来说不过是转瞬即逝，也许您并不知道，但我从您身上习得了许多优秀的品质。

您离开了我们很多年，却点亮了我的心灯，将永远鼓舞着我。

我特别感恩您！谢谢！

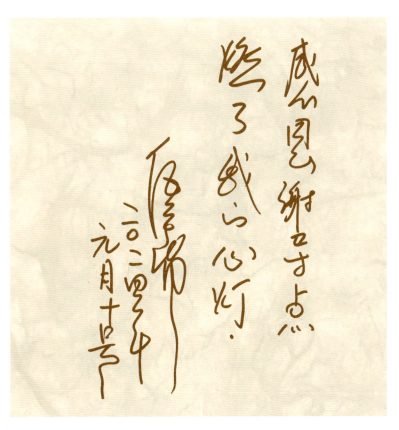

征尘杂酒痕

武珍年

导演，谢晋女弟子之一

曾任谢晋导演影片《高山下的花环》《最后的贵族》副导演

代表作：《高山下的花环》《最后的贵族》《假女真情》等

《高山下的花环》拍摄现场工作照

2003年正值谢导从影六十周年，我们四位担任过谢导副导演的女导演，正式被谢导收为女弟子。仪式之后留影。（从左到右：武珍年、石晓华、谢晋、鲍芝芳、黄蜀芹）

　　当时大家都知道，当了谢导的副导演，一定会前途似锦。为了能当上谢晋导演的副导演，我豁出去了。有一天下午，我鼓足了勇气，独自来到上海电影局的图书馆，去找谢导的夫人徐大雯老师，她在里边当图书管理员。到了图书馆，我哆哆嗦嗦地靠近了徐大雯老师说："谢导下一部戏是《高山下的花环》，我可不可以当他的第四位副导演，请您代我向他说一声吧。"我说完就走，也不知道徐大雯老师的态度。后来我才知道，当天晚上徐大雯老师就向谢导说了："小武要来当你的副导演怎么样？"据说谢导当场就同意了。这样我就成了谢导的第四位女副导演。

　　我进了摄制组后，第一次执行任务到云南，陆军14军的军长赠送了我一本野战军的笔记本，这个笔记本页面是三七开，就是页面当中有一条直线，左边记录右边留言，我就用它来做了一个拍片笔记。每天谢导说了些什么，做了些什么，他引用了一些什么经典的东西，我都在那个七开的地方把它记下来，那个三开的地方就是我点点滴滴的想法。当时我觉得这笔记还不错，就怀着忐忑的心情请谢导看一下，谢导三天不到就看完了我的笔记，我悄悄地问他："您什么意见？您说，我再改。"谢导很满意。

　　我跟谢导整整三年，在摄制组里生活、创作，一起经受艰难，一起享受欢乐。到最后全片已经成了，我和谢导先后从录音棚里走到一个休息的地方，那天我俩离得不远，忽然他说了一句："小武啊，你是个好人。"我听完泪水哗就流下来了，我赶紧转身，我不能让谢导看到。

为什么我要流泪？为什么至今我一谈起流泪就激动不已呢？因为我们经历过一个动荡的年代，一个翻天覆地的年代，我有可能一辈子当不了导演，但是谢导用了我做副导演，就改变了我的命运。他不仅让我当了导演，还让我明白，做一个电影导演，需要什么样的素养、需要什么样的品质、需要什么样的专业知识。他还教我怎么做人，他在《舞台姐妹》中说的"清清白白做人，认认真真演戏"是我的座右铭；《高山下的花环》的主题"位卑未敢忘忧国"是我的生活理念。谢导是在用他日常生活中的点点滴滴教导我，启迪我。

我最后的一项工作就是在大学里任教。任教的经历还要从《高山下的花环》的拍片笔记出版说起。书名为《征尘杂酒痕》，来自陆游诗集里的一句诗，是谢导提议的。我去听谢导对书稿意见的当天，上海大学原影视艺术技术学院执行院长金冠军来邀请谢导去带硕士生，谢导就指着桌上的书稿说："我不去了，就让小武代我去吧。小武就凭这个书稿里所写的一切，足以带硕士生了。"金冠军副院长当场就同意了。带研究生过程当中，我默默地对自己说，可千万不能够有辱谢导的名声啊，我要做的事情就是传承谢导关于电影、关于艺术、关于美学的理念，以及他的操作经验。《征尘杂酒痕》后来作为我的主教材，在教学上把谢导的创作理念传授给这些孩子们。现在想来，这一句诗何尝不是谢导一生的写照。

谢导好强，他的大儿子谢衍罹患癌症去世以后，他衰老得特别厉害。石晓华、鲍芝芳和我，我们三个就轮流到谢导的家里陪伴，我们和他聊天，都乐呵呵地和他说话，用这种方式给他解愁排忧。他后来接受了他的母校春晖中学的100周年庆典活动

《高山下的花环》玉秀哭坟拍完后，谢导十分满意
（右一为饰演玉秀的盖克，右二为副导武珍年，左一为谢导）

《高山下的花环》现场武珍年与谢导交流训练演员的心得
（右为副导武珍年，中为谢导，左为特邀摄影师沈杰）

邀请，他说他一定要去参加，谢导实际上是想表现他还可以独立一个人去完成这件事，你们不要担心我会出什么意外。他出门的前一天我们去送他，我们还跟他约定，从上虞回来，要跟我们聊一聊上影厂那些故事。他把我们送到门外，看着我们三个人进了电梯，等着电梯门慢慢关上，他还站在电梯门口，这是我们和谢导的最后一面。

之后他就坐着大巴士去到了上虞。第一天参加了活动，晚上很高兴，喝了点小酒，到了半夜，人就走了。我们当时是在史蜀君导演的乡村别墅聚会，所有女导演还有徐桑楚厂长的女儿徐小平也参加了。中午吃饭的时候我们还提起跟谢导的约定，吃完饭，我瞥见徐小平接了一个电话，脸色变了，声音也变了。我问小平："谁的电话？怎么了？"小平哽咽地告诉大家谢导走了。当时大家都傻掉了，怎么会呢？我们还约定好了呀。我又一次流泪了。这一次的流泪，根本止不住，谢导永远地离开我们了，而且没有跟我们打一个招呼就走了。

我想对谢导说：

谢晋导演，您已经走了很多年。2023年是您的100周年诞辰。您的小朋友武珍年导演，想跟您说一句话就是：您永远活在我的心里，我永远想念您。

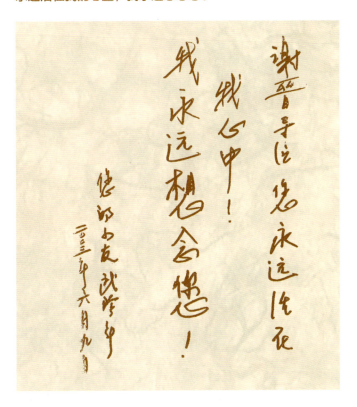

谢导愿意给年轻人机会

夏草
编剧、导演
硕士毕业于上海大学电影学院
2008年担任谢晋导演的公益短片《中国，站立成树》编剧

拍摄电影《七月之痒》现场工作照

2008年，汶川发生大地震后，东方卫视找了9位中国导演来拍赈灾的公益短片，有谢晋导演、陈凯歌导演等，这个项目叫作《2008分之1》。谢导当时是85岁了，年事已高，但他还是毅然决然地接下了这个项目。

谢导当时是我们学院的院长，他接下这个任务之后，就想把这个剧本创作的机会给到学生，给到年轻人，在学生中发起了一个剧本大赛，在校生和刚毕业的学生都可以参加。我知道这个消息的时候很激动，终于有一个跟大导演合作的机会，也可以给灾区人民做一点事情。

看到他们的创作要求后，我开始理创作思路，觉得这个片子其实蛮难做的。虽然是一个抗震救灾的公益短片，但是不能过多地去表现灾区人民的痛苦、灾后的惨象，因为这样一定会对灾区人民造成二次伤害。在情感的表达上，也要注意一个尺度，我们不能过于打鸡血、喊加油，也不能过于煽情，可能会引起灾区人民的心理不适。

还有一个限制，就是剧组经费有限，拍摄时间很短。所以，我在想是不是采取非真人拍摄，可能就能规避这些问题。后来就想到谢老的一些片子，他的伤痕三部曲，从中找一些创作灵感。看他的片子会发现，基本上都是讲小人物，一个受到伤害的小人物，坚持不屈不挠，坚持真善美，最终找到了希望，有个非常好的结果。这么一来，我们整个片子创作的思路、创作底色就有了。

当时，我在看三毛的一本书，其中有一句诗："如果有来生，要做一棵树，站成永恒。"结合我的思考，就有了这个创意，写出来叫《中国，站立成树》，一棵树、一颗种子相当于一个小人物，在成长过程中受到挫折坎坷，有风雪，有暴风雨，有电闪雷鸣，最终长成一棵参天大树。

后来，我们学院的执行院长通知我，说谢导很喜欢这个创意就采用了。之后我们进行了沟通，讨论可看性问题。谢导做了一个改进，本来说是非真人拍摄，他觉得要加入一帮小朋友进去，让片子更热闹，更有生气，小朋友也代表着一种希望，代表着未来，而且孩子们在那棵树上挂了很多祈愿祈福的卡片，也寄托了对灾区人民一种美好的祝愿。还有就是一个细节，小树刚长到这么大的时候，突然狂风大作、乌云密布，一块大石头把那棵树砸得粉碎，完全没有了，感觉好像彻底结束了。但下一秒，一棵嫩芽冒了出来。这画面，是谢导补充的。整体来说，我感觉他是比较尊重创作者的。

谢导当时虽然是85岁高龄，但完全看不出来，他的心理年龄可能就20多岁、30

多岁，非常有激情的一个人，状态很好。一谈到工作，眉飞色舞，就像一个刚进入工作的人的状态。他又和蔼可亲，愿意给年轻人机会，也能听别人的意见。他的感染力是非常强的，给人以信心，包括我后来坚持做电影，我觉得受到了他的影响。

在20多岁的时候，我能跟谢晋导演这样的电影大师合作，而且他非常尊重我们，我觉得非常开心和激动。

我想对谢导说：

我非常感谢谢导给我这次合作的机会，在未来，我一定会把我的电影拍好，也要向谢导学习，拍这种有深度又非常好看的片子。

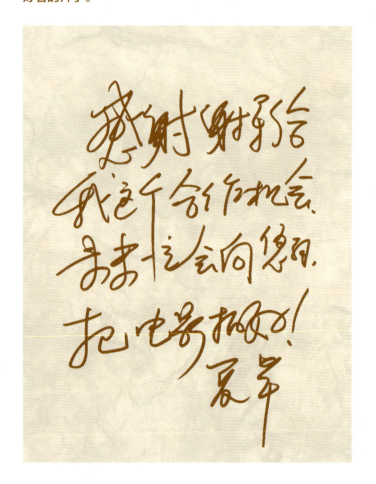

谢导拍电影如同酿酒

肖荣生

演员

1994年参演谢晋导演电视剧《大上海屋檐下》

代表作：《大潮汐》《射雕英雄传》《倚天屠龙记》

1989年我从上海戏剧学院毕业之后，被分配到上海电影制片厂。每年老的八大楼里都会有新的电影拍摄。每个剧组一个房间，在门口悬挂一个剧组的牌子。之后我就知道谢晋导演在筹备《清凉寺钟声》。谢导在我心目中是一个了不起的导演，我之前就看过很多他的电影，都是很棒的作品，所以在我心里就埋下了这样一颗种子，一定要跟谢晋这样了不起的导演合作。于是我就去找谢晋导演毛遂自荐。谢导很开朗，他说："我们现在正在筹备，如果有合适的角色，我一定会想到你。"这是我第一次和谢晋导演打交道。

我去找过谢导后，谢导就知道了我的存在，后来他邀请我的第一部戏是《大上海屋檐下》，讲的是工、农、兵、学、商都一同住在一幢小楼里，通过小楼将不同身份的家庭集中在一起，勾勒时代变迁下人生命运的起伏跌宕。从今天的眼光来看，我觉得这是一幅很棒的历史画卷。当我们回头再去看，那个年代已经离我们而去，只留下了展现那个年代风貌的作品。

当时谢晋导演来找我演王志诚这个角色时，我感到疑惑，不知道谢导为什么会找我去演老师。因为我年轻的时候，我的银幕形象和我个人喜欢的风格都是一些比较硬朗的人物，比如当年我演过很多军人、土匪等男子汉的角色。除了谢晋导演邀请我出演老师，至今再也没有别的导演找我演过老师了。那个时候我大学毕业没几年，谢晋导演却敢于让我去演这种时间跨度大，并且跟我自身外形上有很大差异的人物，我觉得他有他独到的眼光，可以看到演员的创作能力，挖掘演员身上某些连自己也不太熟悉的东西。

谢晋导演是一个对细节要求很严格的人。我印象很深的是，有一次他给我提了一个建议："你饰演的是一个知识分子，是一个老师，你在家里的这段戏，不应该穿背心来演。"当时的情节是我端着一个盆准备去洗衣服，外衣被我脱了下来，放在盆里。我当时喜欢健身，身材练得挺好的，确实不太像一个老师。谢导的要求是非常严格的，他是根据人物的性格、行为举止以及他的命运来设计的人物形象。演员的形象不能与演绎的人物形象分离。因此他的作品才能贴近生活，符合人们对生活的理解。谢导的这个要求提示了我，在日后的表演中塑造一个角色，应该尽可能多地呈现符合角色的内容，将不符合角色的内容尽可能地隐藏。

《大上海屋檐下》是一个群像戏。谢晋导演将社会上各式人物的人生轨迹和内心感悟全部包含在一部电视剧中。我饰演的是知识分子，表现的是在那个时期知识分子的生活和命运。剧中展现了他的快乐、他的压抑、他的痛苦。酸甜苦辣，其实这就是日子。再比如吕晓禾饰演的是一个复员军人，他和张芝华在剧中饰演一对夫妻，他们就会比较张扬外放；我们作为知识分子家庭，谢导就说让我们学会往里收，有些内容不是表现在外露的形象上，而是在节奏上、在眼神中，所以说谢晋导演对细节的要求非常细致。他的电影作品追求"文贵含蓄"的表达方式，让观众可以从演员细腻深刻的表演中体悟影片的思想主题。

　　谢晋导演会将他的作品与时代的脉搏相连，他的作品在任何时候都与百姓同呼吸、共命运。观看谢晋导演作品的观众和饰演谢晋导演作品中人物的演员都能从他的作品中深刻地感受到生活的快乐与不易，无论过去多少年再回看他的作品，观者都还能感同身受，这就是他作品的艺术魅力。尽管时代不同了，但影片中展现的人性本质却永远是相同的，所以才会持续引发观者的感触。

　　谢晋导演拍电影如同酿酒。他将果子采摘下来后切片，进行艺术加工，然后将它酿成美酒，让观众品尝，令人回味无穷。

我想对谢导说：

　　谢导，100年了，今天我过来录《百年谢晋》，感慨万分。希望你在天堂一切都好，希望你有酒喝、有笑声，有艺术的魅力，灵魂永远都在。你是最棒的。

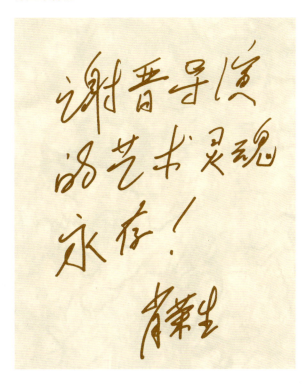

谢晋电影为何
能雅俗共赏

徐春萍

影视监制、作家

上海电影（集团）有限公司副总裁

上海谢晋电影艺术基金会理事长

代表作：《攀登者》《望道》等

我们这一代人是看着谢导的电影长大的。1984年《高山下的花环》上映，当时我还是个初中学生，看影片时哭得稀里哗啦的，回家后就写了一篇观后感《位卑未敢忘忧国》，题目很大。这是我和谢导最初的一个联系，像大多数普通观众一样。现在回头看这件事情，足以说明谢导的电影在当时所引发的巨大的社会影响力，男女老少，雅俗共赏。只要进影院，坐下来看他的电影就会被深深感动。

后来因为工作的关系，我和谢导的交流多起来了。最难忘的是最后一次见面。2008年他去世前不久，我记得是一个下午，我陪同市委宣传部的分管领导陈东部长，一起听谢晋导演聊他正在筹划的创作计划。那天谢导穿了一件衬衣，外套一件卡其背心。说话大声，滔滔不绝；说到兴奋处，边说边挥手。当他讲述自己所想要拍的故事时，他整个人就像被点燃了一般，充满激情，绚丽夺目。他对故事和人物赋予了强烈的情感和悲悯心，个体命运的背后伴随着大时代的变迁，切口小挖掘深，格局很大。就在那次见面后不久，谢导离世的消息突然传来，令人难以置信！

谢导追悼会那天，有数万观众从全国各地赶到现场。人群把整个龙华殡仪馆挤得水泄不通，很多观众手持标语，表达他们对谢晋导演离世的伤痛。如果谢导泉下有知，会不会和他的观众一起流泪？他心里装着观众，观众也以满满的敬爱来回报。这是一份沉甸甸的民心和民意。那天的场景，很长时间都萦绕在我心里。

谢晋导演以作品奠定了自己在中国电影史和世界电影史的地位。可以从三个维度了解、认识谢晋：谢晋与时代、谢晋与电影、谢晋与观众。

谢晋与时代。谢晋一生的创作与他所处的时代紧密相关。他那一代的知识分子或者艺术家，将家国情怀、社会责任感与历史使命放在价值观的首位。谢晋尤为突出。他曾说："一部电影，如果没有对社会、对人生、对生活有独到的见解，这个作品就是平庸的。"从1965年的《舞台姐妹》开始，他的电影就在持续不断地探讨人性、人情和人道主义，直到他的反思三部曲。《芙蓉镇》被认为是中国现实主义电影的一座高峰。余秋雨认为，他的每一部电影都是中国思想解放的一个台阶，在中国人完成自己的思想蜕变的艰难过程中，谢晋是一个自觉且超前的启蒙主义者。2018年，中国改革开放40周年，谢晋导演获得"改革先锋"的勋章，评语是"助推思想解放、拨乱反正的电影艺术家"，他是唯一一位入选的电影导演。与时代同呼吸，在思想上独领风骚，成为谢晋艺术创作的核心基石。

谢晋与电影。谢晋一生的创作都在追求电影艺术的创新，他一生共拍摄了36部电影，代表作数量比例很高。他尊重电影艺术规律，在多年的创作实践中总结出一套独到的艺术观。《谢晋谈艺录》是一本小册子，不是长篇大论，但里面有很多闪亮金句，是他在实践中思考总结出来的有规律性的艺术思想。这个小册子一直放在我办公室案头，时不时翻一翻，每次都会觉得有启发。我举个例子，大家说拍电影就是拍戏，好电影应该是一出好戏。那么，戏到底是什么？谢导说：戏，就是人物关系的纠葛。真是金句！

谢晋与观众。谢晋电影之所以会成为"谢晋现象"，首先是因为他的电影有着深厚的人民性。有一位法国的电影评论者说，谢导是为全体中国人在拍片子。他的一生有很多名言，但传播最广的还是那句：金杯银杯，不如老百姓的口碑。每当社会发生重大事件，老百姓都关心的时候，谢晋导演的目光、谢晋导演的身影从不缺席。这一点贯穿了他的整个电影生涯。他用一生在自己的电影创作中艰难地跋涉、负重前行。2008年他的最后一部作品是一个三分钟的短片，是为汶川大地震拍摄的《中国，站立成树》，在我看来，这部短片意义很独特，是一生创作的句号，也是缩影。

谢晋尊重观众，对此他有很多思考。他说，一个导演要站在一个时代的高度，了解这个国家的过去与未来，他才能够明白这个时代的观众需要什么样的电影。在拍《高山下的花环》之前的筹备过程当中，他就一直在思考这个问题，小说为什么会引起千百万观众的震撼和感动？他说观众看完电影之后不会讨论电影的主题思想，而是人物的命运。他们关心这个人物做了什么，为什么会这么做？他曾这样形容一部好的电影："好的电影是会让观众走出电影院后，脑子还沉浸在刚才的影片里，内心激荡，结果回家应该往北走，却往南走了，走了反方向。"谢晋的艺术观很朴实，但是落地实现却不容易。谢晋电影的观众，无论国家领导人，还是老百姓，都喜欢看，这个现象在中国电影中可以说很独特。近年来，我们很高兴地看到豆瓣上对谢导电影的评分在不断上升。经历过时间的筛选，能留下的都是经典。谢晋为电影而生，他也在自己的电影中永生。

上海谢晋电影艺术基金会是2014年在上海市委领导的直接关心下成立的。2022年10月底，基金会进行了第二届理事会的改选。受上影集团的委托，我兼任了基金会理事长。基金会致力于弘扬谢晋电影艺术精神，助推中国从电影大国迈向电影强国。

2023年正值谢晋100周年诞辰，基金会筹划了系列纪念活动。其中一项是组织拍摄口述实录系列片《百年谢晋》，邀请他的合作者、老朋友接受采访，讲述他们和谢导的故事。在许多受访者动情的讲述中，谢导宛然在目，栩栩如生。这让我想起了一句话：一个人即使不在了，但只要还有人会记得他，他依然活在人们的心里。

前段时间我刚参加了"东京电影节·中国电影周"的颁奖典礼，典礼上日本知名演员栗原小卷做了致辞，在致辞中她回忆了谢导，聊到了她和谢导合作的影片《清凉寺钟声》。当时我坐在台下，深切地认识到，谢导是"中国的谢晋"，也是"世界的谢晋"。2023年11月26日，在栗原小卷率团访华期间，专程到谢晋基金会接受了访问。非常感谢她。

谢晋为中国电影留下了宝贵的艺术财富和精神财富。如谢导所愿，中国电影在大步向前。一批又一批青年电影人在涌现，成为当下中国电影的新力量。青年导演可以在谢晋导演身上和他的电影里学到太多太多。仰望过艺术的高峰，能更清楚地看清自己和自己脚下的路。

我想对谢导说：

谢导您好，您在我心里是一座艺术高峰。天上有一颗"谢晋星"，您一直在注视着我们，鼓励着我们。想念您。

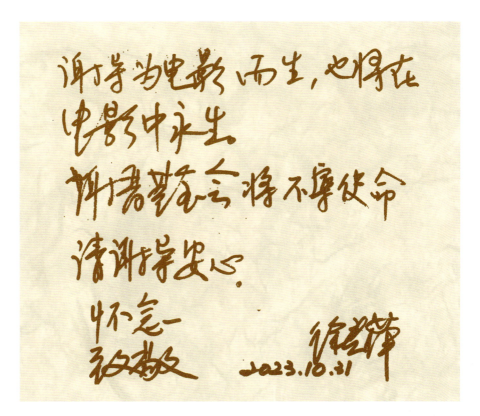

让我学到了很多
扮演李国香

徐松子
演员、导演
1987年出演谢晋执导影片《芙蓉镇》
代表作：《芙蓉镇》《老店》《红尘》等

谢晋从艺60周年活动上，左起：姜文、谢晋、徐松子

《芙蓉镇》中的李国香是我塑造的第一个银幕形象。能在谢晋导演的影片里演角色，是当时每个女演员的目标。我之前是在长春的一个话剧院当演员，之后就到中央戏剧学院读导演系了。读导演系时，谢晋导演来找我，我们第一次见面就是他找我做小品，演《芙蓉镇》里李国香这个角色。

　　我当时穿着白色呢子大衣，长筒靴，头发是披肩发，是一个标准的女大学生的装扮。谢导看见我说："你太漂亮了，不能演这个角色。"由于他这一句话，我想在试戏的时候，就不能穿这个呢子大衣了，这一定是不符合人物设计的。我就披上了副导演的军大衣，还把头发放在了军大衣里，这就很像一个女干部了。演完小品之后他就说："你把我的近景、中景、远景全都演出来了，你既然是导演系的，那就跟我来实习吧。"我当时没拍过电影，如有机会跟他实习，运气多么好啊，即使不能演戏，我也愿意进入他的剧组实习。

　　过了几天，汤丽绚主任就把我接到湖南，进入剧组。我没有实习，还是做了演员。我第一场戏是在演讲台上走路，走来走去还说了几句话。我一上那台，这面是山，那边是水，还有黑压压的围观群众在台底下，化妆师、摄影师等工作人员都在旁边。我第一个镜头就懵了，总也入不了戏，非常痛苦。

　　那天我印象特别深的是，我的片段拍摄结束后，就收工了，帮着工作人员缠电线。谢导站起来说："不用管，这事儿以后不要你管，你把你的戏演好，要全身心地投入到戏里面。你只要做跟戏有关的、跟你角色有关的事情。你要注意安全，不要管这些事情。"我就知道演戏需要投入。

　　谢晋导演对我的要求非常严格，因为对于这个角色来说，我年龄毕竟有点小。他在形体方面，日常走路、吃饭的肢体动作，都要求我像这个人物。生活中我就剪着李国香的发型，穿着李国香的衣服、李国香的布鞋，走路也是模仿她的走路方式，吃饭我都是用磕得崩瓷儿的碗，模仿一个独身女人的生活状态。因为我是电影新人，当时姜文、刘晓庆已经是大腕儿了，但是我在影片中要呵斥他们，高他们一头。谢晋导演为了启发我，让我有信心，一拍戏就让我坐他旁边，让我不怯场。后来我的自我感觉就很接近李国香了，非常有底气。

　　我觉得谢导一个最好的方法就是要求演员写人物小传。我非常习惯于写角色的人物小传、人物关系、主题思想、成长经历、大事记等。角色的生活线、事业线和爱情线我都分得非常清晰、细致。我习惯做笔记，专门准备了一个笔记本，把我准备的

谢晋和女弟子们，左起：武珍年、石晓华、谢晋、鲍芝芳、徐松子（赵荣提供）

小品都写下来，还在笔记本上画图，画出场景里我的站位。谢导每次都把我的笔记本拿过去，在上面仔细地批阅，好的地方用红笔勾画，不好的地方用蓝笔勾画，批好之后再给我拿回来。这个方法非常有用，让我对角色理解得特别深入，而不是很浅薄地表演。最后影片可能不是每一个细节都能表现出来，但是当演员对角色的理解积累得足够多、足够丰富时，表演就会呈现出足够大的信息量，这道工序令我受益匪浅。

　　有一点非常重要的是，谢导不让我们做我们要表演的情节的小品。他让我们把这个片段留下，不要演，到现场再去表演。我们在正式开拍前都是围绕某个片段做小品，正式表演的片段你可以想，可以探讨。比如说，因为我的姨妈是湖南省县里的女干部，和李国香这个角色很接近，我就去她那儿看她。我观察到我姨妈家用的是藤椅，在她单位里他们用火钳夹木炭的炭火。所以在和谷燕山吵架的那场戏中，我要了两样东西，一个是有扶手的藤椅，还有就是炭火。在吵架吵得最激烈的时候，我觉得光指着谷燕山是不够的，我把火钳往地上一摔，这个动作是非常有分量的，是可以帮助揭示人物个性的。谢晋导演也不反对，你做就是了。正式开拍前我们先走一遍，他觉得好的地方，他就不调整。我经常说李国香这个角色，我现在肯定演不出来，演不了那么好。

　　我在谢导身上所学到的技巧，在我之后的作品中是无时无刻不在运用的。尽管后来非常遗憾的是我没有主要从事导演这项职业，但我学到了很多导演方法。比如《芙蓉镇》中秦书田释放回家看见胡玉音，谢导使用升格镜头来拍摄他的目光。他的目光放缓后，就显得特别深情，情感就渲染得特别深刻。这个技巧后来我也用在了我导演的电视剧《走过冬天的女人》中潘虹的眼神里。另外，挑选演员时，谢导独具慧眼。当时挑选"五爪辣"的孩子们，有好几个孩子来了，他就选择了一个孩子。我问他："您为什么要选择这个孩子呢？你看那个孩子多漂亮啊。"谢导说："那个孩子没特点，要有特点，要让观众记得住。"所以我就知道挑演员一定要挑有特点的演员。

　　谢导不知疲倦地工作，我从北京回去看他，他正在拍《女足9号》。有一天他站在摄影机的后面说："我要倒在摄影机旁边。"可惜没有给他这个机会，我觉得这可能是他最大的遗憾。如果他能够像小泽征尔一样，满头白发还在指挥，那是他最大的乐趣。

我想对谢导说：

　　100周年了，好快好快，特别快。也不能想，一想仿佛像昨天一样。我在您身上学的东西，我应用到了我应该应用的地方，也不虚此行。谢谢导演对我的培养，谢谢！

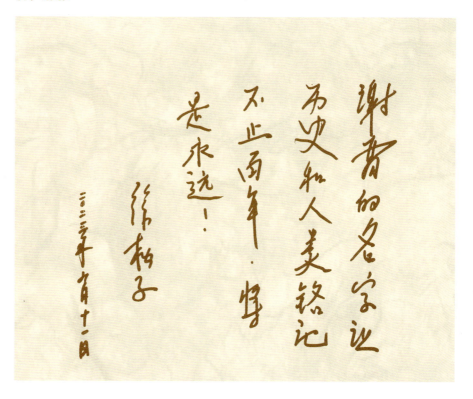

谢晋的名字必为史和人类铭记不止百年·传走永远！

二〇二三年十月十一日 徐松子

一段过往
一坛酒，一枚勋章，

徐晓青
上海徐晓青律师事务所主任律师
上海谢晋电影艺术基金会监事长

谢晋（左）、徐桑楚（中）、李凖（右）合影

我是上海谢晋电影艺术基金会的监事长，实际上我并不是做电影的，认识谢晋导演是源于父辈渊源。我父亲徐桑楚是上海电影制片厂的老厂长，他与谢晋导演于20世纪50年代初就在上影厂工作，他们在共同的艺术创作过程中结下了深厚友谊。谢晋导演与我母亲张庆芬也有着很长时间的工作关系。我的母亲原来在上海电影学校当教师，谢晋导演那时也是教师。

谈及谢晋导演与我父辈的交往，我想从一坛绍兴老酒说起。谢晋导演当时经常来我们家做客，上影厂曾经准备拍摄一些反思题材的文艺作品，谢晋导演就在下班以后，到我们家来和我父亲一起讨论剧本。谢晋导演来了之后，因为谈剧本谈的时间很

谢晋送给徐桑楚的中越自卫反击战三等功军功章

长，就会在我们家吃顿便饭，吃完便饭以后，他们还要继续讨论剧本。吃饭的时候，谢导就大嗓门地问："庆芬、桑楚，你们家有酒吗？有没有黄酒？"因为我的家人都不喝酒，我父亲回答说："我们家只有烧菜的酒。"谢导就说那凑合喝点吧。尝过之后，谢导又说："桑楚，你那个酒没有味，是烧菜的酒。我之后带两坛酒来，以后在你们家喝我的酒。"谢导一共带来了两坛酒，一坛酒被他后来到我们家谈剧本时喝掉了，剩下的一坛酒，是咸亨花雕王。这坛酒在谢晋导演过世以后一直被我父亲保存着。

谢晋导演和我父亲谈工作时，我们通常不会去干扰他们。有一次我父亲和著名作家李準，还有谢导他们在一起讨论剧本，讨论的是《高山下的花环》。我住在我父亲隔壁，突然之间我听到他们三个男人痛哭流涕，哭声很响，引起了我的注意。原来他们在讨论《高山下的花环》中关于带血欠账单的情节，九连连长梁三喜最后牺牲了，从他的衣服口袋里拿出了一张带血的欠账单。当时有人提出要把这一情节删掉。谢导认为这个情节反映的是真实情况。讲到这个问题时，我父亲因为是抗战老兵，知道战士的鲜血是无价的，十分动容。这一情节放在电影里，让人物更加丰满、真实，是完全站得住脚的。

这一场痛哭，又引出了后来"一枚勋章"的故事。我记得谢导从北京获奖回来以后，他将一枚勋章送给了我的父亲。那是一枚中越自卫反击战三等功的军功章，是军

谢晋与徐桑楚

1981年甘肃省山丹军马场《牧马人》外景地合影，前排左一谢晋，左三徐桑楚

1985年《高山下的花环》获得金鸡奖最佳故事片、最佳导演后在北京合影（左起：李存葆、李準、徐桑楚、谢晋、王玉梅）

区领导颁发给谢晋导演的。谢晋导演拿到勋章后说："桑楚，这枚勋章你要留着，你是老军人。"一场痛哭、一张带血的欠账单和一枚勋章，这就是我父亲与谢晋导演有关《高山下的花环》的故事。

《牧马人》《高山下的花环》《芙蓉镇》，当时有很多电影厂想将它们搬上银幕，上影厂能够脱颖而出靠的就是谢晋导演。当时《芙蓉镇》小说作者古华一听说让谢晋导演来拍，当即就把改编权交给了上影。1985年，谢晋与编剧阿城邀请古华及一些中外专家、学者在湖南长沙举行座谈会，历时七天。陈荒煤、我的父亲等国内外电影界知名人士与会，围绕如何写好剧本进行探讨。《芙蓉镇》是一部反思历史、影响深远的电影。谢导将《芙蓉镇》拍成一部史诗，他的作品反映时代问题，来源于生活又高于生活。

我记得谢晋导演的夫人徐大雯，在谢晋导演去世以后的几年，心心念念地说想将谢晋导演的遗愿变成现实。她将资产捐给电影事业，设立了上海谢晋电影艺术基金会。这在中国电影界，我认为是独一无二的。谢晋导演是继承者，也是传承者。上海谢晋电影艺术基金会与绍兴市上虞区谢晋小学就校园影视基金续签、专家扶持、共建共享等方面达成合作共识，支持学生创作拍摄微电影。这个活动并不是谢晋导演过世以后开展的，而是在他在世时已经启动了。由上影旗下的上海电影博物馆与上虞谢塘共同打造的电影主题园区"谢晋故里·晋生星片场"中的展品展示了谢晋导演丰富的艺术人生与故乡的风土人情。园区内的"谢晋电影艺术馆"为上海电影博物馆谢塘分馆，相信谢晋导演的光与热能够为更多观众打开艺术之窗。

在庆祝改革开放40周年大会上，全国100名杰出人物被授予"改革先锋"称号，谢晋作为电影界中唯一的导演获此殊荣，他为我们中国电影创造了很多经典作品，为拨乱反正、解放思想发挥了积极作用。他的作品能够穿越时光，持续焕发旺盛的艺术生命力，经典永流传。

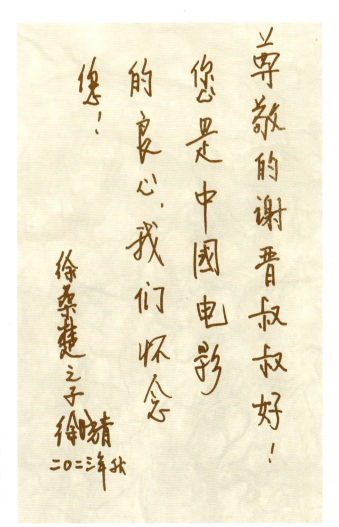

尊敬的谢晋叔叔好！

您是中国电影的良心，我们怀念您！

徐桑楚之子徐靖

二〇二三年秋

我想对谢导说：

谢晋叔叔你好，我们普通的上海观众想念你，我们这些影后代怀念你，天上那颗星星永远在我们的心中。

谢导说，我们要有自己的电影节

许朋乐

上海电影（集团）有限公司原副总裁

中国电影家协会原理事、上海电影家协会原常务副主席

《芙蓉镇》金鸡百花双奖后与谢导合影（左起：许朋乐、谢晋、于本正）

我是20世纪80年代因为落实政策调回上影厂的,参加到了《上影画报》复刊的工作当中。由于《上影画报》这个平台,使我和很多老艺术家有了接触的机会,当然也包括谢晋导演。第一次与谢导见面很紧张,因为我和谢导地位与年龄悬殊都很大,但是一开始聊天就马上轻松了。

一谈起电影创作,谢导就非常亢奋,充满激情。徐桑楚厂长曾经跟我说,想要"喂饱"谢晋这样的导演很难,一旦拍完一部戏他就要投身于下一部戏,所以厂里专门安排文学部编辑给他准备着三个很有分量或者作者很有地位、作品影响深远的剧本,供谢导挑选。他独具慧眼,选的戏一般都是风口浪尖引发各种争议和探讨的,但也是让老百姓满意和喜欢的。不管是行业内还是行业外的观众都很拥戴和喜爱谢导,他多次在颁奖典礼或者公开场合说"金杯银杯不如老百姓的口碑",这是我觉得谢导在创作上一个很厉害的地方。

谢导及吴贻弓导演之于上海国际电影节功不可没,没有他们电影节就不能在1993年成功举办。因为这两位导演都出去参加过很多电影节,知道电影节对国家、对当地的电影发展会起到什么样的作用。所以他们极力主张,上海作为中国电影的发源地,有着悠久的历史,就应该创办一个电影节。谢晋在大量的公开场合都提出上海不能没有电影节,但是电影节到底是什么样子?怎么办?大家一点都不知道。所以上海国际电影节从制定电影节章程、活动的内容与程序等各方面都是在谢晋和吴贻弓的指导下一步一步完善的。

谢晋生活中很随意,平易近人。他任何地方的办公室都有一个三人沙发,累了躺下来就能睡,饿了抽屉拉开就有面包和饼干。过去我们总能看到他骑着老破坦克车来厂里,我让他换一部,他说他们家阿四承包了给车胎打气的工作。谢导一提到自己的孩子嘴角总往上扬,虽然他们智力有问题,但是他们知道感情。谢导只要一骑车回家,阿四就摁着轮胎,感受到爸爸的单车气不足了就给打气,也体现了父与子的和睦与温馨。

春晖中学校庆的时候,谢导完全可以拒绝不去的。第一是他的大儿子谢衍刚去世几个月,他还在悲痛中没走出来,他可以婉言谢绝;第二是上虞派了大巴将上海工作的校友一车装回去,这样的情况他也可以推辞。但是他什么都没说,一口答应,上车之后自报家门,大家百分之百都认识他,他还一本正经地说:"我是谢家塘的谢晋,我是在春晖中学念过书的。"大家都哈哈大笑,他也很开心。去了之后谢导住在上虞宾馆，晚上参加完活动回到房间后，在这个夜晚里他的生命就画了个句号。

我想如果谢晋活到100岁，他一定还在为上海电影、中国电影操心烦神，指点迷津，这一点我深信不疑。希望日后的中国电影市场能够诞生更为多元的故事，塑造各式各样的人物，创作出更多好看且贴近中国人民生活的电影。

我想对谢导说：

亲爱的谢导，您用生命在胶片上曝光，留下了一生的灿烂！您的作品是您生命的延续，将永远鼓励千千万万的观众奋发向前。我们永远爱您，您是我们心中的丰碑！

谢晋办学

杨德广

教授、博士生导师

曾任上海大学校长、上海师范大学校长、全国高等教育学研究会理事长

1997年下半年，我被调到了上海师范大学。认识谢导是起源于史嘉秀老师，史嘉秀老师当时既是我华东师大的校友，又是谢导的助理，亦是恒通明星学校的助理。史嘉秀老师告知我，谢晋恒通明星学校在办学时遇到了一些困难，谢导想当面与我商量相关事宜。

我觉得谢晋恒通明星学校非常好地培养了大量影视人才，为电影演员的培育做了很多工作，作出了很大贡献。正好我们上师大也有艺术专业，如果能够把谢晋恒通明星学校引进来，是两全其美的事情。所以谢导来了之后，他慷慨激昂的那番话让我听得很激动。谢导说了一句话让我印象很深，选演员应该不能只从高中毕业以上的学生中选拔，而是要选拔非常纯洁的、塑造力比较强的男孩和女孩，早一点开始培养。后来我才逐渐理解这句话。

1998年4月，我们决定把谢晋恒通明星学校改为上海师范大学谢晋影视学院。

起初在招生这块我们在和谢导讨论的时候是有一定分歧的。谢导主张学院只招收非学历的学生，不招一般按照学历学习的学生，他认为高中毕业的学生年龄已经比较大了，想要培养出好的演员已经很难了。但是这样的招生要求与我们学院起初的招生计划是相背离的，后来我们决定一部分学生采用这样的方式招录，也招录有学历文凭的。只有这样相结合的方式，才能使我们学院的办学范围更广，也能依据不同的条件更为广泛地选拔人才。并且，一所学校需要具备较为完善和稳定的教学体系，所以谢导最终也妥协了。

从1998年开始，到1999年招收的学生都是非学历的学生，到2000年学院开始招收大专生。谢导挺满意的，因为大专生既能够匹配一部分非学历的学生的要求，又能招到一些年纪较小的毕业生，整体相结合也能招到一些质量上乘、水平较高的学生。再过了几年，谢晋影视学院开始招收本科生了，所以整体的一个历程是从非学历到大专到本科生最后到研究生，这离不开我们上师大对谢晋影视学院的重视，也离不开谢导的重视和支持。谢导为其倾注了大量的心血，不管平日的工作再忙，也经常会前往学校指导工作。

上海师范大学将谢晋恒通明星学院引进来之后，接受我们的管理，在与谢导的共同努力下一同把学校支撑起来。为什么我们谢晋影视学院能够得到又好又快的发展，主要是两方面的合作。当时我们和谢导协商好，影视理论等基础课的讲授主要以我们上师大的老师为主，专业课一部分由上师大准备，一部分也由谢晋恒通明星学校的师资来安排。他们在电影界的资源比较丰富，特别是一些优秀的导演和演员，可能我们很难请到，但是谢导一个电话打过去就能把他们请过来，给学生们在课堂上传授他们的技艺和理论，这对于谢晋影视学院的发展无疑是起到了极大作用的。而且可以说，谢晋影视学院把我们人文学院的有关专业也带动起来了，所以后来我们又成立了表演、传播、摄影制作等专业，对我们上师大整个影视专业的发展起到了很大的作用，达到了互利共赢的效果。

谢导的治学理念、创作态度、为人处事的能力给我的印象非常深刻。我概括谢导有五种精神：艰苦奋斗的精神，爱国主义精神，拼搏精神，开拓创新的精神与追求卓越的精神。这五个精神非常值得我们学习。所以，谢晋影视学院成立以后，不仅对影视学习起到了很大的作用，这些精神理念对我们全校也有非常深远的影响。我们和谢晋影视学院的合作，与其说是为谢导帮忙，不如说对我们学校的办学、对我们学校的人才培养都起了很好的一个促进的作用。

我想对谢导说：

谢晋导演，你那种高尚的品质、高超的技艺都给我们留下了深刻的印象，所以我们一定会继承你的遗志。谢晋导演，我们永远怀念你！

难忘又美好的经历

杨皓宇

演员

2005年出演谢晋导演话剧《金大班的最后一夜》

代表作：《流浪地球》《扬名立万》《宇宙探索编辑部》等

2023年凭电影《宇宙探索编辑部》获得金鸡奖最佳男演员奖

好像是2004年，我毕业没几年，戏也不太多，团里通知我们谢晋导演要排话剧，我就去了。去了才知道是白先勇先生的《金大班的最后一夜》，谢晋导演是监制，他的儿子谢衍是导演。谢晋导演不仅是长辈，而且是那么著名的大导演，我们上学的时候看过他的好多电影，《芙蓉镇》啊，《高山下的花环》啊，都印象深刻。话剧的排练时间好像是两个多月三个月的样子，然后巡演前前后后大概差不多跑了有半年多，谢导基本上都在。我们每一次排练的时候，谢导都会来，他会在旁边看，有一些想法，他都会及时跟导演沟通。我印象比较深的是他们父子俩每个人都会对排练有一点想法，然后同时也会包容其他的想法，每一次都是锦上添花、众人拾柴火焰高的感觉，就是不断地在做加法，让这个戏变得更加精彩，更加好看。更多的都是艺术的探讨，没有任何的争论。父子俩在一起工作也是那种特别和谐，特别温暖的氛围。

现在回想起来，那个话剧的排练和演出是一种特别美好的享受。在排练的过程中，谢晋导演作为监制也一直跟着剧组。导演把他所有的对上海的、对那个时代的理解，在那个舞台上的每一个调度、每一段音乐、每一个布景都精益求精，都力求呈现出来属于那个时代特别独特的东西。我现在想起来，能够参与这样的一个剧组，何其有幸。虽然在里面演的角色是舞客甲、士兵甲这种，士兵甲只有两句词儿，舞客就连词儿都没有，但是导演还安排我们进行了专门的舞蹈培训，每一组动作，举手投足之间，都还是按照那个时候的人物的状态、环境、氛围去争取最大的呈现，这个过程都还是挺美好的。

我们那会儿所有的群众的角色都参与，跳舞的呀，军官呀，各种路人呀，什么都可以参与，基本上就一直都在。从排练到后面整个巡演，谢晋导演不顾年事已高，都跟着。我们一起去台湾巡演，也和当地的一些戏剧家进行交流，谢晋导演一直神采飞扬，把这么一个很独特地展现上海魅力的剧目跟海峡两岸的观众去分享，充满活力。我印象很深的是，我们那个舞台后边儿特别黑，又有各种置景、各种道具，磕磕绊绊的东西特别多，有一次谢导受伤了，但即便是受伤以后，我们在国内的巡演，他都一直跟着。每一场都会去感受现场，会去享受舞台上演员表演带来的乐趣，也会去感受观众在这一部戏剧作品当中的反应。这个话剧的整个过程，排练的时间，巡演的时间都很独特。剧组就是一个小小的剧组，巡演的路上，随着更多的了解，大家更有了凝聚力，更团结在一块儿，更觉得这是一个跨时代的有意义的事情。只要音乐一起就回到了那个时代，回到了那一方天地，就是现在回想起来都还是很动人，挺美好的一段时光。

我想对谢导说：

向前辈学习和致敬，不忘初心，砥砺前行。

发自内心地爱护演员

伊春德
演员
2000年出演谢晋导演影片《女足9号》
代表作：《国歌》《惊涛骇浪》《月牙儿与阳光》等

2000年《女足9号》最后一场戏开拍前与谢导的合影

1999年我因第一部电影作品《国歌》获得在沈阳举办的中国电影金鸡奖最佳女配角奖提名。颁奖晚会结束后，有一位电影导演向谢晋导演推荐我，谢晋导演就笑了，然后说："你不用跟我介绍，我看过她的作品。"

当时我也没想那么多，回到北京后，突然有一天，接到了谢晋导演的电话，我也不知道是谁，对方声音特别洪亮，说："你是伊春德同志吗？"我当时还挺惊讶的，怎么现在还有"同志"这个说法。谢导就非常爽朗地笑说："我是谢晋啊！"我当时特别出乎意料，没想过这么大的导演会给我打电话。谢导问："你喜欢运动吗？"我说："平时我也不太运动，上大学的时候有体育课，会偶尔打打篮球，其他的就不会了。"谢导就说："你去练练足球好了。"他接着说："我想要拍一个足球题材的电影。"我就问："您是想找我演您的戏？"他说："对呀，我给你打电话就是邀请你。"谢导非常直截了当地和我说了他的想法："你先去体验生活，明后天我公司的人会联系你，给你安排好训练基地。"后来我就被安排去了北京先农坛体育馆体验生活。

当时因为就定了我，我就一个人去了北京先农坛体育馆。后来演员陆续敲定后，我们去了广州的女足训练基地。再后来接近拍摄之前，我们又去了上海训练，那又是一个漫长的训练过程，三次体验生活加起来至少有半年时间。当时教练因为知道我们体能等各个方面和运动员之间存在差距，所以他是逐渐给我们加强训练。最开始让我们每天坚持跑步；然后练习步伐，比如带球、搓球的动作等；之后才让我们逐渐接触球，就这样循序渐进地训练。

当时我在体验生活时受伤了，这对我的训练和拍摄产生了很大的影响。我摔伤之后一直还在坚持训练，有一段时间拿筷子都会掉，走路偶尔会摔倒，我就感觉不太对。去医院之后，医生和我说已经骨折了，因为我总在训练，骨头已经压迫了神经。当谢导知道我摔伤后，他就建议我先去拍文戏。有一次他和我聊天说："其实我也经历过很多磨难，但是所有的磨难都是成就你人生的一部分，它会让你更加成熟。"谢导他经历磨难后，还能够豁达地去面对他的事业和生活，他身体力行地教导我们如何去面对坎坷，没有什么是过不去的。

拍戏过程中，谢晋导演非常细致，考虑到我们每天消耗特别大，既要训练，又要保持一个饱满的状态拍戏，所以他特意找了厨师给我们做饭，尽管那时候投资并不是特别大，谢导却能如此细心地保证演员的生活质量，这在其他剧组特别少见。

后来拍摄过程中，我遇到了最大的挑战——扛杠铃。当时除了我所有人都拍了这场戏，谢导却告诉我说我不用拍这场戏，因为我受伤了，他知道我腰部植入了钢板。我就说只有我来拍这场戏，才能体现女足的不容易，她们吃了多少苦。谢导当时就生气了，他把剧本摔在监视器上说："我告诉你不要拍，就是不要拍。"之后他就走了，剩下我们所有在场的人都面面相觑，不知道该怎么办。后来我还是向摄影师钱滔老师申请说："我只拍一条。"我扛起杠铃后，就感觉不太对了，它一压到我肩膀上，我想站起来的时候，感觉我整个人是往后倾的，我想完了。突然间感觉有一股力量往上带着我，我没摔倒，站起来了。其实就是周里京扮演的教练，他在保护我，帮助我支撑了起来。等拍完那一条，谢晋导演老远就走过来，一声不吭，我当时挺怵的，因为他从来没跟演员发过火。然后我就悄悄地看了一眼谢晋导演，我看他眼眶红了。谢晋导演发自内心地爱护演员，我们都能够感受到。我觉得可能也是因为谢晋导演曾经和我分享过他的亲身经历，我才会对我的作品有这样的勇气。

谢导当时已经是77岁高龄，但他对于剧本的表现力，每个镜头该如何呈现，都非常清楚。刚开机的时候我会担心谢导是否能够跟完全程拍摄，后来我发现我的担心完全是多余的。谢导没有一天懈怠，这是令我非常惊讶的。

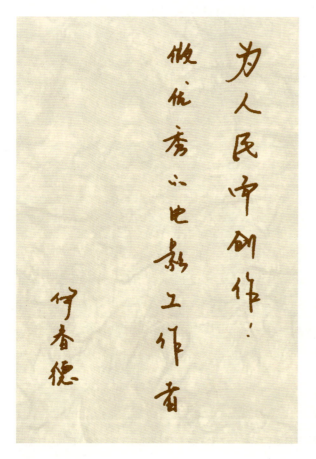

为人民中创作！
做优秀而也新工作者
何香德

我想对谢导说：

谢晋导演应该是我们在电影创作过程中的一个楷模，他是为人民而拍摄、为人民而工作，我们应该努力地往这个方向去发展。

刘间文俊

中国电影研究学者

东京大学综合文化研究科名誉教授

我是20世纪70年代上的大学。那时候日本和中国之间的往来并不容易，机会也不多，对于我们这些在日本学中文的学生来说，学习的参考书、教科书等材料都是非常缺乏的，所以看中国电影就成为最好的学习方式。然而当年还没有举办中国电影周这类活动，我们几所大学的学生就组织起来，在东京每月办一次业余的中国电影放映活动。

我还记得，我们放的第一部中国电影是《龙江颂》，1976年之后就开始放映一些老电影，比如《红色娘子军》。那个时候，《红色娘子军》在日本的旧拷贝还是中文字幕，所以我们几个学生就从华侨总会或是中国大使馆借来没有字幕的版本，然后自己翻译字幕制作成幻灯片，在放电影的同时在荧幕上播放。后来谢晋导演的《青春》进入日本，也是由我翻译的字幕。再后来《舞台姐妹》在日本公开发行，当时就由我们几个人合作翻译，制作了底稿，所以，我对《舞台姐妹》的印象很深。

80年代，中日交流变得密切了，一些日本电影进入中国，在一定程度上影响了谢晋导演的电影选角。比如，朱时茂就曾在访谈中说，他们当时特别崇拜《追捕》中的高仓健，并且将他那种冷面的表演运用到了电影《牧马人》当中。可以说，高仓健的硬汉形象带来了新的审美观念。文化交流往往就是这样，某些电影传到另外一个国家，就可能产生相当大的影响。

我跟陈凯歌、田壮壮、张艺谋等中国第五代导演处于同一时代，因此跟他们有所接触。关于"谢晋模式"的争论出现时，说实话，我当时也对谢晋导演持批判态度。谢导的电影中包含了上一代人的受害者意识，尤其像《天云山传奇》，其内容、题材都是深刻且尖锐的，基调非常伤感。这些年轻的第五代导演一出来，就想要突破这种"sentimental"的伤感基调。其实每个时代都是这么回事，年轻人一出来先得要打倒上一代，尤其是电影，正如60年代的日本电影新浪潮，大岛渚出来的时候，就想要打倒小津安二郎，所以这是完全可以理解的事情。

但现在回过头看，"谢晋模式"其实是中国电影最原本的东西。在我看来，谢晋导演最伟大的地方就在于，他是时代的同路人。在每个时代都坚持创作，这是一条很艰苦的道路。因为中国各个时代的变化很大，不同时代基调不尽相同。在这样的情况下，谢导那个时候还能努力坚持创作，并且每一部电影都达到了一定的水平，这是难能可贵的。

谢晋导演的电影在日本影响最深的可能是《芙蓉镇》。当时，《芙蓉镇》在东京档次最高的一家艺术片电影院连续放映了20周，创造了当年的纪录，超过了以往放映的很多欧美艺术片。而且一开始也没有组织什么宣传，完全是靠观众的口碑传开的。也可以说，日本的观众看了《芙蓉镇》才了解中国，不是了解中国才看《芙蓉镇》的。这部电影也确立了中国艺术片在日本电影市场的地位。

80年代，日本的NHK电视台要拍摄一部关于谢晋导演的专题节目来介绍他的一生，题目好像是《拍了40年电影的导演》。当时的编导找到我，表达了他的创作设想，如果只是介绍谢晋导演的一生，那还只是宣传片，无法突出谢晋导演的特点，因此想要拍摄一些更有亮点的内容。当时谢导《最后的贵族》在纽约拍外景，正好陈凯歌导演在纽约大学，所以我就提议安排他们俩在纽约进行对谈，让NHK去拍摄。很有意思的一点是，当时他们都肯定了对方的成就——谢晋导演承认年轻人的努力，陈凯歌也对谢导表示了尊敬。

后来谢导拍摄《最后的贵族》的时候来到日本，NHK就委托我去采访他。在东京，他见到我的第一句话就是："我是陈怀皑（陈凯歌的父亲）的朋友。"这一句话我到现在都忘不了。因为对于陈怀皑导演而言，我是晚辈，但谢导完全没有把我当作外人，这令我非常感动。

我想对谢导说：
  谢晋导演，您为中国电影的发展鞠躬尽瘁。作为晚辈，我对您的努力与贡献，表示由衷的敬佩。
  谢晋导演，您真的辛苦了！

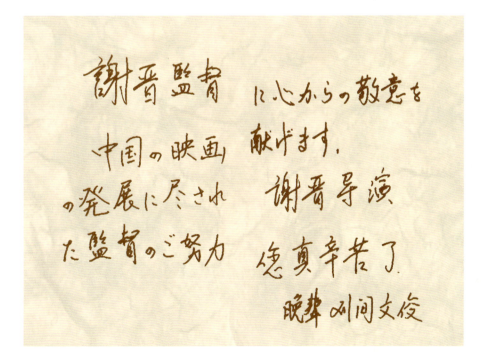

终生难忘的恩师

尤勇智
演员
1992年参演谢晋导演影片《清凉寺钟声》
代表作:《清凉寺钟声》《紧急迫降》《山海情》等

《清凉寺钟声》剧照

《清凉寺钟声》演员合影
（左一尤勇智，中间为赵丽蓉）

《清凉寺钟声》现场工作照

　　20世纪八九十年代是谢导创作的鼎盛时期，当时他的每一部电影出来，在社会上都会引起很大的反响。那时我们觉得能和谢导合作，是连想都不敢想的。

　　1989年我在上影厂参加电影《庭院深深》的拍摄，出演男主角柏霈文。这个戏拍完后，谢导拍《清凉寺钟声》，副导演就找我去演一个哑巴。那个时候我刚大学毕业，能够有机会得到谢导的邀请，哪怕是去演一场戏、一个镜头，都是一种对你的基本肯定，所以我是很激动的。

　　谢导对所有的演员都很爱护，一视同仁，无论你是否有名。我是完全没有想到我能演那样一个人物，最后还得了一个金鸡奖最佳男配角的提名。在拍那个戏的时候，谢导给了我极大的自信。当时拍戏用的是阿莱3摄影机，是没有监视器的，导演永远是站在摄影机边上看。每场戏演完了以后，导演那种赞许的目光都会给演员很大的安慰和信心，所以就会越演越好。那部戏我拍得特别的顺，从第一个镜头开始，并没有觉得有什么磕巴。这应该和谢导前期充分的准备也有关系。

　　《清凉寺钟声》我们拍了大概有5个月。我们是从夏天开始进组，先去河南的郭亮村体验生活，在村民家里住了一个月，然后回到上影厂排小品，做各种人物关系的小品，又搞了一个月。然后真正开始拍摄，我们又住到农民家里，我们所有的工作人员、演员，全部住在郭亮村里头。每天制片叫我们出发都是敲钟，那个时候没有手机，就在广场上"当当当"敲钟，让所有的人出来上工。

谢导的工作方式就是在前期准备的时候，让你逐渐地去感受这个人物，直到吃透这个人物。我们那时候太年轻了，才20多岁，所以对生活的理解肯定是缺乏经验的。通过前期的体验生活、排小品，每一个演员就会逐渐找到人物特性。谢导是一个懂表演的导演。

谢导很博学，而且他挺爱开玩笑的。他虽然有点耳背，但是他在各个场合都能够主导整个局面，就和他在拍戏的现场一样。

我非常感谢谢导，在我那么年轻的时候，有机会能跟谢导在一起拍戏，我从他身上学到了很多东西。他是一个心无旁骛的人，满脑子想的都是戏。他值得我们好好学习，他是我一辈子都不可能忘记的恩师。

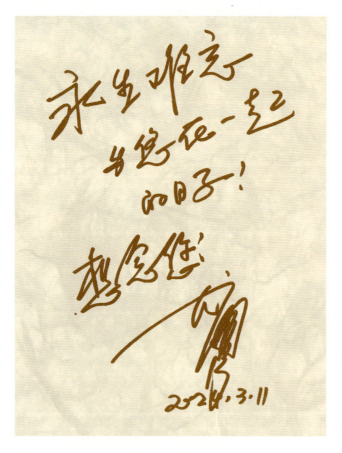

我想对谢导说：

谢导，我一辈子都记得您，我很想念您。

俞亮鑫

《新民晚报》原高级记者

上海市政协常委、中国民主同盟上海市委常委

我和谢晋导演是从20世纪80年代我当记者之后开始接触的，那是他最忙碌的时候，也是他创作了大量经典影片的年代，我非常幸运有机会在此期间与他相识相知。但当时谢导是名扬海内外的大导演，而我还是初出茅庐的小记者，去现场采访谢导的时候我不太敢惊动他，一般就是远远地看着他，然后听听其他人谈谈谢导的故事，这才慢慢对他有了一定的认识。后来除了在片场，我和谢导还会在艺术研讨会等其他的文化艺术活动中相遇，越接触我就越觉得谢导是一个性情中人。谢导讲话声音非常响亮，在现场他就像将军指挥着千军万马一样，让我印象非常深刻。

　　然而，20世纪80年代不仅是谢导经典作品频出的年代，同时也有对"谢晋模式"的批判。我起初觉得反感，因为我觉得谢晋导演的作品都非常好，包括《高山下的花环》《芙蓉镇》《牧马人》等影片，我每看一次都会流泪。当时我有个冲动就是想写一篇文章来反驳这种观点，但思考过后认为这是文艺界"百花齐放，百家争鸣"的现象，大家有不同的声音与看法是正常的，所以就没有动笔。

　　2008年10月18日，我与李行导演正在接受《可凡倾听》的采访，曹可凡请李行导演谈谈和谢晋导演一起组织海峡两岸暨香港电影导演研讨会的情况。研讨会大陆的牵头人是谢导，台湾是李行导演，香港是吴思远导演，他们三个人因此接触比较多。谢导去台湾都是李行导演接待的，两个人性格上又特别像，还都喜欢喝酒；而且他们的作品在艺术风格上都有很相似的地方，两个人感情非常深。采访到一半的时候，有一条信息进来说谢导去世了，李行说着说着就说不下去了，泪水就淌下来了。这一刻，非常打动我。

　　没想到过了几天，我就在网上看到了宋祖德造谣污蔑谢晋导演的文章。宋祖德说谢导是死于一夜风流，我当时就说怎么可能。我做出的判断是基于我这么多年对谢导的采访，包括影视界很多演员跟我讲述的谢导，我相信谢导的为人。谢导作为中国电影的一面旗帜，是上海的标志性人物，我当时就觉得谢导不应该被这般无端地污蔑，所以回到上海后我开始做一些调查研究。当时宋祖德还在不断地造谣，说他还有关于这件事情的旁证，说谢导去世当晚有个叫刘信达的人住在他房间附近，讲得还活灵活现。

　　消息已经扩散传播开了，因为谢导的声誉所以引起了很多媒体的关注，当时网上、报纸上都是铺天盖地的报道，网页都有好几千万的点击量。而当时谢导的妻子徐大雯身体也不好，刚从医院出来，又接连遭遇儿子和丈夫去世，身心受到重创，根本没有力量去应付这些谣言。

　　我觉得不能再沉默了。尽管当时有人来劝我不要碰宋祖德，说他是做增高鞋发财的人，如果因为我为谢导出声而遭报复，不知道会发生什么样的事情。

　　后来我在报社领导的支持下写了一个内参，因为我们个人的力量都是有限的。如果真的要还谢晋导演一个清白，还要经过大量调查研究拿出事实，还要去跟宋祖德打官司。在这种情况下，上影集团、上海市文联、上海市影协三家单位的负责人在市委宣传部的召集下开了一个情况介绍会，记者只有我一个人，我负责把它记录下来。

当时是我担任记者的第28年，我写了第一篇供全上海所有主流媒体使用的通稿，这篇稿子的名称叫《岂容"污水"泼向人民艺术家》。这篇报道发表以后引起了巨大反响，我记得大概有两三百家媒体都在转载，这也是我一生中转载量最大的一篇作品。后来就由此启动了整个和宋祖德打官司的过程。

在持续的调查过程中，富敏荣律师花了比较大的功夫。他找到派出所的一些证据，证明宋祖德所谓住在谢晋导演隔壁的人叫刘信达是伪造的。整个宾馆没有刘信达入住的记录，同时通过录像也证明那天晚上根本就没有女性进入过谢导的房间，这都可以否定宋祖德的谣言。到宣判我们胜诉的时候，我记得是2009年的12月了，已经接近年底了，打了一年多的官司终于有了个结局。

这件事情谢导的夫人徐大雯非常感激，因为她没有精力去做这件事情。后来她在富敏荣律师的陪同下为我们报社送来了一面锦旗，上面写着"晚报铁肩担道义，记者挥毫扬正气"。这一年，上海评选十大文化事件，打赢谢晋官司便是其中一个。我还拿了一个奖杯，为我颁奖的就是徐大雯老师，非常完美的一个结局。

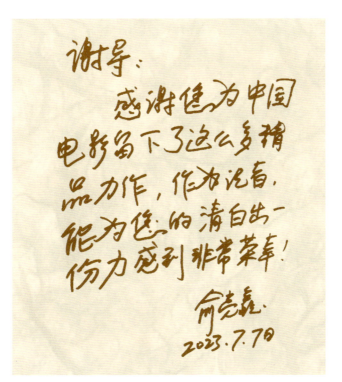

谢导：
感谢您为中国电影留下了这么多精品力作，作为记者，能为您的清白出一份力感到非常荣幸！

俞亮鑫
2023.7.7日

我想对谢导说：

谢导，作为你的忠实影迷，今天看你的作品依然非常激动。非常感谢你为中国留下了这么多经典的电影作品。

愉快幸福的合作经历

詹新
录音师
2000年担任谢晋导演影片《女足9号》录音师
代表作：《阮玲玉》《三毛从军记》《高考1977》等

谢导在《女足9号》合影照片上签字"全体到了，独缺我"（詹新提供）

　　我是1982年进的上影厂，谢导办公室在4号门旁边那个大楼里，导演组都在那边，经常会碰到。大导演过来了，看到他就只有仰慕，什么都不敢说。后来，我也没想到谢导拍《女足9号》会叫我一起参与，我觉得能有机会跟他合作是一件非常荣耀的事情。

　　谢导特别专业、特别敬业，有他的工作方式，而且非常严谨。20世纪90年代，拍摄方式变了，很多导演上来就直接拍。但他还是一定要我们按照上影厂的传统——技术掌握，不是拍摄时来，而是提前一天到现场来技术掌握，走走位、走走戏，他跟演员排戏，然后技术部门再看怎么样来处理镜头、打光什么的。我觉得老导演跟很多年轻导演不一样，所以他的戏好，他的片子好，他的成功率高，就在于他是完全能够把控的。他非常有经验，但他一定还要走戏，还要让演员在真实的场景下走完戏，对我来说特别好，没拍我就知道某个镜头怎么样，我准备怎么样，设备各方面怎么样，最起码我在录音方面不大会有失误。

　　在剧本上面，我有一些声音方面的想法，所以写了几千字的声音设计。有好多比赛戏，我觉得声音应该怎么样处理，每场戏应该怎么样不同，根据每个比赛的性质、比赛的对象，要表现她们比赛的强度和力度，这些都是跟声音有关系的，所以我写了很多，很详细。到组以后，已经在外景地浙江了，然后我就把这些记录给谢导了。

我经常会写声音设计给导演，绝大多数导演是没有反应的。但没想到我给谢导一份，过两天他跟我说，你应该早点给我，早点给我的话，我有些戏可能就会改掉。这个我都没想到。包括我曾经设计过一场戏，是女主角罗甜（伍宇娟饰演）自己在练射门，我们都知道，球门上面有门框，后面是网，所以你一脚踢过去的话，网是自己能收的，所以打在网上声音是比较弱的。我觉得她一个人练球的话，如果对着墙踢，那这个声音会更好，一脚踢出去"嘭"一下被墙反射过来，有声音的震撼。她拼命在训练，这种训练是不光我们看到画面，同时声音也要告诉大家，"嘭-嘭-嘭"的，这是根据文字剧本变成一个声音的剧本。

　　谢导对我们专业人员，哪怕一个小录音师，都是非常尊重的。那些大的足球比赛场面，组织了几千人的群众演员，录音方面，我们要录群众声，让大家呼喊、叫加油、唱歌什么的，他非常配合。他的戏拍完后会叫副导演过来说，下面是帮录音师来做录音的工作，他把所有的东西都考虑得很全面。到最终混录的时候，他很少提意见。

　　谢导一直在观察，或者说一直在听，一直在判断，一直在研究，我觉得这样的导演特别好。实际上我们也在研究，我们总想以最好的方式展现出来。他在提意见的时候很慎重，会考虑你为什么这样做，所以他提的意见都在点上，给我们创作人员很多的信心。因为在点上，所以对他提出的意见，能做到的，你就要想办法做好，你必须做得更好。

我想对谢导说：

　　谢导，非常感谢您给我一次愉快合作的幸福时光，让我对专业有更多的信心和力量。谢谢您！

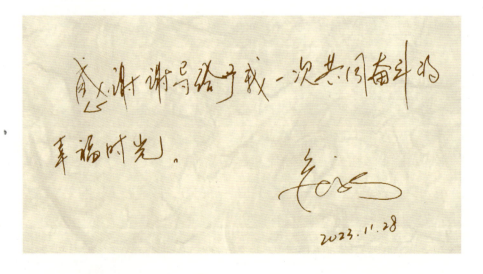

张光北

演员、导演、制片人

中国电影家协会理事、中国电视家协会理事、中国电影表演艺术学会秘书长

1986年出演谢晋导演影片《芙蓉镇》

代表作：《芙蓉镇》《三国演义》《亮剑》等

在2024中国表演学会上发言

我是1982年到中央戏剧学院上学，丛珊跟我是同学。有一天丛珊突然跟我说，谢晋导演要拍一部电影《高山下的花环》，里边有个角色，指导员赵蒙生你合适。她说明天我带着你和吕丽萍、姜文，我们戏剧学院同学去见见谢晋导演。

我们当然很激动，我们四五个学生就到了招待所去见谢导。谢导也特别热情，谈笑风生，就拿我们当孩子一样。后来我就问谢导，我合适不合适演赵蒙生。谢导一笑说："你演不了，你太漂亮了，你就是演《王子复仇记》哈姆莱特，我们这戏你演不了。"我说我当过兵，我当了五年兵，我是一线部队的海军，我都开过枪。谢导说："你不行，太嫩了，而且你太漂亮了。"这次与谢导的见面就给了我一个打击，我在路上就想，完了，这辈子干不了电影演员了，让这么大的导演给我"枪毙"了。

到了1985年，我记得是10月的一天，那时候我在中央戏剧学院已经是四年级的学生了，当天晚上九点多钟，我们正在教室里写作业，来了一位解放军，后来才知道是八一厂谢晋的副导演陆伯炎。他一进门说我要找一下张光北，我说我就是，他手里拿本书，说："我是谢晋的副导演，谢晋导演让你读这本书，给你划了几段戏，明天早上九点我来接你，还接徐松子、姜文，你今天晚上连夜看。"我特激动，一看是古华的小说《芙蓉镇》，连夜就看，看得我热血澎湃。给我准备的那段戏呢，就是现在咱们《芙蓉镇》呈现的这段黎满庚夜里痛打"五爪辣"。

第二天就来车，把我和姜文几个人拉到总政招待所。谢导问我："你昨晚看小说了？"我说："看了。"谢导说："你先后边准备，让姜文、祝士彬——就是王秋赦、李国香，他们先试。"最后试的我和徐宁，我们俩即兴地看着小说，怎么理解就怎么演。我演的时候就感觉到谢导360度，一会儿趴在地下，一会儿蹲着，一会儿站着，就看我们俩演了一遍。

面试结束后，谢晋导演当即和我说已经定我了。但是戏剧学院有不借人的传统，再加上我还在排毕业大戏，经过谢导出面和校方交涉后，才同意我去拍电影。谢导也同意我可以晚点进组，让我快开机的时候，再来体验生活，不耽误我在学校排大戏。

直到快开机的前一个月，剧组通知我，让我和刘晓庆去补上观察生活、体验生活的经历。我就和刘晓庆去永顺县王村镇体验生活。我们去看做米豆腐，我还跟着当地的镇书记天天上班，看看当地的风土人情。最后一站还去了郴州中国女排训练基地，看一天女排训练的场景，让我们去学习女排精神。谢晋导演觉得一个演员，一个电影工作者，只有像女排这样有能吃苦的精神，拼搏的精神，才能拍出一部好电影。

作为一个学生，第一次演戏认真是有的，但是如何调动，如何去准备，真是很茫然。比如说黎满庚打完"五爪辣"以后，剧本这么写的："……坐在了篝火旁，百感交集，他想起了他少年时代离开部队的时候，和胡玉音两人在荷花塘旁边的告别。他想了很多，他的表妹对他多好，他怎么把钱交了？黎满庚此时百感交集……"这场戏早就想了，但不知道怎么演。

这天我进棚演这场戏，突然发现今天所有的周围一切跟平时都不一样，特安静，而谢导根本不理我。后来我知道这是谢导特意设计的，让大家给我一个创作的环境。摄影机"噔"一声，我就开始想我和胡玉音怎么认识的、怎么告别的、怎么相见的，因为这些都是我们写的人物小传心路历程的内容。突然谢导假装刘晓庆的声音，叫了一句满庚哥，我眼泪一下就出来了，出来以后还想演呢，谢导说："停！"我跟谢导说："我演得不好。"谢导说："好！"我想再来一遍，谢导说不来了，就是它，等一看样片，这就是黎满庚的百感交集。

他是一个伟大的导演，他是能把一个演员的潜质挖掘出来的导演，他想的、他做的，比我们演员做的功课多得多。他了解每个演员的特点，这招对我有用，可能对姜文不管用，这就是谢晋。

我25岁跟他拍戏，今年都60多岁了，弹指一挥间。他的为人，他的处世，他对艺术的理解，影响了我的一生。我相信所有跟谢导拍过戏的演员都会有同样的感受。他是中国电影历史上的一面旗帜，是我们中国电影历史上永远不可忽略的一个伟大的导演。他的音容笑貌，他的品德会永远地铭记在我们心里。

我想对谢导说：

谢晋导演的音容笑貌时时都在我脑子里呈现。他的的确确是我的启蒙老师，也是我从事电影表演艺术的引领者、开拓者、培养者。

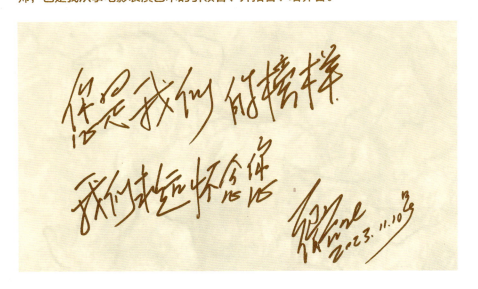

《芙蓉镇》让我爱上电影

张冀

编剧

中国电影家协会副主席

代表作：《中国合伙人》《夺冠》《长沙夜生活》《三大队》等

我是从小看谢晋导演的电影长大的，我看谢导的第一部电影是《牧马人》，然后是《天云山传奇》《秋瑾》和《芙蓉镇》等。我和谢导的渊源在于我是湖南湘西人，我的家乡吉首市距离芙蓉镇70多公里，这两个地方同属于湘西州。我小时候有一个很深刻的记忆，就是我们在吉首的电影院里看《芙蓉镇》。《芙蓉镇》是让我爱上电影的一部电影，所以我对谢导有一种很特殊的感情。谢晋导演是一位非常特殊的导演，虽然他是第三代导演，但是我认为在谢晋导演面前是没有代际之分的。

如今很多年轻人也在看《牧马人》《高山下的花环》和《芙蓉镇》等谢导的电影，这些影片在豆瓣上得到了非常高的分数，事实证明谢导仍然在以他的方式影响着现在的年轻人，也证明了他的魅力。

谢导的电影为什么好看，首先是因为谢导非常重视剧本，非常重视电影的文学性。他的电影一直保持着电影最传统的那份力量，所以他的经典性不会因时代而变。

其次，谢晋导演非常重视启发演员。当时和他合作的很多演员都是新人，但是他们在谢晋的电影里全部焕发出表演的光和热。不少演员参演谢晋的电影，都成了这位演员的代表作。这种现象不是一部电影而是有很多部，这是非常难得的。谢导电影里演员的表演没有照搬某种表演系统，而是非常自然、含蓄的表演，这种表演在整个中国电影史上是非常罕见的。

此外，谢导的电影故事具有传奇性。通俗电影或者大众电影必须具有某种传奇性。谢导的电影《秋瑾》是一部被低估的电影，实际上这是一部非常有光彩的电影。在这部电影里，除了李秀明扮演的秋瑾角色表演得非常好，还有一位演员于是之老师在里面演得也很好。他在这部电影中塑造了清末附庸维新的封建官僚的形象，荣获第四届金鸡奖最佳男配角奖。谢导的电影永远把视角放在普通人的身上，但这些平凡的普通人注定会干出一些不平凡的事情，这就是传奇，就是一种张力，它不是那种故意书写的或者庸俗化的传奇。

现实主义电影很重要的一个创作特征就是写群像。好莱坞的英雄电影，或者说某种神话英雄电影都是写个体寻找传奇的这种旅程，所谓英雄神话之旅。但在现实主义电影里需要创造广博的群像。从电影《芙蓉镇》和《高山下的花环》里完全可以看到这种精神，他已经是高峰了。所以我们现在重新寻找谢晋电影的传统，就是寻找中国写实的或者说现实主义风格电影的传统，寻找我们曾经拥有的那些东西。

看过谢晋电影的人和没有看过谢晋电影的人，如果他们同时去写中文电影，结果是不一样的。因为你如果看过《芙蓉镇》，就会发现在第一场戏里，所有人物的出场、所有人物的性格、这个小镇里的人物关系、时代背景以及后面的戏剧矛盾冲突点，全部在第一场戏里呈现出来了。谢导利用这场戏就把所有的人物全部精准传神地传递出来了。

我们要让更多的年轻人看到这部电影，在遥远的1987年，我们也有这样的作品，我们也有这样的导演、这样的演员，我们做到了。这种回归，实际上也是一种自信。谢导电影如今仍然可以被很多人喜欢，就是因为观众喜欢这样的来自真实的东西。

谢晋百年诞辰的活动我是主动参加的。第一是因为我对谢晋的喜爱，第二是因为电影《芙蓉镇》的湘西情结。这部电影的拍摄地湘西王村原来是一个历史古镇，却因为这部电影发生了翻天覆地的变化，电影给这里的人带来了很多生活上和精神上的改善。一部电影能改变一个地方，这对我们做电影的人来说是一种功德，也是一种骄傲，所以能够参加这样的一个活动，我觉得责无旁贷。

我想对谢导说：
　　谢晋导演您好，电影是研究时间的。我想告诉您，您的电影就是属于时间的，代表着某种时光的永恒，谢谢您。

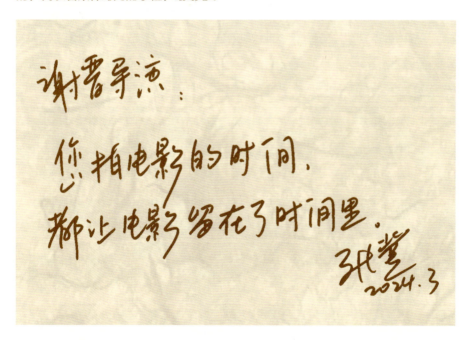

从龙套出发，
到龙套结束

张芝华
演员
1994年出演谢晋导演电视剧《大上海屋檐下》
代表作：《大上海屋檐下》《赵先生》《这里也是战场》等

我第一次见到谢导应该是我十七八岁的时候，因为我们演员剧团每一次演话剧都会请厂里的一些导演来看我们演出，那个时候我就认识了谢晋导演。

1987年，上海市电影局组织了一个"上海电影明星艺术团"赴新加坡作访问演出。谢晋导演担任副团长，兼任艺术总监。我当时是艺术团的团员，演唱周璇的歌《天涯歌女》，还在舞台上念着京白，表演京剧改编的独幕剧《柜中缘》。这个戏聚集了我们上影演员剧团的四代明星，我很有幸和白杨、张瑞芳、王丹凤、程之、达式常等老师一起出去演出。我是小小辈了，是团里年龄最小的，当时30岁。谢导每次看完演出看到我都说今天这个地方演得不错，比如我在台上打着京剧的手绢，他就夸我："欸，小张还可以呀。"我就特别开心。

近距离地和谢导接触是我们《沂蒙山人》电影代表团参加农民电影节，谢晋导演是团长。我们就经常在一起吃饭，谢导和我非常喜欢吃宁波菜。我特别喜欢吃臭冬瓜，没想到谢导喜欢吃臭豆腐，我们就真是臭味相投了。大家在吃饭的时候也会谈到表演，谈论今天看的角色，今天看的演员，都是在议论戏。我那时候特别喜欢吃肉，谢导看到我吃肉就说："你是女演员，吃肉干什么？"我说："那我吃什么？"谢导回答："吃黄瓜、西红柿。"后来就是我一到吃饭的时候，凡是比较素的我就很大胆地吃，如果我想吃肉的时候，我就会看谢导在不在。

谢导在我心目中一直是我非常尊敬、仰望的一个导演，就梦想着什么时候能跟他合作。直到谢导有一次拿了《大上海屋檐下》的剧本和我说："小张，我想请你和吕晓禾两个人演一对新四军，这个人物是很有挑战性的，从北京开始打着腰鼓解放上海，一直到迎来改革开放。"40年的时间跨度，需要演员从年轻的时候演到六七十岁。这个角色的跨度对演员来说确实非常有挑战性，所以我很珍惜。

当时我还问谢导怎么没让我演一个上海人，让我演一个山东南下的新四军，因为我是土生土长的上海人。谢导说我身上有非常朴实的性格潜质，希望我能演新四军，穿一身军装进驻上海。我觉得谢导很懂我，他能够发掘演员的另一面。我觉得演员就渴望这样的导演，他一定不是因为演员有流量，有热点，拿来就用，而一定是看演员是否适合角色。

那时候我们拍《大上海屋檐下》很严格，我们饰演军人，服装部门的工作人员只把衣服给我们准备好，谢晋导演要求我们自己打绑腿，说演员一定要自己弄。哪怕一个微小的细节，他都会要求一丝不苟，比如地上一个细小的道具他也会考究。当时剧组的创作氛围浓厚，明天拍几场戏，今天晚上演员一定会聚在一起对台词，讨论明天演员需要什么状态。化妆和服装的工作人员也来讨论商议演员明天穿什么。因为在剧里饰演的角色时间跨度大，所以衣服从短袖到棉袄，从戴军帽、短发最后到老年烫发，一点点地变化。我觉得没有一个好的创作态度，没有一个好的创作准备，是出不来好的作品的。

我们在一起创作的时候，谢晋导演非常严谨，讲究质量。在表演的过程中，谢导让我们自己去找人物的趣味。比如戏中的一个场景，所有的人都在那儿跳秧歌舞，我曾经也问谢导，我能不能跳秧歌舞，因为我的角色当年是跳着秧歌舞进驻上海的。谢导说："那就没有变化吗？"我一想，我们人是跟着时代走的，那80年代的人如何锻炼身体呢？那个时候没有广场舞，就是在树底下甩手甩脚，后来我就是在树旁边甩手。谢导小小的点拨就可以启发我们思考，让我们沿着这个人物走向去挖掘人物特点。

谢导曾说过："从龙套出发，到龙套结束。"我经常会想，我是不是现在应该走向龙套了？我当然会接受这种情况，只要是和好的导演合作，我就非常快乐，无论戏多戏少我都会去。

我珍藏了很多谢晋导演的电影录像带，比如《舞台姐妹》《高山下的花环》等。我认为经典作品是引领时代的作品，为后人留下了宝贵的艺术价值。

我想对谢导说：

谢导，我永远会想念您。

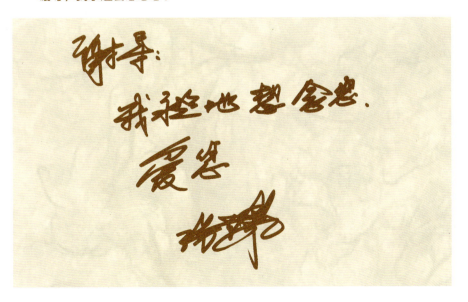

谢导办学的四个「别来」

赵炳翔
上海电影艺术职业学院常务副校长、上海师范大学影视传媒学院原院长
上海谢晋电影艺术基金会理事

谢导在上师大开学典礼上与学生老师的合影（一排右五为谢晋，右六为赵炳翔）

2000年3月31日，当时上海师范大学的杨德广校长邀请谢晋导演来商议谢晋恒通明星学校加盟上师大的事情。我内心忐忑地在学校门口等候着，老远地就看见谢导飞步冲过来，对我说："哎呀，怎么今天唐国强到学校里来了？"我的心情瞬间就放松了下来，自然而然地两人之间的距离就拉近了。到现在我还记得，一见面他就握了我的手，手劲特别足。

　　我以前研究音乐，对电影比较陌生，所以就是抱着一种学习的态度来见谢导。在我的想象中，谢导肯定会代表他的影视公司与上师大谈合约和股份，但结果谢导从头至尾几乎没有多说话，最后他说，其他都不重要，只要学校能够办下去。这句朴实的话让我至今印象深刻。

　　他在整个商谈过程中甚至没提过工资和钱相关的事。后来发工资的时候我才发现，谢导居然没有工资。但我认为，谢导要不要工资是他的事情，开不开则是上师大的诚意。于是，我就让财务人员按照那时返聘工资的规定，给谢导开了3000元工资，但结果他还是一分钱没拿，一直在会计的账上记着。从一开始的3000元一个月，到最后4000元一个月，最后我们按照他的意思，全部攒起来参与组建了谢晋基金会。

　　谢导后来也跟我聊过他开办这所学校的理念和目的。尽管中戏、北电、上戏都办得很不错，但他认为培养的目标太过单一。比如巴金作品中的"鸣凤"是十四五岁，而我们的大学生正常毕业最小是22岁，一般都已经二十四五岁了，而且我们招生时，许多学生已经在艺校里经历过三四年培训，不再有那种青涩、纯真无邪的感觉了。因此谢导坚持，我们的体制不能固定在四年，学校应当不拘一格地招生。谢导就是这么执着地希望能够错位竞争，办一所好的电影学校。

　　从一开始，谢导就说，我们不仅要请上海滩最好的老师，还要打破格局，请中央戏剧学院、北京电影学院以及其他省市好的电影学校的老师过来，不惜一切代价提高教学质量。结业汇报的时候，谢导不管多忙都一定会到现场观看。我们学校当时有声、台、形、表四门功课，他坚持要把表演完整地看一遍，了解孩子们通过一个学期成长到了什么程度。

　　后来每次谢导参加开学典礼和毕业典礼，都是重头戏。他经常讲述自己拍片的心得体会，或者分享一些有趣的故事，以此激励鼓舞学生。对所有学生来说，那两天是最兴奋的，因为他们来到上海师范大学谢晋影视艺术学院，很多本就是冲着谢导的名字来的。

　　令我印象深刻的是，我们到东北去第一次招生。当时接待的地点是苏联援建的友谊大厦，没有电梯，因为俄罗斯人身材高大，建造的楼梯又高又宽。当时谢导年事已高，而我那个时候只有30来岁，出去招生的时候我主动帮他拎箱子，他都友善地拒绝了，所有事情都是他亲力亲为的，到了宾馆也是照常吃饭、喝酒，很有不服老的精神。

那一次招生的时候，谢导老家上虞来人，有个孩子希望能通过这层关系考进学校，写了一张条子跟我说这件事情。我知道谢导的脾气，也感到很为难。后来在三试的时候，我硬着头皮跟谢导提了一句。他马上就往桌上一拍，说："什么乱七八糟的，招生的事情怎么可以这样呢？"我立马就明白了他的意思，也第一次领略到谢导对招生选拔的严谨。

他曾经说过，教育上的事情全听赵院长的，拍片的现场他说了算。他的签名章就直接放在我这里，有需要我就直接盖章。谢导是"用人不疑，疑人不用"。

谢导办学校还有经典的四个"别来"：没有艺术天赋的，别来；没有献身艺术精神的，别来；怕吃苦、想偷懒的，别来；想做金丝雀的，别来。我们把这句话做成一块金匾放在学院的门口，后来就成为校训。他说，生活归生活，电影归电影。在拍戏的现场，你演土匪就是土匪，演流氓就是流氓，但在生活当中不能违反学校纪律。他对学生要求非常严格，开除违纪的学生也是毫不含糊的。

我觉得，谢导是真心实意地希望把这个学校办成一个像样的电影演员的摇篮。这种精神都将永远铭记在我心中，并且传承发扬下去。

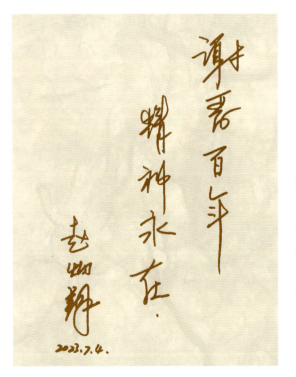

谢晋百年
精神永在

赵炳翔

2023.7.4.

我想对谢导说：

　　您对中国电影的贡献是不灭的，您的精神将会发扬光大。

　　我相信，由您开创引领的这条道路，已在历史上留下了浓墨重彩的一笔，未来中国电影一定会腾飞！

　　谢晋精神不会泯灭！

赵畅
上虞市委原常委、宣传部原部长
中国作家协会会员

与谢晋合影

我第一次和谢晋导演见面是在1994年。那天他从上海过来，我负责接待他。在上虞宾馆我见到了他，第一印象就是谢导个子很高，精神矍铄，一看就很威武。他爱喝家乡酒女儿红。我估计他爱喝女儿红可能有两个原因，一个是因为这个是他从小养成的习惯，还有一个原因，可能是他确实也想为家乡的女儿红做做广告。他还曾经让他的儿子谢衍拍摄过一部关于女儿红酿酒技艺的影片，将首映式放在了上虞。

谢导有两件事情让我记忆深刻。第一件事是1999年，我在《文汇报》上发了一篇文章叫《石磨情》，磨豆腐的石磨，他看到了。第二天晚上他往我家里打电话说："我看到你这篇文章了，写得很有感情，细节也很生动。这个石磨我们家里好像也有一具，但是现在找不到了。阿四喜欢吃豆腐，如果找不到石磨，我准备去买一具，到时候给我家阿四磨磨豆腐。"到了春节的时候，我们去谢导家慰问，看到他在磨豆腐，这个我印象比较深刻。

第二件让我印象深刻的事是他对上虞的文人非常关心。2001年，甘肃的一个作家叫雪漠，写了一本书叫《大漠祭》，这本书在网上炒得很热，谢导看到后专门买了几本给我们。有一次他到上虞来就问我："你看过没有？"这本书确实写得非常真实，写得非常震撼。他说："你们当作家的，不要做贵族，要敢于吃苦，要敢于下去体验生活，这样写出来的作品才会比较感人、让人感动。"

1989年谢导上虞的房子修造好后，从1996年开始，谢导每年雷打不动回来。他说他的根在上虞，他一回到家乡，可以将手机关掉，远远地躲开社会接触，好好地休息。

实际上他回乡也不能真正地休息，每天晚上他睡得很迟，脑子里面还是在思考电影创作。譬如有一年他跟我讲他想拍一部反映南京大屠杀内容的影片，买了6000多块钱的书籍，包括《拉贝日记》都买来了。他翻开给我看，书中的好多地方他都打了钩或者画了横杠，用铅笔、钢笔这样勾画出来。

1998年10月，谢晋从影50周年，计划举办一个大型活动，其中有一项活动是在浙江开一个研讨会。谢导就提出要把活动延伸到上虞，他在这个活动之前专门回到老家，把我叫到上虞宾馆跟我说为什么他要把这个活动放在上虞。他想借此活动推荐上虞，也希望家乡领导能更加重视文化工作，希望干部群众能一起来支持家乡文化事业的发展。

举办这个活动时，他站在文化广场中间讲话，特别精神。我一开始以为他的讲话内容可能更多的是关于他电影艺术的创作。但恰恰相反，那次他讲话的时间并不长，关于他自己电影创作方面，几乎是一笔带过，没说几句话。面对台下站着的父老乡亲，他主要是讲他自己身上浓得化不开的乡情。他说："我是喝着母亲河曹娥江的水长大的，母乳一样的文化流淌在我的血液里，我的全部的创作激情、我的全部的艺术灵感都来自家乡深厚的文化底蕴。我是上虞人，我将来百年以后，要把自己埋葬在曹娥江边。"大家听了之后都非常感动。2008年10月18日的晚上，谢导在上虞去世。有人说这是冥冥之中的巧合，我的理解是，与其说是巧合，不如说是他在自己生命即将走到尽头时，选择了魂归故里。

谢导在去世前和我说他还有遗憾，说他最大的遗憾是，没有实实在在地为家乡拍过一部宣传家乡的片子。他想在有生之年，在百年历史长河中，从曹娥江上游章镇到下游崧厦挑选出100位人物，将曹娥江、东山再起、中国青瓷的发源地、唐诗之路等这些内容都拍进去，做一个全景式拍摄，这样他对家乡就有交代了。尽管谢导去世的时候，没有完成他的愿望，在他看来这是个遗憾，但我认为只要他对家乡的这份爱存在，就是没有遗憾的。

我想对谢导说：

请谢导放心，我们一定会继承您的遗愿，高标定位、创新创业、奋勇争先，把我们上虞的经济和文化等各项事业推向高质量的发展。

谢导：

我们一起会继承您的遗愿，把您的非物质遗产转化为推动家乡经济和文化等社会事业高质量发展的文化支撑和精神动力。

赵畅 2023.10.9.

他是一座艺术丰碑

赵荣

《电影故事》原资深记者

在《清凉寺钟声》现场与谢导合影

谢导在外景地简单的晚餐

谢晋，在我的心中永远是一座丰碑，他的电影主题永远是正能量的。他是位天才艺术家，特别是运用电影的艺术语言刻画的人物，总有真情，展现的也是人性，人物和观众之间有共情。

我们去《老人与狗》的剧组探班，当时是在宁夏，那天下午谢导穿了一件新外套，他很高兴地说是吕克·贝松送给他的。当时影片还在筹备中，他带着我们去看景，也拍了一些照片。然后，我们又来到了一个在建的房子，是戏里边的房子，他就在现场和置景工人商讨细节。

他不管什么事情都是亲力亲为，置景也好，化妆也好，服装也好，他都是很细致的，要求和他的戏里面的东西一致。那天，他就在那里讲剧本，他的好多动作、神态全部已经进入了戏里，让每个在场的主创人员都明明白白地知道这个戏的走向，他自己也完全沉浸在镜头里。

《清凉寺钟声》，我也去探班了。取景地在河南郭亮村，采访了大概有四五天时间。当时我们到了那里，天都快黑了，我们放下行李就去拜访谢导了。

谢导正好在吃晚饭，环境非常简陋，没有什么特别的条件，还是一个裸露的灯泡，灯光非常暗。谢导吃晚饭就两个鸡蛋配点小酒，很简单的一个晚餐，他的这种乐观主义很好。谢导对生活没什么讲究，很朴素，我觉得这张照片很有纪念意义。

谢导很尊重演员，对演员很关照，他总是笑嘻嘻的。谢导有一个很独到的地方，就是要求演员体验生活，不管什么戏，他都要求演员先去现场体验生活，跟当地人接触。

谢导的儿子谢衍的第一部电影《女儿红》开新闻发布会，谢导邀请我们去了他的家乡上虞，全国好多记者都到了绍兴，对谢导来说是很开心的一件事情。那张谢导站在酒瓮前的照片蛮有意思的，因为上虞是出黄酒的地方，绍兴酒很有名。

爱喝酒的谢导（赵荣提供）

　　谢导就两个爱好，一个是喜欢拍电影，另一个就是喝点小酒。新闻发布会结束后，我就把谢导约出来，拍了几张照片，他很配合，他就在那手一撑，我就拍了好多张，我觉得那一天谢导的心情特别好，他笑得很开心很自然。

　　谢导的电影，是一个划时代的标志，像《芙蓉镇》《牧马人》《春苗》《天云山传奇》这些电影都是跟时代脉搏相结合的。对于上海国际电影节，谢导也是一张名片，也是因为上海有谢晋这张名片，才能把更多的大导演、演员吸引过来，参加我们上海的电影节，尽管谢晋不是每一期或者说每一场都会到，但是他的影响力肯定是在的。

我想对谢导说：

　　感谢谢导的信任，我才能拍了那么多他的照片，然后才有了这些系列，甚至是独家的照片，所以，感谢谢导！怀念谢导！

感谢 谢晋导演对我的信任，
才使我有了这么多乃至独家的照片。

赵荣 2020.1.15.

谢晋的电影
是真实的渐近线

郑大圣

导演

上海电影家协会主席

代表作：《廉吏于成龙》《村戏》《1921》等

我不能说我认识谢导，我跟谢导中间差着两辈儿，但是我有机会看谢导拍戏，我三次看到谢导都是在现场的摄影棚。第一次是我刚上小学不久，那时候上影厂在大木桥那有一个老厂区，有一天下着雪，我放学之后就直奔上影厂老厂区的食堂去玩，注意到摄影棚里很多人进进出出，于是我就带着好奇心进了摄影棚，看到有人在拍电影，那是我第一次看到拍电影的现场，也是我第一次见到谢导。

　　片场里有一个高高大大的人，说话声音嗡嗡直响，很洪亮，除了他之外，其他人都在不声不响地小跑干活，那是我对导演这个职业第一次的直观印象。当时拍摄布置了很奇特的一个场景，有一个农村的小土房子和院子，很多草树种植在房子前头的空地上，有很多乡间的男女老少。过了大半年，我看到了这部影片《春苗》，但是影片呈现的场景与我在摄影棚内肉眼看到的景象全然不同，这让我非常吃惊，所以印象深刻。原来我们肉眼所看到的世界和镜头里看到的电影世界是完全不同的。

　　第二次与谢导产生交集是过了几年后放学的一天，我在家写作业，忽然剧务就找到了我们家，说我母亲（黄蜀芹）让我把有滑雪人图案的毛衣找出来送到摄影棚。那是一件我小时候穿过的由我阿姨为我手工编织的毛衣，后来我在电影《天云山传奇》里看到了这件衣服，女主角王馥荔老师的儿子身上穿着这件小毛衣，在那扭扭扭，后来还被仲星火老师关掉无线电。

　　第三次看到谢导是《芙蓉镇》，剧组搭了很复杂的景，就是刘晓庆和姜文卖米豆腐店铺的内景。以往剧组搭景多是单面的、双面的或者三面的，但是背后一定由木头支撑，我小时候溜进摄影棚去玩的一大乐趣，就是看看布景的正面，再转到后面看它是怎么支撑的。但是《芙蓉镇》搭的都是实景，我去敲过那些木头、柱子、瓦，用石头砌的矮墙底下垫的石头都是真的。后来我上大学，美术课金绮芬老师是《芙蓉镇》的美术设计，她特别在课堂上把它的设计图和剧照呈现出来，然后把他们搭景的平面图、立体图和施工的剖面图都拿出来给我们讲解。其实在拍摄过程中很难拍到墙面根基处垫着的石头和泥土，但是谢导他说演员在行走时所感受到的触感会大不相同。这就是谢导在拍摄电影时接近真实的刻度，是谢晋导演现实主义的刻度，就是电影无限接近真实的这根渐近线，令我非常敬佩。

　　当时关于谢晋导演的一句话，也是我们刚学电影那会儿不爱听的一句话——导演应该藏起来，一个电影里不要直接让观众看到导演，藏得越深的导演才是越好的导演。我们刚学电影的时候怎么会有心思和耐心听取这样的箴言，自己恨不得把自以为是的全部本事都使出来。但是越往后，当我自己进入拍摄现场，开始学着做导演一步一步地开始实践，从中获得了相关的经验教训，开始有自己的心得与感悟，真正了解导演这个行业后，越觉得老派里头含蓄的、内敛的电影性，真的是更加有深度和难度的。所以这个时候才有了一点点醒悟，再回头看谢导的电影实在是太厉害了，之前认为的时髦都成为过往，对"谢晋模式"的批判早已消逝不再，现在留下来的敦敦实实的、有深度的还是谢晋导演的电影。

虽然我没有非常直接地接受谢导对我的教导，但是谢晋导演对我的影响是耳濡目染、潜移默化的。我刚进电影厂实习，我的师父们就很认真地跟我们说过，什么叫好导演，就是像谢晋导演那样能把大家的才智都焕发出来的、能凝聚在一部电影里的，这个叫好导演。做导演就要有本事能够让剧组所有人贡献出具有闪光点的主意，要有本事榨干大家的创意，这个也一直影响着我，也一直成为上影厂的传统。

2023年是谢导诞辰百年，我觉得对像谢导这样伟大的电影工作者最好的研究态度或者方法是看他的创作轨迹的变化，他是怎么从这一部改变成了另外一部、又变成了下一部的电影。改革开放初年，他退休以后做独立制片，自己创建演艺学校、拍电视剧、民营集资拍历史大片，他也是最早带着整个摄制组到国外拍戏的。谢晋导演在艺术这条道路上永远在更新，他永远是现在进行时的，在往前突破的，这个太了不起了。我觉得这是我们学习电影史最值得研究的内容之一。

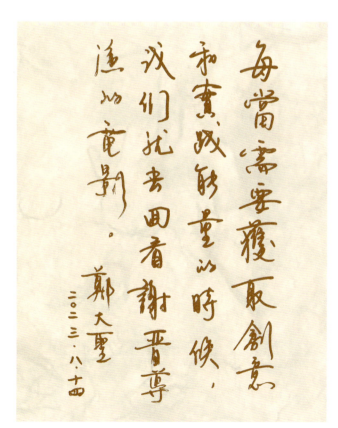

我想对谢导说：

　　每当需要汲取创意和实践能量的时候，我们就去回看谢晋导演的电影。

先锋文化运动
缅怀80年代的

朱大可
文化批评家，文化学者
主要学术著述：《流氓的盛宴》《华夏上古神系》
主要小说作品：《古事记》《六异录》《大桶》等

1985年和1986这两个年头，是一段令人缅怀的时光。它虽然短暂，却光华四射，照亮了历史记忆的灰区。

多年以后，我跟一些文学艺术圈的亲历者，共同议论过那场上海城市文化发展战略研讨会，也跟当时的文化界人士如朱厚泽、王元化等，分别回顾那个先锋文化崛起的年头。

首先破冰的是先锋美术的"85新潮"，这是一场由艺术家和美术青年共同掀起的视觉解放运动，试图从观念到实践两个方面颠覆传统美术，成为整个先锋文化运动的第一场呐喊。上海美术馆展示的行为艺术《最后的晚餐》，李山等画家集体出场，吃掉摆放在面前盘子里的那根红肠。栗宪庭头戴神秘的黑色面罩出场，俨然是一名江湖大佬，而观众在四周热烈地围观。两个月后，在范迪安和高名潞主持下，规模更大的"中国现代艺术大展"在京城粉墨登场。正是这类貌似古怪的先锋视觉事件，点燃了审美观念变革的烈焰。与此同时，先锋文学也在热烈地诞生。首先是先锋诗以校园诗歌的方式在全国高校中勃发，犹如青春期的呓语。1986年10月，徐敬亚在深圳发起"现代诗群体大展"，几十个"流派"集体亮相。而在这场大展之外，上海冒出了"城市诗派"——一种承载都市意象、情绪和语感的独特诗歌样式，它的"新意"和辐射力至今还在被人谈论。

与更为草根的先锋诗歌不同，先锋小说则主要在官方杂志上冒头。1987年，《收获》杂志编发"先锋文学专号"，正式向青年先锋作家做出"门户开放"的姿态。这种温床哺育了马原、北村、苏童、余华、洪峰和格非这样的先锋作家，也滋养了吴亮、李劼这样的先锋文学评论家。

先锋音乐也在悄然生长。古典主义的和谐性遭到撕裂，刺耳的噪音、不协和音和无调性音开始在古典音乐厅里回荡。瞿小松、郭文景、谭盾、叶小刚、刘湲等人的作品崭露头角。刘索拉的中篇小说《你别无选择》，生动描述了发生于中央音乐学院作曲系的"听觉叛乱"。

跟那些放肆的美学反叛相比，先锋戏剧的声浪听起来不那么刺耳，而且进程缓慢。1982年林兆华的《绝对信号》、王晓鹰等的《挂在墙上的老B》，被视为首批先锋小剧场话剧，但它的真正成熟却延宕到90年代。牟森和孟京辉的话剧实验，引发北京青年观众的热烈掌声。上海的张献则推出更为有力的剧本——《屋里的猫头鹰》《时装街》和《楼上的玛金》。王志文主演《猫头鹰》时，一群黑衣男子从观众席冲上舞台，用气球围殴女主角。气球在凝固的空气中噼啪爆炸，那种象征性暴力震撼了整个剧场。

正是在这激情四射的文化生态中，先锋电影应运而生。它以北京电影学院为观念发射场，以边缘电影工场如西安电影制片厂和广西电影制片厂为摇篮，以青年导演张军钊、田壮壮、陈凯歌、张艺谋、黄建新为"第五代导演"，形成《一个和八个》《黄土地》《猎场扎撒》《黑炮事件》《红高粱》和《孩子王》的作品矩阵，涂抹出80年代中期先锋文化的最大亮色。

值得一提的是，传统的工人影评团队，这时竟跟先锋影评发生了某种戏剧性融合。我要再次提及沪西工人文化宫影评协会，它在楼为华带领下，邀请华东师大青年教师上课、座谈、讨论，推动先锋观念的社区普及，并成功举办《红高粱》《大阅兵》《孩子王》《老井》等片的上海首映式，以及刘晓庆表演艺术研讨会，营造出电影美学变革的大众氛围。

1986年5月，上海举办城市文化发展战略研讨会，所有观点都聚焦于一个叫作"现代化"的语词。这是改革开放时期最重要的思想盛宴之一。作为上海财经学院的青年助教，我应邀出席这场会议，并在复兴西路文学和电影分场上，发表了关于电影的拙见。①

1986年7月，上海市制定了《关于上海文化发展战略的汇报提纲》，提出"上海文化发展远期战略目标是将上海建成亚太地区最大的文化中心之一，近期目标是创建一个开放的、多样化的、鼓励创新的文化环境。"这显然是对民间先锋文化运动的积极响应，而该目标最终是否达成或部分达成，应由未来的历史学者评述，但它在短期内助推了上海乃至全国的文化繁荣，却是一个不争的事实。它的后效甚至延续到80年代末，形成余音不绝的尾声。

1992年，我在学生徐明协助下，以位于南京西路的平安电影院为主场，调集各地胶片拷贝，举办为期两周的《中国新锐电影回顾展》，向上海观众全面展示先锋电影的魅力，可惜观众寥寥无几。那个我们曾经从中诞生的先锋时代，已然悄悄溜走。

---

① 1986年7月18日，《文汇报》发表了青年批评家朱大可的文章《谢晋电影模式的缺陷》。

谢导
『三顾茅庐』

朱时茂
演员、导演
1981年主演谢晋导演影片《牧马人》
代表作：《西沙儿女》《牧马人》《超速》等

大概是1980年的冬季，我在八一厂刚刚拍摄完《飞行交响乐》，谢晋导演就派人到八一厂找我，跟我说："想明年跟你合作，你有没有时间？"在此之前谢导拍《啊！摇篮》和《天云山传奇》的时候已经邀请了我两次，但都因为我已经参演了别的电影而没有合作成。当时还有一篇报道，说谢导"三顾茅庐"朱时茂。这令我非常感动。

　　后来我和丛珊一起到了上影厂，她住在招待所，我住在延安饭店。一天，谢晋导演邀请我和丛珊到他家里吃饭。吃饭的时候，他拿了一本小说给我，那是作家张贤亮写的短篇小说《灵与肉》。我看完之后，觉得这部小说写得非常有深度，后来他打电话来，就说是想让我演这部小说里的男主角。其实我的年纪和角色差别有点大，而且小说里角色的年龄跨度也比较大，大概从十六七岁一直到四十多岁，非常具有挑战性。但我认为表演就是需要不断地考验自己，越有挑战性越好，因此我立马就答应了。

　　谢晋导演常说，表演的功夫在戏外。意思就是，我们应该在拍摄之前就将所有的准备工作都完成，做好充分的准备。因此谢导当时就带我们去到了张贤亮生活过的那个牧场，大概体验生活一个多月的时间，又让我和丛珊准备几个小品，尽量要按照

《牧马人》剧照（赵荣提供）

夫妻关系来进行编排。

我16岁就进入了福州军区文工团，那时候已经过去了十来年，积累了一定的表演经验。我和丛珊就一起编排了十几段小品，比如表现夫妻俩在家的正常生活，还有许灵君放牧等情节。谢导看完我们编排的小品之后，觉得已经十分接近角色的状态了，也比较有信心了。大概到七八月，我们就前往甘肃马场开始了拍摄。后来证明，编排小品对我们的表演大有裨益。

在他的影响下，我们整个摄制组的创作气氛非常浓厚。他也跟牛犇老师和刘琼老师说，要多跟我们这些年轻人交流，多帮助我们。牛犇老师是演员组的组长，非常谦虚可爱，助人为乐，因此我们几乎每一场戏的台词都请他过来听，给一些意见。在拍摄现场，谢导也会提前安排演员表演的位置、场面的调度、摄影布光，等等，在技术等各个方面都准备充分。

谢晋导演其实就像是我的恩师，他在摄制组为我们制造了一种良好的创作氛围，大家都在过程中认真去做好自己的每一项工作。我合作过不少剧组和电影厂，但上影厂摄制组的工作尤其严谨认真，有条不紊。后来我在别的剧组时，在流程上也会要求大家像《牧马人》剧组一样，比如早晨八点起来，到晚上六点结束，比较正常的作息，给演员营造一个能够充分交流的创作氛围，这些都让我受用终生。

谢导在现场始终保持着思考的状态。有时候，他会突然有一些新的想法，就会让副导演鲍芝芳来传达，比如一些位置和调度上的细节变动等。例如，有一个丛珊脱土坯的片段，当时她的脸上喷了很多水，是为了表现人物大汗淋漓的样子。后来谢导就说，应该再在她脸上弄一点泥土，这样才更有生活气息，也比较贴合脱土坯这样一个情境。等我回家之后，正好也可以给她擦一擦脸，就生动地营造出夫妻俩久别重逢之后的感觉了。所以，我觉得《牧马人》最大的魅力就在于，大家能够感受到影片中的所有情节都是真实的，演员在表演过程中毫无夸张的痕迹。

谢晋导演一直说，"金杯、银杯，不如观众的口碑"。他非常重视观众的感受，通常在还未拍摄之前，他就会以观众的视角来审视这部电影，观众会怎么看，会不会喜欢。大家都知道电影是用镜头来讲故事的，因此必须镜头给得准确，观众看着才会舒服。

在80年代，《天云山传奇》《牧马人》《芙蓉镇》被称为"反思三部曲"，但现在的00后、90后观众重看那个年代的电影时，把《牧马人》奉为了"纯爱经典"，认为这是一部很好的爱情电影。其实我记得谢导当时说，这部电影主要描写的是一个"情"字，其中最重要的是夫妻情、父子情、草原牧民情，影片的最后，正是因为对国家、对家庭、对妻子以及对草原上的牧民们的情，男主人公放弃了前往美国生活的计划。

李秀芝和许灵君的爱情虽然是被时代拧曲了的爱情故事，包括牧民给他们的那种淳朴、单纯、美好的情感，都只有在电影中那样特殊的历史时期，才会出现这种情况。但对我们来说，这种对家庭、对朋友和对社会的真挚情感，是应当去保留和追求的。

没有谢晋导演，可能大家也没有那么快认识我。尽管现在我算是"退居十八线"的演员了，但希望尽可能让我们年轻的演员能够知道谢晋导演这样一个存在。他是电影界的楷模，在中国乃至世界电影史上都有着重要的贡献和影响。在我看来，没有任何一个人能够取代他的地位，也应当让他的这些创作经验流传下去。

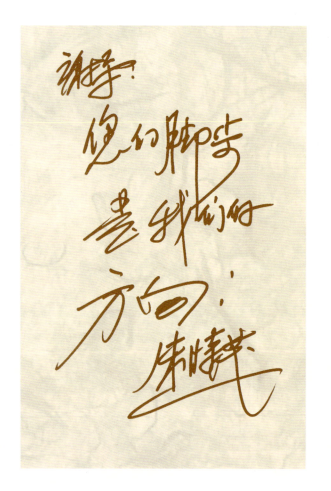

我想对谢导说：

　　谢晋导演带给我们的知识和电影创作的氛围，是我们永远不能忘记的，也是我们所有电影工作者都应该尊敬和学习的，它将使我们受益终生！

没有生活就没有人物

祝士彬
演员
1986年出演谢晋导演影片《芙蓉镇》
1996年担任谢晋导演影片《鸦片战争》执行导演
代表作：《芙蓉镇》《常回家看看》《三国演义》等

《鸦片战争》现场，祝士彬（左）与谢晋（右）合影

《芙蓉镇》剧照

　　《芙蓉镇》在选演员的时候，副导演陆伯炎到青年艺术剧院业务办公室看演员的照片，他挑了我一张两寸的照片，拿去给谢导看。过了大概十来天，他给我打了个电话说，"谢导要见你"。我去了之后，谢导就给了我一本古华的小说，说你侧重多看一看王秋赦，那就是告诉我如果要我演的话就演王秋赦。正好我们剧院在上海演《高加索灰阑记》，姜文演阿兹达克，是男主演。我们住在上海戏剧学院，一天副导演就通知我跟姜文，说下一个星期天，你们到谢导家去，可能要你们试戏。那时候，我们好几十人住在一个大屋子里头，也没法在屋子里干什么，在楼门口，我俩靠着门，拿着小说看，就选秦书田到王秋赦这儿来申请登记结婚这段来对戏。

　　星期天下午，我俩去谢导家，我就坐在谢导平常办公的地方，姜文在我对面，就开始跟我演申请登记结婚这些事，除了谢导，还有摄影卢俊福、美术金绮芬、化妆沈克强。我俩演完这段之后，谢导看了看说，你们还有什么可以让我们看看的？我就咕咚给他跪在那了，演我向工作组承认我跟李国香的那些丑事。这件事过去之后，沈克强就跟我说，祝士彬你往谢导面前这一跪，就把这王秋赦给跪下来了，他们下面讨论就认为我好像是跟这个角色有贴近的地方。

　　之后就订合同进组了，让我们到湖南嘉禾去体验生活。我们住在县粮食局的一个小房间里，是上下铺，我跟郑在石，就是演谷燕山的，我俩住一屋。谢导把我们送到那之后，他就说，人生能有几回搏，你们到这不是玩来了，要好好地观察生活，要接触老百姓，要明白这些。我们那是第一次跟谢导合作，谢导到底对演员有什么特殊的要求不知道，光听说他对演员要求特别严。有一次在招待所吃饭，我拿个勺就吃了。

谢导瞅我，他就这么指我，也不说话，我吃一勺，他就指我一下。我心想这什么意思？突然我想到了，就是我不适合用勺吃饭，因为我这角色，王秋赦这人物，他怎么可能用勺吃饭呢？他应该用筷子吃饭，他是农民，没有那个习惯。谢导也不是批评你，他让你自己悟，我一下就改了。下一次再跟他吃饭的时候，我拿起筷子，冲他一比画。谢导对演员的要求是非常严，但并不是让你下不来台。

经常有人问我，说你们拍戏的时候，村子里正好有一个傻子，你演王秋赦疯了的时候，大概这个人物对你很有帮助和借鉴吧。有时候演员表演不是事先规定的，我演王秋赦疯了，从姜文嘴上拿过烟来，我抽，这并不是我事先设计的，灵感突然就来了，就把这个戏加上用上了，这个人物的影子在我身上有好多。这主要都是谢导对我们的要求，让我们观察生活，让我们体验生活，让我们在这环境里头生活才有的，如果没有这生活，根本就不可能有。

从 1985年到1997年，后来到2000年，我还跟谢导在一起。我现在不到80岁，生命的七分之一都跟谢导在一起工作。作为演员，老觉得导演牛，导演随便张嘴，想说谁说谁，以前都是这个想法，但跟谢导在一起工作之后，我就没有当导演的意念了，导演太辛苦了，要面面俱到。

我想对谢导说：

谢导，我跟你合作那么多年，也是缘分，打心里想你，怀念你！

谢晋导演我们能有十九年的合作是我们的缘份！感谢您对我的敬养和培养！我永远怀念您！

沈士彬

我的人生
演吴琼花改变了

祝希娟

演员

主演谢晋导演影片《红色娘子军》《啊！摇篮》

代表作：《红色娘子军》《无影灯下颂银针》《啊！摇篮》等

《红色娘子军》剧照，祝希娟（左）与王心刚（右）

谢晋导演是我的良师益友，我能够走到今天，改变我人生道路的是谢晋导演。我这辈子最大的幸福就是谢晋导演选我演了吴琼花这个角色，这其实也是非常偶然的事情。

当时在上戏三年级的时候，我们有一个实习演出，演出话剧《在和平的日子里》。我在剧中出演了两个角色，一个是技术员，一个是严大嫂。演了大概半个月后，谢晋导演来看我们的戏。后来听他讲，那天他到后台去的时候，忽然听见有很大的声音。他跑过去一看，一个男的和一个女的

《红色娘子军》海报

争得很厉害。这个女孩眼睛大大的，浓眉大眼，穿着工装裤，在那儿很激动地讲着什么，这就是我当时给他留下的一个深刻印象。他后来跟我讲，我考察了你很久，觉得这个演员还是有可塑性的。

谢晋导演让人约我在舞蹈教室见面。这是我第一次跟他面对面地交谈。一开始谢导问了我很多问题，我想大概都是为了让我放松。等到他觉得我可能已经放松了，又让我讲讲我的学习情况。最后他才给了我一个剧本。当时这个剧本名字叫《琼岛英雄花》，还不叫《红色娘子军》。他说："你看看你喜不喜欢这个剧本。"我拿回去连夜一口气读完，吴琼花这个角色我非常喜欢。但是我不奢望自己能演这个角色，所以看完了也就算了，后来谢导也没有再跟我接触。直到有一天，我们教导主任叫我去上影厂报到，说谢晋导演有一个戏要你演，我当时也不管演什么角色，反正是开心得不得了，就去上影厂报到了。

报到之后，谢晋导演告诉我，《红色娘子军》这个剧组有王心刚、陈强、朱莎，还有《女篮5号》的向梅，还有牛犇。当时我觉得自己太幸运了，能和这么多我喜欢的演员一起合作，所以就特别紧张，我觉得我要特别用功才行。当时谢晋导演很认真地对我说："你不要想你是在拍电影，你只要把你学到的斯坦尼斯拉夫斯基的体系，想办法怎么去体现在银幕上。"他拍《红色娘子军》就是要让我们的表演更真实，更动人，更深入。

谢晋（左）、祝希娟（中）、王心刚（右）合影（赵荣提供）

《最后的贵族》现场卢燕、谢晋、祝希娟（赵荣提供）

重访海南岛《红色娘子军》拍摄地（任仲伦提供）
左二祝希娟，左三黄准，左五谢晋，右一牛犇，右三任仲伦

谢导是有想法的。我们去了以后，他说："第一，现在你不要急着去演这个剧本，你们和向梅她们这一群娘子军全部跟着当时的娘子军连长冯增敏到海南去下生活。别的你们不要管，她带着你们去，我在这边修改剧本。"我们跟着冯增敏同志去海南待了一个月。我们坐上了"丁香"号客轮，一直开到海口，一下船让我觉得很震撼的是，我看到海口码头上所有的码头工人全是女的，都是一根扁担，挑着行李。我就很奇怪，当时连长就跟我说："你知道娘子军之所以出在海南，就是因为我们这里的妇女能顶起半边天，所有的重活、家务活，里里外外全是由我们妇女担当。"这是我第一次理解为什么红色娘子军会在海南出现。

谢晋导演拍摄《红色娘子军》时，要求我们做小品，就是补充剧本里没有的。谢晋说："我让你们做小品，就是让你们逐渐地进入这个角色里去，慢慢地习惯你跟这些人物的关系。"慢慢地让我们在生活里都进入角色，大家都是用人物关系在那儿相处。

在做小品之前，谢导还要求我们写人物自传。我觉得这些东西是导演思考了很久才想出来的方法，他是在帮助我们逐步进入角色，逐步进入场景，最后对我的帮助还是蛮大的。我们当时的案头工作几乎都要做一两个月，然后才进入拍摄。如果放在现在的环境下，可能给不了演员那么多时间。

我们剧组拍完《红色娘子军》以后，大家一直都是好朋友。我和谢晋导演一直保持着这样的友谊。谢晋导演有一个习惯，《红色娘子军》拍完以后，他所有写过的新剧本都要先给我们看。他说，你从演员的角度给我这个剧本提提意见。

谢晋导演对我们很爱护，很关心。在《啊！摇篮》里我有一场戏很危险，就是我骑着马去报到。我骑的那匹马原来是蒙古骑兵队政委的马，它习惯在前面跑，带着别人。所以我骑上去的时候前面走两次路线还可以，没想到实拍时这个汽车是红色的，结果那个红色汽车越往前，这个马就越跑越快。我很紧张，只好两条腿死死地夹着。因为我知道我只要一滚下马就会立即到车轮下。导演说停下后，我下了马，两腿都软了。谢导说："再来一条，好吧？"我说："不，我上有老下有小，就这样了，您看着剪吧。"谢导居然没有责备我。他总是把温柔放在心里，不太喜欢表露出来。我真的很荣幸碰到这样一个导演。

他热爱电影，他总说我最好的电影是下一部。但是确实他太劳累了，他把自己全部的身心，所有的精力都投入电影当中去了。他只要一到摄影机旁，就把一切都忘了，只有电影。我觉得，他是中国伟大的导演、艺术家，也是一个有划时代意义的中国最优秀的导演。

我想对谢导说：

我们永远怀念您，永远怀念和您合作的时代，永远怀念我们那个时代的电影。

谢晋墓志铭

余秋雨

谢晋导演，浙江上虞人氏，东晋谢安、谢玄之后也。以"晋"为名，以铭根器，悠悠千年，果然承其先祖创拓之脉，引领中国电影事业而气象万千。毕生辛劳汗水，无尽悲欢胶片。辨善恶于大地，投思索于历史，追人性于血火，问正义于困顿，且大多融入中国女性之忠贞婉淑而感动遐迩。后人若问：在封闭年月，凿得天光谁为最？答曰：谢晋也；再问：在复苏时代，振聋发聩谁为最？答曰:谢晋也。谢晋作品，润泽中国三代。此地茔丘，足可笑对苍原。

第二排左起：孙伟文、俞婷、叶小慧、范奕蓉、胡依望、邱新、吴桂芬、赵静、严峻、马冠英、钮怿、杜亮、乔迁、韦然、祁晓建、岳雯、张芝华、王小军、石川、陈龙、陈惠福

第三排左起：孙宝国、梁山、宋小滨、吴鹤沪、许其勇、程波、张斌、霍猛、王彧、巍迦、武小朋、程芊、吴天戈、谢鸣晓、程亮、徐文

2023年11月20日上午，上海电影界代表齐聚福寿园，纪念谢晋导演百年诞辰

第一排左起：黄婷、孙渝烽、徐晓青、洪学敏、徐松子、石晓华、徐春萍、陈东、王健儿、黄宝妹、龚学平、
卢俊福、谷好好、王隽、李晓军、潘虹、伊华、江海洋、武珍年、郭伟成